XXI

Avec ce numéro de janvier, *XXI* fête sa première année. C'est un cap important : moins d'un tiers des revues et des magazines existent encore un an après leur lancement. Le pari était osé : offrir le meilleur du journalisme, prendre le temps de ciseler des enquêtes, vivre du seul soutien des lecteurs, sans publicité.

A l'heure du bilan, plus de 140 000 exemplaires de *XXI* ont déjà été vendus. La livraison d'automne, *Destins d'Afrique*, a été réimprimée, comme l'avait été notre premier numéro, *Russie : le dollar et le marteau*. Le coffret de fin d'année, rassemblant les quatre volumes, est un succès. Au final, la diffusion moyenne s'établit à 35 000 exemplaires, dont 2 000 abonnements. Le pari est réussi.

Cette aventure tranche avec les diktats du moment. Elle est riche d'enseignements. Un premier constat : même s'il n'est pas ce consommateur décrit par les régies publicitaires, avec sa « segmentation socioprofessionnelle », ses « attentes », ses « désirs » et sa « consommation d'info », le lecteur existe. Nous discutons avec vous, nous vous écoutons, nous lisons vos courriers et courriels... Aucune règle ne se dégage : hommes et femmes, lycéens, étudiants comme retraités, sans études et surdiplômés, membres d'un vélo-club de l'Ain ou professeurs de l'université de Washington, expatriés, francophones... Vous êtes passionnés, critiques, picoreurs, curieux, monomaniaques, généreux, sensibles. A chacun son caractère, son histoire, sa raison de nous lire. *XXI* est une drôle d'aventure pour des lecteurs singuliers. Et cela nous va bien comme ça.

Deuxième enseignement, un journal est une histoire qui s'écrit ensemble. L'amitié, la confiance et la fidélité ne se décrètent pas, elles se construisent. Dans la vie comme sur papier, pour trouver du plaisir à se voir, il faut avoir quelque chose à se dire. La légitimité d'un titre se conquiert à chaque parution. C'est notre rendez-vous avec vous. Nous avons encore beaucoup à explorer, à inventer. Mais déjà un pacte de liberté nous lie : la vente d'un numéro de *XXI* est réinvestie dans la création du numéro suivant. C'est le prix de notre échange, le gage de notre indépendance. Nous n'avons de comptes à rendre qu'à vous.

Troisième sentiment : mieux vaut porter au paroxysme ce l'on sait faire plutôt que courir derrière des chimères. Beaucoup de rédactions misent leur avenir sur le multimédia. Comme s'il suffisait d'équiper les reporters d'une caméra-téléphone-micro dernière génération et d'un clavier high-tech pour que ces nouveaux Shiva à cent bras alimentent à jet continu des « consommateurs d'info » rivés à leurs écrans. Illusion : les meilleurs outils du monde ne remplaceront jamais un regard, ni le temps pris à rencontrer les protagonistes d'une histoire, ni la patience de vérifier. Il faut des années pour apprivoiser les émotions humaines. Encore plus pour les restituer avec vérité. Ce talent est un travail. Il est rare et précieux.

Le reportage à la pointe sensible de Sylvie Caster sur les patients du docteur Maure serait-il plus fort avec trois vidéos et une cinquantaine de liens Internet ? Dans quel « module multimédia » rentreraient les images de Balazs Gardi sur la vallée la plus dangereuse du monde ? L'impressionnante enquête de Jean-Pierre Perrin sur Arkadi Gaydamak, le seigneur de la guerre, au cœur du pouvoir français avait-elle besoin de son et d'images ? Nous ne le pensons pas. Il est des récits qui se lisent mieux en silence, le cœur tranquille, dans leur écrin de papier. Cela tombe bien : ils sont dans *XXI*.

Laurent Beccaria
Patrick de Saint-Exupéry

COURRIER DES LECTEURS

Finalement, j'ai succombé…

Je n'ai lu que le n° 4, harcelée par une amie depuis des mois pour que je vous achète. Mais moi, 15 euros, je trouvais ça cher… Finalement, j'ai succombé et *XXI* a été pour moi une vraie révélation. J'ai lu chaque ligne, chaque sous-titre, intertitre – même les coquilles sont pardonnées –, ce qui ne m'arrive jamais avec les journaux ou magazines que je lis, même ceux auxquels je suis abonnée. En vous quittant, je me suis sentie plus intelligente. Promis, j'achète le coffret vanté par Nicolas Demorand sur France Inter en trois exemplaires au moins : pour mon père, pour mon mari, pour ma copine la politisée… La preuve que le journalisme peut exister sans formatage, qu'il est autorisé de s'étendre, de bien écrire, d'avoir des partis pris, d'être libre, indépendant. Vous apportez une réflexion rare et riche. Au final, vous m'avez redonné de l'optimisme. J'espère que vous continuerez longtemps avec le même niveau d'exigence. Une lectrice qui se dit qu'enfin on écrit en pensant à elle et non aux annonceurs.

Valérie Ravinet

Il manque une virgule

Je vous écris pour vous faire quelques remarques sur le n° 4 : page 68, le lac Tanganyika est toujours le lac Tanganyika, distinct du lac Victoria, qui lui aussi existe toujours. Page 74, il manque une virgule dans la première phrase de la page, ce qui en inverse totalement le sens voulu (à mon sens).

Benoit Barral

(Ndlr : XXI *a vérifié et ne trouve pas de virgule fautive à cet endroit-là…)*

XXI ne sert à rien pour les exposés

Devant faire un exposé sur « l'Afrique en crise » pour ma classe, j'ai acheté votre numéro, à cause du dossier. Je n'ai rien trouvé de ce que j'attendais : pas de chiffres, de dates ou de résumé géopolitique. Mais si *XXI* ne sert à rien pour les exposés, il m'a ouvert à un monde que j'ignorais. Il est sur ma table de chevet, avec le premier numéro, que j'ai pu trouver aussi. Je les lis le soir avant de m'endormir. Vos mots me bercent. Je rêve, je frisonne, je tourne les pages lentement, j'essaie de tout lire, même si certains articles sont trop ardus pour moi.

Ludivine Mallet

Un point de détail

Je tenais tout d'abord à vous remercier d'avoir relancé l'affaire de la disparition de Philippe de Dieuleveult et de ses compagnons dont André Hérault était le chef. Avec Anna Miquel, nous avons un point commun, même deux. Nous sommes de la même génération et nous nous sommes intéressés à l'affaire dès le début. Mais un point de détail me travaille. Si Guy Colette, le Belge, a été exécuté avec les autres et aussi enterré, quelle est l'identité du fameux corps retrouvé le 19 août 1985 et attribué a sa personne ? Personne n'a vu la dépouille. Sa femme a juste récupéré sa chaînette en argent. De plus, vous avez vu la tombe de Philippe. Et les autres tombes, vous les avez vues ? Il faut pas les oublier. J'aimerais qu'Anna Miquel me dédicace son article. Je serais honoré et cela me ferait plaisir. D'autant plus que cette revue, je vais la garder!

M. Kolasa

Toutes mes questions trouvaient des réponses

Je vous lis depuis le premier numéro avec intérêt, mais après la lecture du dossier sur l'Afrique je voulais vous faire part de ma déception : vous donnez de nombreux détails concernant les personnages, mais la situation « géopolitique » générale nous échappe. J'ai donc établi une série de questions importantes auxquelles, selon moi, le dossier aurait dû répondre. Afin de ne pas critiquer à tort, je l'ai relu et j'ai constaté que quasi toutes mes questions trouvaient des réponses, souvent de façon plus subtile. Ma critique tombait donc à l'eau et m'a poussé à remettre en question la façon dont je lisais l'information en général.

Pierre Charlier

Dans nos lointaines provinces

Je suis devenu un « accro » de *XXI* : formule originale, excellente présentation, articles souvent intéressants et bien écrits… Voilà qui nous change d'une presse « confettis » qui ressasse en boucle les news people du moment ! Faisant à *XXI* une pub méritée auprès des amis ou de la famille, deux remarques me reviennent : 15 euros, c'est cher pour des jeunes. Si, comme je l'espère, le succès se confirme, existe-t-il une possibilité de baisser le prix à 10 ou 12 euros ? Dans nos lointaines provinces, le premier libraire digne de ce nom se trouve parfois à des kilomètres ! Pourquoi ne pas compléter la distribution dans ces *terra incognita* avec les marchands de journaux, Maison de la presse… ?

Jacques Blondeau

Hamlet

Lecteur du premier numéro et des suivants, voilà un an que j'hésite : s'abonner, ne pas s'abonner… Et puis finalement non, car c'est un immense plaisir que celui d'acheter *XXI* en librairie : attendre patiemment la date de parution, le chercher parmi les rayons et découvrir la nouvelle couverture et le nouveau numéro au milieu des livres. Longue vie à *XXI* et aux libraires !

Gaël Renoux

Courrier du cœur
Pour mon anniversaire, j'aurais pu recevoir une montre, un CD, un DVD, mais j'ai eu un abonnement à *XXI* ! Et c'est l'homme que j'aime qui me l'a offert ! Je suis ravie. Un an à vous lire et un an à penser à lui chaque fois que je découvrirai votre couverture toute fraîche et coloré dans ma boîte aux lettres. Alors, merci à vous pour votre revue qui rend l'actualité si passionnante à lire et à débattre, et merci à lui pour sa brillante idée. Vous ne m'en voudrez pas si j'en profite pour glisser dans ce billet quelques baisers à son attention.
P.-S. : Si vous publiez ce courrier, merci de le signer de la lettre F.

F.

Le monde est dans notre rue, mais n'est pas seulement notre rue
J'envoie mes respectueuses salutations à la rédaction de *XXI*, car ils font un travail extraordinaire – unique – dans le domaine du reportage. Quand on voit que presque tous les journaux en Europe perdent la bataille pour une presse où on peut trouver la curiosité, l'attention par l'autre, l'ouverture au différent, la perception que le monde est dans notre rue, mais n'est pas seulement notre rue... Bon, c'est fantastique de pouvoir lire les reportages de *XXI* et de découvrir tout ça.

Valdemar Cruz

Pour plusieurs années
Après un an d'abonnement à *XXI* et quatre numéros que j'ai trouvés tout à fait remarquables – bravo à la rédaction ! –, je désire ardemment me réabonner rapidement. Une autre question accessoire : prévoyez-vous pour bientôt des abonnements pour plusieurs années ?

Jean-Christophe Colin (Madagascar)

Cinquième degré
Bonjour, comme je suis très intelligent, je vous confirme que j'ai bien commandé quatre exemplaires du coffret afin de les offrir pour Noël à mes enfants. Bien entendu, prenez ma remarque sur mon intelligence au quatrième voire au cinquième degré. Très cordialement. Merci d'avoir créé cette revue.

Gérard Levasseur

Dans le métro
Je déguste *XXI* chaque jour dans le métro ! Bel ouvrage, dans tous les sens du terme. Assurément un objet culturel et... culte, en devenir. Bravo pour les choix éditoriaux et graphiques.

Christophe Flageul Delahaye

A tout prix
Résidant à Roanne depuis quinze ans, contrée qui mérite d'être connue (comme votre revue, je l'avoue), je viens d'acquérir à la librairie Laurexois le n° 4 de *XXI*. C'est une découverte. Je suis allée sur votre blog pour retrouver l'édition n° 1, qui contenait un article sur Michel Onfray dont j'avais entendu parler en début d'année. J'avais déjà tenté de me le procurer chez les marchands de journaux, n'ayant pas compris à l'époque que la distribution s'effectuait via les (bonnes) librairies. Aussi, c'est avec une espérance démesurée que je sollicite votre bienveillance pour acquérir à tout prix (sic) ce fameux n° 1. Et, pour le geste, le n° 2 également.

Martine Beaudoux

Le manque plus fort que ma flemme
Lecteur depuis le premier numéro, par flemme, je ne vous ai jamais envoyé de courriel de félicitation, malgré le plaisir et l'interêt que je prends à lire tous les articles (c'est la première fois que cela m'arrive !) Le 16, j'étais chez mon libraire... il m'a dit le 23... Puis le 24... toujours rien ! Que se passe-t-il ? Rien de grave, je l'espère... Le manque a donc été plus fort que la flemme : je vous ai écrit ! Bravo et merci !

Claude Forsans

Bourde supraconductive
En matière de presse, *XXI* m'apparaît de loin comme la création la plus stimulante de ces dernières années, par le contenu et les partis pris esthétiques. Aussi ne m'attendais-je pas à y trouver l'annonce d'une nouveauté technique passée inaperçue sauf de quelques spécialistes (la mise en place de la ligne haute tension supraconductrice de Long Island), accompagnée d'une bourde dans la popularisation de la supraconductivité, dont le phénomène ne serait *« pas encore compris »*. Il est depuis la description mathématique de l'interaction transitoire entre électrons. Ce travail – BCS pour les intimes – valut à ses trois auteurs le prix Nobel en 1957.

Georges Waysand

Précision

Dans l'article *« Maladie à vendre »*, du n° 4 de *XXI*, l'auteur cite le nom de la société pharmaceutique américaine Merck & Co, qui commercialise le médicament Vioxx. Cependant, la photo illustrant le siège de cette entreprise a été confondue avec celle de la société Merck Serono, basée à Genève. Bien que portant un nom proche, l'entreprise Merck Serono n'a pas de lien commercial ou juridique avec la société Merck & Co. Pour éviter toute confusion possible à l'avenir, merci de signaler cette erreur iconographique à vos lecteurs.

Saoyuth Nidh (Media manager de Merck Serono)

SOMMAIRE

Illustration de la couverture : Olivier Kugler

L'élection de Barack Obama : un scénario déjà écrit par Hollywood

David Palmer, président de la série *24 Heures chrono.* AFP / I. VOSMIKOVA

Un président noir à la Maison-Blanche ? Hollywood anticipe ce scénario depuis trente ans et, selon de nombreux observateurs, son rôle dans l'élection de Barack Obama est réel. Le personnage de fiction le plus présent durant la campagne a ainsi été David Palmer, président noir des Etats-Unis dans la célèbre série *24* (*24 heures chrono*). Le comédien qui l'incarne, Dennis Haysbert, soutien officiel du candidat Obama, assurait que *24* avait *« ouvert l'esprit des Américains à l'idée que si la bonne personne se présentait, un homme noir pouvait devenir président ».*

Une autre série culte, *The West Wing* (*A la Maison-Blanche*), dont la diffusion s'est achevée en 2006 aux Etats-Unis, a résonné très fort dans l'esprit des téléspectateurs. Le personnage principal, Jed Bartlet, inspiré de Bill Clinton, est un président blanc, démocrate (incarné par Martin Sheen). Dans la dernière saison, il est confronté à l'ascension d'un rival issu des minorités. Le personnage, Matthew Santos (interprété par Jimmy Smits), n'est pas noir : il est hispanique. Mais le scénariste, Elie Attie, avait à l'époque confié au *New York Times* s'être inspiré d'un jeune sénateur noir inconnu, Barack Obama. A la fin de la série, Matthew Santos est élu président.

Au cinéma, le premier dirigeant black fait irruption en 1972, dans *The Man*, un film au scénario extravagant : le président en exercice décède et le vice-président, malade, renonce à la fonction. Dans *Back to the Future* (*Retour vers le futur*), un film sorti en 1985, un jeune barman noir apprend, dans une scène se déroulant en 1955, qu'un jour, au XXIe siècle, il sera élu président. En 1998, dans *Deep Impact*, un film à grand spectacle, le président noir doit sauver la terre d'une invraisemblable collision avec une comète.

Dans les années 2000, le personnage du président noir se banalise sur le registre de la comédie. Dans *Head of State* (*Président par accident*), en 2003, il a une dégaine de rappeur et parle l'argot des quartiers. Dans *Idiocracy*, en 2006, il arrive au pouvoir après avoir été le cobaye d'une expérience d'hibernation… Selon John W. Matviko, professeur au West Liberty State College, *« c'est le rôle de la culture populaire que de rendre acceptable des idées à la marge ».*

Fiction et réalité n'en finissent pas de se mêler : une semaine après l'élection de Barack Obama, ses filles, Sasha et Malia, ont été invitées à tourner dans *Hannah Montana*, la série vedette de Disney Channel…

Un pas en avant entre la Chine et Taiwan

A Taipei, durant la rencontre de Ma Ying-jeou et Chen Yunlin. AFP / P. LIN

Le président de Taiwan, Ma Ying-jeou, a reçu à Taipei le dirigeant chinois chargé des relations avec l'île, Chen Yunlin : une visite historique, après soixante ans d'hostilité. En 1949, les nationalistes du Kouo-min-tang (KMT) avaient été chassés par les communistes ; ils avaient trouvé refuge à Taiwan, tandis que Mao Zedong proclamait la République populaire de Chine.

Pékin considère toujours l'île comme une de ses provinces ; elle a menacé à plusieurs reprises de l'envahir si elle déclarait officiellement son indépendance. Taiwan est soutenue par les Etats-Unis ; ils lui fournissent des *« armes défensives »*, en vertu d'une loi de 1979 destinée à *« maintenir sa sécurité ».*

La rencontre entre Ma Ying-jeou et Chen Yunlin, qui s'est résumée à une poignée de main symbolique et à un bref entretien, s'est déroulée début novembre, sous haute protection. Des dizaines de milliers de personnes (100 000 selon les organisateurs) ont défilé dans les rues de Taipei, accusant le président Ma de *« brader »* la souveraineté de l'île.

La veille, les deux dirigeants avaient signé des accords économiques. Pour le président Ma, il s'agit d'*« un pas en avant dans les relations entre les deux côtés du détroit* [de Formose], *même s'il existe encore des points de vue différents sur les questions de sécurité et la place de Taiwan dans la communauté internationale ».* Pékin refuse que Taiwan siège à l'ONU et proteste à chaque contrat d'armement signé avec les Etats-Unis. Ma Ying-jeou a réaffirmé que *« la République de Chine* [nom officiel de Taiwan] *est un pays souverain et indépendant ».*

Le rapprochement entre la Chine et Taiwan s'est amorcé au lendemain de l'élection de Ma Ying-jeou, leader du KMT, en mars 2008. Contrairement à son prédécesseur indépendantiste, il s'est engagé à ce qu'il ne soit question, durant son mandat, *« ni d'indépendance ni de réunification ».* Cela n'a pas empêché les Etats-Unis de présenter au Congrès, début octobre, un projet de vente d'armes à Taiwan pour 6,5 milliards de dollars, provoquant la colère de Pékin.

Le 6 novembre, pendant que son émissaire s'entretenait avec le président Ma, la Chine a appelé les Etats-Unis *« à respecter la politique de la Chine unique et à arrêter de vendre des armes à Taiwan ». « Si l'on observe le développement de nos relations bilatérales au cours de ces dernières années, la question de Taiwan est la plus sensible »*, a affirmé le porte-parole du ministère des Affaires étrangères, Qin Gang.

L'Espagne en ébullition à l'idée d'un procès contre d'anciens franquistes

Ouverture d'une fosse commune à Malaga, septembre 2008. AFP/S. ARANDA

La décision du juge Baltasar Garzón d'ouvrir une instruction sur la disparition de près de 115 000 républicains pendant la guerre civile (1936-1939) et au début de la dictature franquiste (1939-1952) a mis l'Espagne en ébullition.

La procédure du magistrat contourne une loi d'amnistie votée en 1977, deux ans après la mort de Francisco Franco, pour favoriser la réconciliation nationale et la transition vers la démocratie. En vertu de ce texte, qualifié de *« pacte du silence »* par les familles de victimes, les auteurs de *« crimes politiques »* commis avant le 15 décembre 1976 ne peuvent être poursuivis.

Baltasar Garzón, connu pour avoir fait arrêter l'ex-dictateur chilien Augusto Pinochet à Londres en 1998, écrit dans son acte judiciaire que *« l'Etat ne peut ni ne doit effacer ses propres crimes ni ceux de ses agents quand ils ont été dirigés contre ses propres citoyens »*. Il avance l'argument selon lequel *« toute loi d'amnistie qui cherche à effacer un crime contre l'humanité, qui ne peut être assimilable à un crime ou délit politique, sera nulle de plein droit »*. Les crimes du franquisme sont antérieurs à la qualification de « crime contre l'humanité », fixée en droit lors du procès de nazis à Nuremberg, au lendemain de la Seconde Guerre mondiale. Mais le juge Garzón, s'appuyant sur la convention de Genève, affirme que ces crimes avaient dès 1936 *« la qualité d'actes prohibés par le droit de la guerre »* ; le fait qu'on ne sache pas où se trouvent les corps de la plupart des victimes, enterrées dans des fosses communes, en ferait des délits *« continus »*, donc imprescriptibles.

Le magistrat a ordonné l'ouverture de dix-neuf fosses, dont celle où serait inhumé le poète Federico García Lorca. Il a réclamé les certificats de décès du général Franco et de trente-quatre ex-dirigeants du régime, pour éteindre toute action à leur encontre, et demandé au ministère de l'Intérieur de rechercher d'anciens responsables de la Phalange, une organisation d'extrême droite alliée au pouvoir franquiste, afin d'engager d'éventuelles poursuites contre ceux de ses membres qui seraient encore vivants.

Le parquet a fait appel, puis a bloqué l'instruction du juge Garzón. Les partis de droite se sont déchaînés contre la décision *« absurde »* du magistrat, accusé de *« rouvrir inutilement les plaies du passé »*. Le quotidien de gauche *El País* a dénoncé un *« lynchage public »* du juge. Sûr d'être *« déclaré incompétent »* par le parquet, il s'est finalement lui-même dessaisi de l'enquête.

Le patron du Mossad élu « homme de l'année » par une télé

Meir Dagan et Ehud Barak sur une affiche à Téhéran. AFP/ATTA KENARE

A la veille du Nouvel An juif, la chaîne israélienne de télévision Canal 2 a élu le patron du Mossad *« homme de l'année »*. A son crédit, selon les organisateurs, le bombardement en septembre 2007 d'un mystérieux site nucléaire en Syrie, pays avec lequel des pourparlers indirects de paix sont depuis peu engagés ; l'assassinat en février 2008 à Damas, la capitale syrienne, d'Imad Moughnieh, chef militaire du Hezbollah (Parti de Dieu, pro-iranien), une action jusqu'alors démentie par l'Etat hébreu ; enfin, une série de coups portés au programme nucléaire iranien (les détails n'ont pas été communiqués). Le Premier ministre sortant, Ehud Olmert, a félicité en direct le journaliste politique Emmanuel Rozen, président du jury : *« Tu as fait le bon choix. »*

Meir Dagan, 63 ans, général à la retraite, connaît une longévité exceptionnelle à la direction du Mossad. Nommé fin 2002 par Ariel Sharon, il a été reconduit à deux reprises par Ehud Olmert. Au cours de l'émission, Emmanuel Rozen l'a présenté comme *« un homme qui pourrait, de ses mains, trancher la tête de terroristes avec un cutter »*. S'adressant au journaliste, le ministre des Infrastructures, Benjamin Ben-Eliezer, a plaisanté : *« Je vous conseille de ne pas l'approcher de trop près… »*

L'émission a provoqué la colère d'un chroniqueur du quotidien *Haaretz*, le pacifiste Gideon Levy. Qualifiant Meir Dagan de *« tueur de l'année »*, il a comparé la cérémonie de Canal 2, *« média le plus influent du pays »*, à un programme de la *« Corée du Nord »* : *« Je doute qu'il y ait dans le monde un autre pays libre où les journalistes les plus en vue auraient l'idée de choisir leur homme de l'année au sein d'une organisation aussi obscure que le Mossad. »*

L'opération *« homme de l'année »* est un épisode de la guerre psychologique que se livrent Israël et ses ennemis, par médias interposés. La réponse n'a pas tardé. Fin octobre, un site Internet financé par l'Iran et dirigé par un Libanais installé au Canada diffusait la fausse nouvelle d'un attentat contre Meir Dagan. Trois jours plus tard, un site irakien proche du gouvernement, donc des Américains, annonçait l'empoisonnement du secrétaire général du Hezbollah, Hassan Nasrallah, et son secours par des médecins iraniens envoyés de toute urgence à Beyrouth. Une autre fausse nouvelle…

CONTRECHAMP

Loi antipiratage Internet : protection des artistes ou cadeau aux industriels de la culture ?

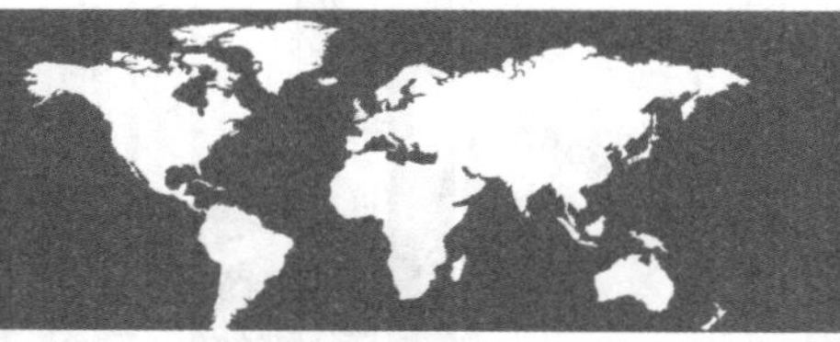

Le projet de loi « Création et Internet », adopté par le Sénat à l'automne, devrait être voté en début d'année à l'Assemblée. Voulu par le président Sarkozy, il est inspiré du rapport de Denis Olivennes, ancien P.-D.G. de la Fnac, directeur du *Nouvel Observateur* et auteur d'un livre intitulé *La gratuité, c'est le vol*. La loi, baptisée « Hadopi »(du nom de la future Haute autorité pour la diffusion des œuvres et la protection des droits sur Internet), instaure une *« riposte graduée »*. Le détenteur d'un abonnement Internet utilisé pour télécharger illégalement de la musique ou des films recevra un premier avertissement sous forme d'e-mail et un second par lettre recommandée, *« de façon à s'assurer qu'il a bien pris connaissance du comportement qui lui est reproché »*, explique la ministre de la Culture, Christine Albanel. En cas de récidive, il verra sa connexion Internet coupée pour une durée de trois mois à un an ; il continuera à payer son abonnement et conservera l'accès à ses e-mails. En cas de signalement à la justice, il sera passible d'une amende de 300 000 euros et d'une peine de trois ans de prison, le téléchargement illégal étant assimilé à de la contrefaçon au pénal.

Les opposants se mobilisent et montent au créneau

L'association de défense des consommateurs **UFC-Que choisir** dénonce *« un projet monstrueux, conçu par les marchands de disques, pour leur intérêt exclusif »*. Dans une tribune publiée par *Libération*, **quatorze députés socialistes** fustigent une *« croisade moyenâgeuse »* entreprise *« sous la pression des lobbies »*. Sur LCI, le socialiste **Christian Paul**, vice-président du groupe d'études Internet à l'Assemblée, affirme que *« la vraie question »* est de savoir *« comment les géants du téléphone et de l'informatique, qui utilisent ces contenus sans rémunérer les artistes, vont les payer »* à l'avenir. **Une pétition**, mise en ligne par le magazine *SVM*, réunit personnel politique, associations et acteurs du Net, tel Tristan Nitot, président de **Mozilla Europe**. **L'Afa** (Association des fournisseurs d'accès et de services Internet) trouve que le projet *« pénalise à l'excès les internautes et leurs fournisseurs »* et constitue un frein à l'*« innovation et la compétitivité »*. **L'Asic** (Association des services Internet communautaires), qui regroupe **Microsoft, Google, Yahoo, Priceminister, Dailymotion**, met en garde contre les *« conséquences »* d'une coupure Internet d'un an, pour un particulier ou une PME, et appelle à *« réfléchir plus en détail »* à la loi.

La Cnil rend un avis très critique

Début novembre, *La Tribune* a révélé l'avis très critique émis par la Cnil (Commission nationale de l'informatique et des libertés) en avril et tenu secret par Matignon. La Commission souligne que *« les seuls motifs invoqués par le gouvernement »* pour justifier la loi *« résultent de la constatation d'une baisse du chiffre d'affaires des industries culturelles »*. A ce propos, elle *« déplore »* que le projet *« ne soit pas accompagné d'une étude qui démontre clairement »* que le téléchargement illégal est *« le facteur déterminant d'une baisse des ventes »*, dans un secteur *« en pleine mutation »*. Le ministère de la Culture a pour slogan : *« Un milliard de fichiers piratés. »* Il appuie sa campagne sur une étude réalisée pour le compte de maisons de disques et d'éditeurs de vidéos. Partant du principe que les sondés minimisent leurs téléchargements, les auteurs ont multiplié les résultats par douze... La Cnil dénonce par ailleurs le fait que l'Hadopi puisse recueillir diverses données nominatives *« hors de toute procédure judiciaire »*, contrairement à une décision du Conseil constitutionnel de 2004. Elle met aussi en garde contre le risque de double peine, piratage et téléchargement illégal ressortant tous deux du pénal.

Les poids lourds de l'industrie appuient le projet et veulent des règles du jeu

La **SCPP** (Société civile des producteurs phonographiques) dénonce les *« contrevérités »* diffusées sur l'Hadopi : le P.-D.G. d'**Universal**, Pascal Nègre, affirme que *« 10 à 15 % du chiffre d'affaires de la filière musicale s'envole »* chaque mois. Selon un dirigeant de la **Sacem** (Société des auteurs, compositeurs et éditeurs de musique), Laurent Petitgirard, la coupure de l'accès à Internet est une mesure juste : *« Quand on coupe l'électricité ou le téléphone à un abonné qui n'a pas payé, on ne nous parle pas de droits de l'homme. »* Le P.-D.G. de **France Telecom**, Didier Lombard, considère que la loi *« va permettre de faire évoluer les mentalités des utilisateurs. Le concept de gratuité doit se comprendre comme la liberté de consommer un contenu, à condition que l'auteur reçoive une rémunération »*. Le P.-D.G. de **Sony BMG**, Christophe Lameignère, également président du **Snep** (Syndicat national de l'édition phonographique), estime que la loi *« pose les règles du jeu »*. Le directeur général de la **SACD** (Société des auteurs compositeurs dramatiques), Pascal Rogard, espère que la loi permettra de modifier les comportements des Français, *« champions en matière de piraterie sur Internet »*.

Chanteurs et acteurs y sont favorables

Cinquante-deux artistes de la musique ont lancé un appel en faveur de l'Halopi dans le *Journal du dimanche* : *« Le projet de loi proposé par la ministre de la Culture nous donne de très bonnes cartes pour qu'Internet, la culture et la création soient réconciliés. »* Parmi eux figurent les plus gros vendeurs de disques (**Jean-Jacques Goldman, Alain Bashung, Patrick Bruel, Jenifer**), presque tous sous contrat avec l'une des quatre majors : Universal, Sony BMG, Warner et EMI. Le plus remonté contre les pirates est **Jean-Louis Murat**, qui affirme, dans *Le Monde*, *« que la crise du disque est un leurre : l'offre est intacte, la demande croissante. Mais chaque nuit, dans les hangars de la musique, la moitié du stock est volée »*. Même unanimité dans le milieu du cinéma : trente et un réalisateurs ont publié une tribune dans *Le Monde*. **Claude Lelouch, Jean-Jacques Annaud, Bertrand Tavernier** défendent *« sans réserve »* le principe de riposte graduée, dont ils saluent la *« pédagogie active »* ; ils appellent les parlementaires à voter en faveur *« d'une loi juste »*.

L'Europe ne parvient pas à établir un consensus

Fin novembre, **le Conseil de l'Union européenne** a supprimé de son projet de réforme de directive des télécoms un amendement gênant pour la loi antipiratage française, donnant ainsi satisfaction au président Sarkozy. L'amendement 138, présenté par les députés européens Guy Bono (PS) et Daniel Cohn-Bendit (Verts), avait été adopté fin septembre ; il interdisait qu'une autorité administrative restreigne les libertés fondamentales d'un citoyen sans en référer à la justice. Il faisait ainsi écho à un autre point soulevé par la Cnil, et empêchait la création de l'Hadopi sous la forme prévue. La réforme des télécoms doit être débattue en deuxième lecture **au Parlement**, en février. Guy Bono prévoit de redéposer l'amendement ; l'Europe sera passée sous présidence tchèque et *« le gouvernement français aura beaucoup moins d'influence »*, espère-t-il. De son côté, **la Commission européenne** a adressé fin novembre une lettre à la France, dans laquelle elle souligne l'incompatibilité de la suspension de connexion avec la directive de *« service universel »*, qui garantit notamment l'accès à Internet.

Les Etats-Unis étendent à Internet les sanctions déjà existantes

Le président Bush a signé mi-octobre un texte durcissant les sanctions existant déjà pour piratage de musique ou de films. La nouvelle loi instaure par ailleurs un « M. Propriété intellectuelle », chargé de conseiller le locataire de la Maison-Blanche aux plans national et international. La principale organisation de défense des intérêts de l'industrie du disque, la RIAA (Recording Industry Association of America), s'est réjouie : *« Cette loi est une douce musique aux oreilles de tous ceux qui souhaitent un renforcement de la créativité et de l'emploi aux Etats-Unis. »* Son équivalent pour l'industrie du cinéma, la MPAA (Motion Picture Association of America), a embrayé : *« En ce moment critique pour notre économie, il est essentiel de faire passer le message que les emplois créés ou préservés par la protection de la propriété intellectuelle sont une priorité nationale. »* L'organisation de défense de l'accès des citoyens à la culture sur Internet, Public Knowledge, s'est insurgée contre une *« mesure qui renforce le caractère injuste de lois favorisant déjà très largement l'industrie des médias »*.

Crise financière : « Tout ce qu'on a enseigné en matière d'économie est obsolète »

PHILIPPE DESSERTINE

Spécialiste de la finance internationale, Philippe Dessertine affirme que la crise est la conséquence d'une « *absurde* » politique d'endettement des Etats occidentaux depuis le début des années 90. Selon lui, les pouvoirs publics sont impuissants à inverser la tendance et nous assistons à une « *perte de pouvoir* » américaine.

XXI : Quelle est l'origine de la crise ?
PHILIPPE DESSERTINE : Les Etats-Unis et l'ensemble de l'Occident vivent au-dessus de leurs moyens depuis la chute du mur de Berlin, en 1989. L'émergence de nouvelles puissances économiques, notamment de la Chine, a entraîné une baisse de leurs revenus. La seule solution qu'ils ont trouvée a été d'augmenter leur dette (celle des personnes et celle des Etats). Cela a pris des proportions folles à partir du 11 septembre 2001.

Pourquoi le 11 septembre ?
La date est symbolique du recul des grands Etats occidentaux. En fait, l'accélération de la dette intervient dès 2000, et s'amplifie fin 2001 après une grosse alerte : la faillite du géant mondial de l'énergie, le groupe Enron, qui chute à cause de spéculations frauduleuses. Pendant plusieurs semaines, les marchés financiers s'effondrent, la crise de confiance est totale.

Ensuite ?
Les Etats-Unis baissent artificiellement leurs taux d'intérêt et émettent énormément de dette. A titre d'exemple, l'endettement immobilier des ménages américains est de 62 % dans la décennie 1990-2000, et de 1012 % entre 2000 et 2007.

Comment fonctionne cet endettement ?
Peu importent vos ressources, les banques vous prêtent de l'argent pour acheter une maison, car elles partent du principe que le bien va augmenter. Pendant trois ans, vous ne payez rien. Au bout de trois ans, on vous fait un nouveau prêt, sur la base de la valeur réactualisée du bien. Vous vous retrouvez avec un bonus de liquidités que vous utilisez pour consommer... C'est absurde et, inéluctablement, cela conduit à la crise : si un Etat émet de la monnaie sans créer de richesse, la conséquence est l'inflation. Les prix montent, il y a spéculation, des bulles se forment, qui finissent par éclater.

Pourquoi le système n'a-t-il pas explosé plus tôt ?
Parce que les Etats-Unis ont obligé la Chine à créer de la richesse à leur place, sans émettre de monnaie. Les Chinois absorbaient la monnaie émise par les Etats-Unis, mais ils n'en profitaient pas.

En clair ?
Les Chinois ont produit des biens achetés par les Etats-Unis. En échange, ils ont reçu des dollars qu'ils auraient dû investir dans leur pays pour construire des routes, des écoles, des hôpitaux... Les Etats-Unis les ont obligés à acheter des bons du Trésor américain : ils en détiennent aujourd'hui pour plus de 1500 milliards de dollars.

Pourquoi les Chinois ont-ils accepté ?
Les Américains leur ont dit que c'était la condition pour acheter leurs produits. Et ils se sont servis de leur position de puissance mondiale dominante.

Par du chantage, ou avec une contrepartie ?
Allez savoir... En tout cas, ce n'est pas le ministre américain des Finances qui se déplace, début 2005, pour expliquer aux Chinois qu'ils ne peuvent pas rééquilibrer leurs réserves de change. C'est le ministre de la Défense, Donald Rumsfeld.

Et après ?
La croissance chinoise s'emballe : on a de plus en plus de produits chinois sur le marché, les Occidentaux en consomment de plus en plus... donc le risque inflationniste augmente.

Que font les Occidentaux ?
Ils sentent le danger en 2005-2006. Ils tentent un atterrissage en douceur. La Réserve fédérale américaine remonte ses taux d'intérêt.

Résultat ?
L'immobilier baisse, aux Etats-Unis. Des millions de gens deviennent insolvables,

Traders à la Bourse de New York. AFP PHOTO/STAN HONDA

car ils remboursaient leur prêt sur l'augmentation supposée de la valeur de leur bien : c'est le début de la crise des subprimes, à l'été 2007.

Les BRIC (Brésil, Russie, Inde, Chine) sont-ils atteints ?
Je ne crois pas au découplage des économies. Personne n'est épargné, ni la France ni l'Europe... Les BRIC seront à genoux, car ils sont des sous-traitants de l'Occident.

Et les pays pétroliers ?
Ils sont encore plus touchés.

Pourquoi le prix du baril est-il monté si haut ?
Le pétrole est payé en dollars. Avec l'inflation, le dollar a baissé et les producteurs se sont sentis floués : ils ont donc augmenté leurs prix. On a observé le même phénomène avec les matières premières alimentaires, le riz notamment. L'un des effets de la crise est un accroissement de la famine.

Pourquoi le baril a-t-il ensuite chuté ?
Les Occidentaux se sont aperçus que le pétrole cher profitait à la Russie, à l'Iran et au Venezuela, qui ne sont pas les meilleurs amis des Etats-Unis. Ils ont décidé que cela devait cesser. Ils ont fait remonter le cours du dollar, en en achetant et en en faisant acheter. Avec l'aide de l'Arabie saoudite et d'autres alliés, ils ont mis beaucoup de pétrole sur le marché, et le prix du baril est retombé.

Les mesures prises par les Etats peuvent-elles enrayer la crise ?
Tout ce qu'on a enseigné en matière d'économie est obsolète. Avant, les Etats pouvaient reprendre la main, avec une politique adéquate. Là, on voit que les interventions des pouvoirs publics n'ont pas d'effet. Les déséquilibres créés par une force politique ne peuvent pas être corrigés par la même force : c'est la démonstration d'une perte de pouvoir américaine.

Qu'attendez-vous de Barack Obama ?
La politique de relance qu'il envisage n'aura aucun effet, ou pire, elle cassera les marchés en faussant la concurrence des pays émergents. L'autre danger est que les Etats-Unis atteignent des niveaux records de dette publique : un jour, il faudra rembourser. Idem pour la France, dont la dette est de 1800 milliards d'euros, et qui mobilise actuellement 390 milliards pour sauver ses banques.

Existe-t-il des contre-pouvoirs aux Etats-Unis ?
Il y en a deux : l'Union européenne et le Japon. La Chine, elle, peut servir de puissance d'appoint pour faire basculer une négociation. Le Premier ministre britannique, Gordon Brown, l'a bien compris. Il a proposé que le Fonds monétaire international (FMI) devienne une super banque mondiale, sur le modèle de la Banque centrale européenne (BCE). Aucun Etat ne pourrait donc décider seul d'émettre de la monnaie. Il est allé voir les Chinois et les Emirats arabes, et leur a demandé : *« Vous voulez financer ? »* L'idée est de ne plus dépendre des Américains.

Quelle a été la réaction des Etats-Unis ?
Barack Obama a dit qu'il était contre. Pour les Américains, la banque mondiale existe déjà, c'est la Réserve fédérale... Il faudra pourtant qu'ils admettent que l'économie mondiale ne peut plus dépendre d'une seule puissance.

Peuvent-ils encore l'empêcher ?
Tout dépendra du niveau d'effondrement de leur économie. Si leur plan de relance ne marche pas, ils devront s'asseoir à la table des négociations.

Propos recueillis par Dominique Lorentz

Philippe Dessertine, *45 ans, est professeur de finance à l'université de Paris X, directeur du Centre d'études et de recherches sur les organisations et la stratégie (CEROS), et directeur de l'Institut de haute finance (IHFI).*

George Osborne, l'arroseur arrosé

2005 A 33 ans, George Osborne incarne les espoirs du Parti conservateur britannique. **Aujourd'hui** Sa carrière est compromise à cause d'une cabale ratée contre un ministre travailliste.

Pressenti pour être le prochain leader de son camp, George Osborne vient de stopper net sa brillante carrière. Auteur d'un complot contre un ministre du gouvernement Brown, il s'est retrouvé à la une de la presse britannique, accusé des turpitudes qu'il prêtait à son adversaire politique.

Rarement boomerang sera revenu aussi vite dans la tête de celui qui l'avait lancé. Fin août 2008, George Osborne va passer quelques jours de vacances sur l'île grecque de Corfou, chez Nathaniel Rothschild, coprésident du *hedge fund* (fonds spéculatif) new-yorkais Atticus et membre de la célèbre famille de banquiers anglais. Les deux trentenaires sont amis depuis leurs études à Oxford, où ils écumaient les soirées huppées et bien arrosées. Nat Rothschild a également invité Peter Mandelson, 55 ans, ancien ministre travailliste devenu commissaire européen au Commerce, qu'il fréquente depuis quelques années.

A un jet de pierre de la côte, mouille le *Queen K*, un yacht appartenant à un autre ami de Nat Rothschild, le milliardaire russe Oleg Deripaska. Agé de 40 ans, ce proche de Vladimir Poutine au passé sulfureux (il aurait été lié à la mafia russe dans les années 1990) est président de Rusal, le géant mondial de l'aluminium ; il vit à Londres, dans le quartier le plus chic de la ville.

Apéritifs, dîners et soirées réunissent tout ce petit monde sur le *Queen K*. Au cours d'une conversation avec George Osborne, Peter Mandelson critique violemment le Premier ministre, Gordon Brown, avec lequel il entretient une relation exécrable. Il ne lui a jamais pardonné d'avoir soutenu la candidature de Tony Blair contre la sienne, en 1994, pour la direction du Parti travailliste.

A un autre moment, George Osborne confie à Nat Rothschild avoir sollicité une donation de 50 000 livres (62 500 euros) d'Oleg Deripaska pour les conservateurs. Le financement des partis politiques par des étrangers étant interdit, l'argent doit transiter par une des sociétés britanniques du milliardaire russe.

« Position intenable »

En septembre, le Premier ministre, en difficulté depuis plusieurs mois et déstabilisé par la crise financière, se rapproche de Peter Mandelson, poids lourd du Parti travailliste. Les deux hommes se réconcilient. Le 3 octobre, Gordon Brown nomme Mandelson ministre du Commerce et des Entreprises. Une décision surprise, saluée par les observateurs.

Deux jours plus tard, le *Sunday Times* révèle les propos *« au vitriol »* tenus par Peter Mandelson sur Gordon Brown, en août, sur le *Queen K*, et s'interroge sur ses relations avec le milliardaire russe. L'auteur des fuites est évidemment George Osborne. Comme le titrera bientôt *The Financial Times*, il a *« brisé la loi du silence »*. L'article signe le coup d'envoi d'une campagne de presse anti-Mandelson. L'ex-commissaire européen est soupçonné d'avoir favorisé Oleg Deripaska : sous son mandat, l'UE a baissé ses droits de douane sur l'aluminium russe...

Peter Mandelson se retrouve dans une position intenable. Il a déjà démissionné deux fois du gouvernement Blair, sous la pression des médias : pour avoir contracté en 1998 un prêt sans intérêts auprès d'un riche donateur, et pour avoir fourni en 2001 un passeport britannique à un businessman indien (affaire dans laquelle il a été blanchi). Il a beau démentir, l'accusation de collusion avec le Russe le conduit tout droit vers la sortie.

Le 21 octobre, coup de théâtre : *The Times* publie une lettre de Nat Rothschild dans laquelle il raconte comment son ami George Osborne est allé sur le *Queen K*, en août, pour solliciter une donation illégale d'Oleg Deripaska. Un lâchage en bonne et due forme, conclu dans ces termes : *« A l'avenir, chacun devrait se rappeler le bon vieil adage selon lequel les événements d'ordre privé doivent le rester. »*

La presse change instantanément de cible. *« Osborne s'est comporté avec un manque criant de discernement »*, juge le quotidien de gauche *The Guardian*. Plus dur, le quotidien conservateur *The Daily Telegraph* le traite de *« crétin »*. George Osborne nie les faits, mais ne convainc personne ; il était accompagné, sur le *Queen K*, de l'homme chargé de la collecte de fonds au Parti conservateur, Andrew Feldman. Et Nat Rothschild propose, si les preuves manquaient, de fournir deux témoignages écrits, dont celui de James Goodwin, un ancien conseiller de Bill Clinton. Pendant ce temps, Gordon Brown renouvelle sa confiance à son ministre, et la Commission européenne affirme qu'*« il n'y a eu aucune ingérence de la part de Peter Mandelson »* dans les dossiers concernant l'aluminium.

Fin octobre, George Osborne reconnaît son *« erreur »* sur la BBC. *« Bien des conservateurs vont maintenant se demander s'il a les qualités nécessaires pour occuper le 10 Downing Street »*, note *The Daily Telegraph*.

La victoire d'Hadijatou Mani, ancienne esclave

2005 A peine affranchie, l'ancienne esclave nigérienne est condamnée pour « *bigamie* ». **Aujourd'hui** Elle gagne le premier procès pour esclavagisme contre l'Etat du Niger.

Hadijatou Mani, une ancienne esclave nigérienne de 24 ans, a remporté un procès dont les effets devraient se faire sentir dans une quinzaine d'Etats d'Afrique de l'Ouest. Mise en prison pour avoir épousé un homme contre l'avis de son maître, elle a obtenu la condamnation de l'Etat du Niger devant une cour régionale.

La vie d'Hadijatou Mani semblait écrite d'avance : fille d'esclave, elle est achetée 240 000 francs CFA (500 dollars) par Souleymane Naroua, un homme de 46 ans, ami du maître de sa mère. Nous sommes en 1996, elle a 12 ans. Elle devient à son tour une *wahiya*, une esclave. Abusée sexuellement, elle est également exploitée pour des travaux domestiques et agricoles. Son maître a déjà quatre épouses (la polygamie est courante au Niger) et sept *wahiya*. « *Je vivais avec lui comme une épouse, mais je travaillais pour ses autres femmes et il me battait* », racontera Hadijatou Mani. Quatre enfants naissent de ses relations forcées avec son maître.

Au nom de la tradition

En août 2005, Souleymane Naroua affranchit la jeune femme, « *certificat de libération* » à l'appui. Hadijatou Mani le quitte et épouse un homme de son choix. Souleymane Naroua s'oppose à leur union : bien qu'affranchie, l'esclave reste selon lui sa propriété. Hadijatou Mani se tourne vers un tribunal local, qui constate qu'aucun mariage n'ayant été célébré entre elle et son ancien maître, elle est libre de disposer d'elle-même.

Souleymane Naroua contre-attaque : il porte plainte contre Hadijatou Mani pour « *bigamie* ». La cour lui donne raison, en vertu d'une loi coutumière faisant de toute esclave l'épouse légale de son maître après affranchissement. Condamnée à six mois de prison, Hadijatou Mani est incarcérée.

Cette décision contredit une loi nigérienne de juin 2003 réprimant l'esclavage, aboli depuis 1960, mais toujours pratiqué dans certaines communautés, au nom de la tradition. Les esclavagistes encourent désormais dix à trente ans de prison et une amende d'un à cinq millions de francs CFA (2 200 à 11 000 dollars). Selon une enquête de l'ONG nigérienne spécialisée dans la lutte contre l'esclavage, Timidria (Fraternité), le Niger comptait, en 2003, huit cent mille esclaves pour douze millions d'habitants – des chiffres contestés par les autorités, dont un rapport officiel tarde à sortir.

L'ONG s'empare de l'affaire : Hadijatou Mani est placée en liberté provisoire et intente une action devant la Cour de justice de la Cedeao (Communauté économique des Etats d'Afrique de l'Ouest). Elle attaque l'Etat du Niger pour n'avoir pas su la protéger de Souleymane Naroua, pour avoir légitimé la pratique de l'esclavage par l'application du droit coutumier. Elle demande cinquante millions de francs CFA (120 000 dollars) de réparation. Timidria se porte partie civile. Deux autres ONG, britanniques, apportent leur soutien, Anti-slavery International et Interights.

Le procès se tient à Niamey, en avril 2008. Signe de l'embarras du gouvernement, le Premier ministre, Seini Oumarou, le ministre de la Justice, Dagra Mamadou, et le président de l'Assemblée nationale, Mahamane Ousmane, assistent à la première audience. « *Le Niger est, aux termes de la Constitution, un Etat de droit, démocratique et social. Il assure à tous l'égalité devant la loi, sans distinction aucune, de sexe, d'origine sociale, raciale, ethnique ou religieuse* », affirme le président de la Cour suprême, Abdou Zakari. L'un des avocats de l'Etat nigérien, Me Mossi Boubacar, se dit néanmoins « *désolé* » que son pays soit poursuivi pour « *esclavage* », une simple « *coutume sociale* » selon lui.

« Historique »

La Cour de justice de la Cedeao rend son jugement le 27 octobre : « *Hadijatou Mani a été victime d'esclavage et la République du Niger en est responsable par l'inaction de ses autorités administratives et judiciaires.* » Niamey est condamné à verser dix millions de francs CFA (24 000 dollars) à la jeune femme. La décision est exécutoire et sans appel. « *C'est absolument historique, car c'est le tout premier verdict rendu sur le phénomène de l'esclavage par la Cour de la Cedeao* », s'est réjoui le président de Timidria, Ilguilas Weila. Pour Romana Cacchioli, d'Anti-slavery International, « *cela démontre qu'une femme issue de la classe la plus défavorisée peut faire reconnaître ses droits* ».

L'un des avocats de la jeune femme, Abdourahaman Chaïbou, considère que la décision doit « *faire jurisprudence* » dans les quatorze autres pays membres de la Cedeao (Bénin, Côte d'Ivoire, Ghana, Guinée, Mali, Sénégal, Togo...). « *Avec la tenue de ce procès au Niger et l'acceptation du verdict, nous donnons une preuve supplémentaire de la maturité de la démocratie et de l'Etat de droit au Niger* », a déclaré le porte-parole du gouvernement, Mohamed Ben Omar. Hadijatou Mani a « *remercié Dieu* » et les ONG ; elle dit vouloir « *s'occuper d'elle et de ses enfants, et créer un commerce* ».

Won Jeong-hwa, étrange espionne coréenne

1998 Won Jeong-hwa est recrutée par les services secrets de Pyongyang. **Aujourd'hui** La justice sud-coréenne se montre étonnamment indulgente avec elle.

Won Jeong-hwa, une jolie Nord-Coréenne de 34 ans, a été condamnée à cinq ans de prison à Séoul (Corée du Sud). Reconnue coupable d'espionnage, d'enlèvements et de tentatives d'assassinat, elle risquait la peine de mort. Les bizarreries de son parcours et l'extrême indulgence du tribunal à son égard soulèvent bien des questions.

Fille d'un agent secret *« mort en mission »*, Won Jeong-hwa semble être entrée en espionnage comme on entre en religion. Dès l'adolescence, elle bénéficie d'une formation dans les forces spéciales. Son frère et sa sœur sont salariés du département de la sécurité intérieure de Pyongyang.

Après une condamnation pour trafic de zinc, Won Jeong-hwa fait un court séjour dans une prison de Corée du Nord. Première couverture ou véritable délit ? Une fois libre, elle réussit à quitter la dictature communiste, dont les frontières sont les plus surveillées du monde, pour aller vivre en Chine, pays voisin et ami.

En 1998, elle revient à Pyongyang, où elle est « officiellement » recrutée par les services secrets, à l'âge de 22 ans. Selon les autorités sud-coréennes, elle aurait *« subi un lavage de cerveau »* et travaillé dès lors sous la menace de représailles contre sa famille.

UNE CENTAINE DE KIDNAPPINGS

Pour sa première mission, elle est envoyée en Chine. Elle y débusque des fuyards nord-coréens, dont elle organise l'enlèvement et le rapatriement à Pyongyang, où ils seront emprisonnés ou exécutés. Elle s'attaque aussi à des hommes d'affaires sud-coréens. Plutôt efficace, elle aurait kidnappé, en trois ans, une centaine de Nord-Coréens et sept businessmen du Sud.

En octobre 2001, ses employeurs l'envoient en Corée du Sud, le frère ennemi avec lequel un timide dialogue vient d'être amorcé. Par un tour de passe-passe inexpliqué, elle a épousé un ressortissant sud-coréen dont elle est déjà séparée. En arrivant à Séoul, elle se rend au Service national de renseignement, où elle se présente comme réfugiée du Nord. Elle entame par ailleurs une procédure de divorce.

Elle devient conférencière spécialisée dans la propagande nord-coréenne et intervient dans nombre de bases militaires des environs de Séoul. Là, elle aurait *« usé de ses charmes »* pour recueillir des informations top secret sur les forces sud-coréennes et américaines dans la région, et les transmettre au Nord.

Indépendamment de cette collecte de renseignements, elle est chargée de deux missions dont le succès aurait embarrassé Séoul, mais qui ne seront pas menées à bien : l'assassinat par empoisonnement de deux agents sud-coréens, et la localisation d'un célèbre déserteur, l'ancien secrétaire du Parti des travailleurs, Hwang Jang-yop, réfugié au Sud depuis 1997.

Les Sud-Coréens mettent quatre ans à s'apercevoir que Won Jeong-hwa n'est pas une jeune femme ordinaire. Au printemps 2005, elle est placée sous surveillance par la police, alertée par ses contacts réguliers avec le consulat nord-coréen de Shenyang, en Chine... Après son arrestation, le quotidien *JoongAng Daily* avancera l'idée que Won Jeong-hwa est en réalité un *« agent double »*. L'hypothèse sera également évoquée par la station publique KBS World Radio, avant d'être balayée par la version officielle de l'affaire.

Toujours plus surprenant, l'agent Won devient la maîtresse d'un militaire sud-coréen de sept ans son cadet, le capitaine Hwang, avec lequel elle prend un appartement. Le jeune homme est au courant de ses activités d'espionne, mais aurait décidé, *« par amour »*, de ne pas la dénoncer.

La jeune femme est arrêtée le 17 juillet 2008, en compagnie de son beau-père, Kim Dong-soon, 63 ans, ancien haut dignitaire du Nord, responsable d'un réseau d'espionnage en Chine de 1999 à 2006, avant de venir en Corée du Sud avec le statut de réfugié. Son amant, le capitaine Hwang, présumé complice, est lui aussi embarqué. La police demande à la presse de ne pas divulguer l'information mais, fin août, un quotidien du soir, le *Munhwa Ilbo*, rompt l'embargo.

« COMÉDIE ÉLIMÉE »

Dans les médias, l'espionne est présentée comme un *« gros poisson »*. Son histoire passionne et inquiète les Sud-Coréens. Treize mille réfugiés du Nord vivent au Sud et, depuis la création du pays, en 1948, quatre mille cinq cents agents de Pyongyang ont été interpellés. Le ministre de la Défense, Lee Sang-hee, exprime les regrets du gouvernement pour *« l'implication de militaires »* dans cette *« affaire d'espionnage »*, la première d'importance depuis 2000, prouvant selon lui que le Nord est habité de *« la détermination inébranlable de révolutionner »* le Sud.

Lors de la première audience du procès, le 1er octobre, Won Jeong-hwa fait acte de repentance : *« Je voulais me rendre, mais je ne pouvais pas, car j'avais peur pour mes proches demeurés au Nord. » « Tout ce que je voudrais, c'est changer de vie et rester en Corée du Sud »*, assure-t-elle. Quinze jours plus tard, elle est condamnée à cinq ans de prison ferme. Le régime de Pyongyang qualifie le procès de *« comédie élimée »* et traite la jeune femme de *« déchet humain »*.

Pierre Bellanger, un patron de radio très libre

2003 Le président de Skyrock est accusé de viol par une jeune femme. **Aujourd'hui** Il est condamné à une peine de prison ferme pour *« corruption de mineure »*.

Cofondateur et président de Skyrock, la station préférée des 15-24 ans, et de Skyblog, l'une des plateformes de blogs les plus visitées d'Europe, Pierre Bellanger, 49 ans, a été condamné à une peine de prison ferme pour *« corruption de mineure »*. Une plainte pour viol avait été déposée cinq ans plus tôt.

Pierre Bellanger grandit à Paris entre un patron de presse, cofondateur du *Parisien libéré*, et une écrivaine d'origine hongroise. Son père, Claude Bellanger, ancien résistant, est proche de François Mitterrand. Sa mère, Christine Arnothy, est reconnue dès son premier livre, en 1954, *J'ai quinze ans et je ne veux pas mourir.*

Communauté polygame

Adolescent, Pierre Bellanger entame des études de médecine, puis de biologie. *« Une très bonne formation à l'économie. Il suffit de remplacer le mot "glucose" par "euro" »*, plaisantera-t-il plus tard. Dès la fac, il se passionne pour la radio ; il crée plusieurs stations pirates, et s'engage dans le mouvement des radios libres.

En 1981, le président Mitterrand supprime le monopole de l'Etat; la bande FM devient un énorme enjeu économique. Pierre Bellanger s'engouffre dans la brèche. En 1982, il crée La Voix du lézard, transformée en 1986 en Skyrock, une station « dance, pop, rock » au ton décalé. Il a alors pour associé Daniel Filipacchi, l'un des plus puissants patrons de presse, propriétaire du groupe Hachette avec Jean-Luc Lagardère.

Sa vie privée est mouvementée. Amateur de jeux de domination et de relations à plusieurs, il rencontre au début des années 1990 une femme aux penchants sadomasochistes, Aude. Il vit alors avec Cathy, qui accepte une relation à trois. En 1994, Aude s'en va. Elle est remplacée par d'autres concubines. Le patron de Skyrock crée une communauté polygame baptisée Halcyon, dont il est le *« maître »* et les femmes ses *« esclaves »*.

« Partager le lit du maître »

Fin 1999, Pierre Bellanger fait la connaissance de la petite sœur d'une de ses concubines. Lætitia est une lycéenne de 17 ans déboussolée par le divorce de ses parents. La gamine prend l'habitude de passer les mercredis et les week-ends à Halcyon, dans l'appartement du patron de Skyrock, où elle apprécie *« la chaleur humaine »* du groupe.

Après quelques semaines, les femmes expliquent à Lætitia que, pour entrer dans la communauté, il faut partager le lit du *« maître »*. Le 30 décembre 1999, elles lui disent : *« Ce soir, Pierre veut que ce soit toi. »* Le lendemain, dans son journal, Pierre Bellanger note : *« Belle journée, L.* [Lætitia] *dans mon lit... »* Au fil des semaines, les pratiques sexuelles deviennent de plus en plus violentes.

Pendant des vacances à Madagascar, à l'été 2000, Lætitia flirte avec un moniteur de ski nautique. Elle est exclue de la communauté, au nom d'un *« contrat moral de fidélité »*. Elle aura appartenu huit mois à Halcyon. Trois ans et une psychothérapie plus tard, elle porte plainte pour viol contre Pierre Bellanger.

Entre-temps, Skyrock a pris une « couleur rap » et un ton très libre sur le sexe. La station est régulièrement condamnée par le Conseil supérieur de l'audiovisuel (CSA) pour les propos graveleux tenus par son animateur vedette, Difool, lorsqu'il dialogue en direct avec des auditeurs.

Dans une réponse à l'instance de contrôle, Pierre Bellanger se défend : *« La crudité est une bénédiction, car elle décomplexe, libère, modère, amuse, lève des tabous et des ignorances qui font mal. »*

Se voulant le porte-parole de la jeunesse, il affirme, dans le magazine *Enjeux-Les Echos*, s'inscrire dans la *« tradition familiale de liberté d'expression que son père maintint au péril de sa vie pendant l'Occupation »*. Dans le quotidien *La Tribune*, il s'insurge contre ceux qui considèrent la jeunesse comme *« une classe dangereuse »* : *« L'âge de transition qu'est l'adolescence implique une évolution subtile et ô combien difficile. »*

« Quête spirituelle »

Le procès de Pierre Bellanger se tient début octobre 2008. L'instruction a écarté le viol, mais retenu l'accusation de *« corruption de mineure »*. A la barre, le patron de Skyrock évoque une *« quête spirituelle »* pour justifier la création d'Halcyon. *« Quand on lit de près votre journal intime, votre quête spirituelle n'est pas si évidente... »*, rétorque la présidente. Bellanger explique alors son besoin de domination par une *« peur des femmes »*, une *« peur de sa mère »*.

Estimant qu'il a *« dévoyé »* Lætitia, qui *« a appris en huit mois ce que d'autres mettent trente ans à découvrir »*, le procureur requiert un an de prison avec sursis. Début novembre, Pierre Bellanger est condamné à quatre ans de prison, dont trois avec sursis. Une sentence *« ahurissante »* selon ses avocats, qui font appel.

Avec e-Corce, « voir tout, tout le temps » sur Terre

Avec ses images de la planète vieilles d'au moins six mois, Google Earth pourrait bientôt faire figure d'antiquité. Le Cnes (Centre national d'études spatiales) a présenté cet automne le projet e-Corce, permettant à n'importe quel internaute de *« tout voir, tout le temps »*, sur l'écran d'un ordinateur, à partir d'images d'une résolution d'un mètre, réactualisées chaque semaine pour commencer, puis tous les jours. Le projet devrait être opérationnel en 2014. Il s'appuie sur un réseau de treize petits satellites optiques et un système de compression de données capable de diviser par cinquante la taille numérique des clichés, sans déperdition de qualité. La prouesse technologique est doublée d'un exploit commercial : le service pourrait être proposé à un tarif quatre fois inférieur à ceux existants. Pour voir le jour, e-Corce devra toutefois être vendu à une entreprise dans un délai d'un an, car le Cnes n'a pas vocation à faire du business. Les concepteurs sont optimistes; selon eux, l'observation de la Terre n'intéresse pas seulement les géoportails, mais aussi les organismes chargés d'observer les océans, la fonte des glaces, la déforestation, les cultures, l'urbanisme, les réseaux routiers... Seul hic, la question de la protection de la vie privée, à laquelle e-Corce devra trouver une réponse : les citoyens du monde ne seront pas tous forcément d'accord pour que leur domicile soit quotidiennement photographié.

Coup de filet record de la police espagnole parmi les pédophiles sur Internet

La Brigade d'interventions technologiques (BIT) espagnole a réalisé cet automne un coup de filet record dans les milieux pédophiles sur Internet. A l'issue d'un an d'enquête, en collaboration avec les polices de 75 pays, notamment le Brésil, elle a procédé à 210 perquisitions, saisi 347 disques durs d'ordinateurs, 36 PC portables, 15 clés USB, 1186 CD et DVD. *« Des millions d'archives de vidéos et de photos ont été saisies, dont certaines montrant des agressions d'une extrême dureté sur des mineurs »*, a expliqué la police. *« Les victimes ont pu être identifiées dans l'entourage familial »* des pédophiles. Cent vingt et une personnes ont été interpellées, en Espagne, dans des milieux socioprofessionnels variés : on trouve des cadres supérieurs, des professeurs, un militaire de haut rang, un policier, un agent des services de renseignement, un élève d'une école de la Garde civile, des pilotes de ligne, des chauffeurs de taxi, des employés de banque, quatre mineurs de 17 ans... La BIT travaille avec un logiciel baptisé Hispalis, qui permet d'identifier les internautes se connectant à des sites pornographiques illicites. Créée en 1995, elle a multiplié les coups de filet antipédophiles, et pratiqué mille deux cents interpellations au cours des cinq dernières années. Son efficacité lui a valu le prix « Les enfants d'abord »de l'Unicef.

En Inde, un patron est lynché par des ouvriers

Deux cents ouvriers en colère débarquent à l'automne dernier chez Graziano Trasmissioni, un sous-traitant automobile italien dont l'usine est dans la banlieue de New Delhi. Ils viennent en découdre avec le patron, Lalit Kishore Chaudhary. Le chef d'entreprise refuse d'augmenter leurs salaires et de leur accorder des contrats à durée indéterminée. Les cadres et les dirigeants sont agressés à coups de barre de fer; une cinquantaine sont blessés. Frappé à la tête, M. Chaudhary décède. L'opinion indienne est bouleversée. La Fédération des chambres de commerce et d'industrie (Ficci) craint que le drame ne *« salisse l'image du pays chez les investisseurs étrangers »*. Le ministre indien du Travail, Oscar Fernandes, prend parti pour les vandales : *« Que cela serve de leçon aux directions. Je les appelle à traiter les ouvriers avec compassion. Il y a des disparités de salaires entre ouvriers titulaires et contractuels. Les ouvriers ne devraient pas être poussés à bout. »* La déclaration fait scandale. *« Je suis choqué »*, assure le président de la Ficci. Un éditorialiste du *Times of India* rappelle que *« M. Chaudhary est la victime »*. Sur le site du quotidien, les internautes trouvent *« honteux »* les propos du ministre. Quelques jours plus tard, celui-ci présente ses *« profondes excuses à tous ceux qui ont pu se sentir blessés »*.

« Le pays a été attaqué avec des armes nucléaires », annonce la BBC

En pleine guerre froide, alors que les armes nucléaires commençaient à proliférer, la radio-télévision publique britannique BBC a enregistré un message d'alerte. Conçu par le gouvernement de l'époque, le document sonore vient d'être déclassifié. Il débute ainsi : *« Le pays a été attaqué avec des armes nucléaires. Les communications ont été sérieusement endommagées. Le nombre de victimes et l'étendue des dégâts ne sont pas encore connus. »*

Les Britanniques sont invités à rester chez eux : *« Rappelez-vous qu'il n'y a rien à gagner à tenter de partir. En quittant vos maisons, vous pourriez vous exposer à un danger encore plus grand. Si vous partiez, vous pourriez vous retrouver sans nourriture, sans eau, sans logement et sans protection. »* Dans une lettre datée de juin 1974, également déclassifiée, le ministre des Postes et Télécommunications, Harold Greenwood, préconise le recours à une voix connue, afin de montrer aux auditeurs que la BBC est toujours là, *« à leurs côtés ». « Si une voix non familière répète la même annonce heure après heure pendant douze heures, les auditeurs pourraient suspecter qu'ils écoutent une machine programmée pour chaque heure et que peut-être, après tout, la BBC a été détruite »*, affirme-t-il. Quelle est la procédure prévue en cas de guerre nucléaire en 2009 ? Les services du Premier ministre, Gordon Brown, ne le disent pas.

Aux Etats-Unis, des coursiers obtiennent 4,6 millions de dollars devant la justice

Le juge Michael Dollinger a condamné fin octobre Simon et Michelle Nget, propriétaires des restaurants Saigon Grill à New York, à verser la somme de 4,6 millions de dollars à trente-six coursiers, soit une moyenne de 128 000 dollars à chacun. Tous d'origine chinoise, les livreurs avaient été licenciés onze mois plus tôt pour avoir refusé de signer un document attestant qu'ils percevaient le salaire minimum légal de 7,15 dollars de l'heure. En réalité, ils étaient payés 1,60 dollar, devaient acheter leur vélo, et se voyaient retenir des sommes folles en cas d'absence (jusqu'à 200 dollars par jour). Soutenus par une organisation de défense des salariés chinois, ils ont porté l'affaire devant la justice. Le célèbre cabinet d'avocats Davis Polk & Wardwell les a représentés gratuitement. Ils ont reçu l'appui du maire de New York, Michael Bloomberg, par ailleurs propriétaire d'une agence d'information financière. Le juge a condamné les Nget à payer la totalité des arriérés de salaires. Le plus ancien coursier, avec douze ans d'activité, percevra 310 000 dollars. Les restaurateurs devront en outre verser à leurs anciens employés des indemnités pour conditions de travail *« indignes »*, et s'acquitter d'une amende pour infraction aux lois de l'Etat de New York. L'affaire crée un précédent et pourrait inspirer d'autres actions en faveur de travailleurs immigrés.

La « brunite » des stades italiens

Le gardien du Milan AC, Christian Abbiati, a affirmé cet automne ses convictions fascistes dans un entretien avec la *Gazetta dello Sport* : *« Je n'ai pas honte de mes opinions politiques. Je partage certains idéaux du fascisme : la patrie et le respect des valeurs catholiques. Je récuse les lois raciales et l'alliance avec Hitler, mais j'admire la capacité à assurer l'ordre social et à garantir la sécurité des citoyens. »* Le footballeur a précisé qu'il possède un buste de Mussolini chez lui, et que la sonnerie de son portable entonne le refrain de *Facetta Nera* (« Frimousse noire »), un chant fasciste et colonialiste des années 30. Il a encouragé les Italiens à *« arrêter de considérer le fascisme comme un tabou »*. Avant lui, Fabio Cannavaro, capitaine de la Squadra Azzura, avait fait l'apologie des camps de vacances Evita Perón, organisés par l'extrême droite. Gianluigi Buffon, gardien de l'équipe nationale, avait été vu avec un T-shirt marqué du chiffre 88, symbole de « Heil Hitler ! ». Paolo Di Canio, capitaine de la Lazio de Rome, avait l'habitude de signer ses victoires d'un bras droit tendu... Au-delà du foot, la tentation de réhabiliter le règne du Duce traverse la société italienne. Encouragée par le Premier ministre, Silvio Berlusconi, elle est désapprouvée par le président de la République, Giorgio Napolitano, ex-résistant communiste.

Ousmane Sow

AFP PHOTO - BERTRAND GUAY

L'humanité est sa pâte

Au printemps 1999, les promeneurs parisiens découvrent le spectacle étonnant de silhouettes monumentales et terreuses sur la passerelle piétonne du pont des Arts. Il s'agit d'une rétrospective d'Ousmane Sow, un sculpteur pour qui l'anatomie humaine n'a aucun secret : avant de se consacrer à son art, il a été kinésithérapeute pendant plus de vingt-cinq ans.

Ousmane Sow naît en 1935 au Sénégal, une colonie française. Son père, Moctar, 56 ans, est patron d'une petite entreprise de transport, à Dakar ; il s'est battu sous le drapeau bleu-blanc-rouge, en 1914-1918. *« C'est l'homme le plus accompli que j'ai rencontré »*, dit-il au *Monde*. Sa mère, Nafi N'Diaye, a 22 ans. Ousmane sera le sixième des dix enfants de cette famille recomposée. Gamin, il fréquente l'école française et s'amuse à sculpter des figurines dans des blocs de calcaire récupérés sur la plage.

En 1956, son père décède. L'année suivante, il prend un cargo à destination de Marseille. Il s'installe à Paris, où il vit de petits boulots et entame des études de kiné, *« un métier de substitution »*. Il se fait des amis aux Beaux-Arts, s'intéresse à la peinture moderne et rêve de sculpture. Il épouse une infirmière française, dont il aura deux enfants.

En 1960, le Sénégal accède à l'indépendance. Ousmane Sow opte pour la nationalité sénégalaise. Son diplôme en poche, il rentre à Dakar et crée le service de kinésithérapie de l'hôpital Le Dantec. En parallèle, il se lance dans la sculpture. En 1966, il expose un bas-relief au premier Festival mondial des arts nègres de Dakar. Puis il retourne vivre en France. La journée, il triture les corps des patients de son cabinet de Montreuil ; le soir, il crée des statuettes articulées qu'il mettra en scène dans un film d'animation.

Ousmane Sow rentre définitivement au Sénégal en 1978. Il y exerce encore son métier de kiné, mais consacre de plus en plus de temps à la sculpture. En 1982, il divorce et s'installe dans une maison dont la cour sera son atelier. Dès lors, il conçoit des pièces de grande taille. Il élabore un matériau à base de colle, de sable et de peinture, dont il tient la composition secrète. Ses œuvres, représentant toujours des humains (à de rares exceptions près), ont une ossature métallique recouverte de jute et de paille, sur laquelle il applique sa mixture. *« Je peux ajouter, retrancher, épaissir, fluidifier. Je fais ce que je veux avec ce matériau »*, explique-t-il à *L'Humanité*.

En 1987, il achève une série de douze sculptures sur les Noubas (une ethnie du Sud-Soudan). Deux ans plus tard, il termine celle des Massaïs (nord du Kenya) et commence les Zoulous (Afrique du Sud). A 53 ans, sa carrière décolle : il abandonne la kiné et enchaîne les expositions à Paris, Genève, New York, Tokyo... La consécration arrive en 1992 avec la présentation de deux *Nouba* à la Documenta, l'exposition internationale d'art contemporain montée tous les cinq ans à Kassel, en Allemagne. Elle se confirme en 1995 avec la présentation des mêmes pièces au Palazzo Grassi, dans le cadre de la Biennale de Venise.

Ousmane Sow dessine et construit sa maison idéale, à Dakar : un lieu très coloré, éternellement inachevé, avec une immense cour-atelier. Il crée la série des Peulhs (Afrique de l'Ouest), puis se lance dans celle des Indiens : vingt-trois personnages et huit chevaux illustrant la bataille de Little Big Horn (en juin 1876, la cavalerie américaine est défaite par une coalition de Cheyennes et de Sioux). L'exposition du pont des Arts, organisée par sa compagne, la productrice Béatrice Soulé, sera vue par plus de trois millions de personnes.

Ousmane Sow se met ensuite au bronze, et entame sa série des grands hommes : Victor Hugo, Charles de Gaulle, Nelson Mandela, l'Immigré... Parmi les prochains devrait figurer un inconnu, Moctar Sow.

Win Tin

AFP PHOTO

A 78 ans

Win Tin naît en 1930 en Birmanie, une colonie britannique rattachée à l'Inde. En 1948, le pays accède à l'indépendance et devient une démocratie parlementaire. Win Tin fait des études de littérature anglaise, d'histoire et de sciences politiques à l'université de Rangoon, la capitale économique du pays. De 1950 à 1954, il est directeur adjoint d'une revue. Il passe ensuite trois ans aux Pays-Bas, où il est consultant pour une maison d'édition. Il revient à Rangoon pour prendre la direction exécutive d'un grand quotidien régional, le *Kyemon*.

En 1962, un coup d'Etat place au pouvoir le général Ne Win, qui instaure une dictature militaire d'obédience socialiste. Hostile au régime, Win Tin entre tout doucement en résistance. En 1969, il est nommé rédacteur en chef d'un quotidien national, le *Hanthawaddy*. Neuf ans plus tard, le journal est fermé par la junte. Motif : un article critiquant le général Ne Win a été entendu dans un cercle de lecture animé par le journaliste.

La vie de Win Tin bascule en 1988. Pendant six mois, l'opposition enchaîne les manifestations ; des millions de personnes défilent dans les rues pour réclamer le départ de la junte. Le soulèvement, qualifié par ses organisateurs de *« printemps démocratique »*, se termine dans un bain de sang : le 8 août, les militaires tirent sur la foule. En septembre, la junte reprend le contrôle. Elle crée le Conseil national pour le rétablissement de l'ordre public et décrète la loi martiale. Dans le même temps, elle autorise la création de partis politiques et promet des élections libres pour 1990. Win Tin fonde la Ligue nationale pour la démocratie (NLD), principal parti d'opposition, avec Aung San Suu Kyi, fille du général Aung San, considéré comme le *« père de l'indépendance »*.

L'année suivante, la junte procède à des centaines d'arrestations. Win Tin, secrétaire du comité exécutif de la NLD et bras droit d'Aung San Suu Kyi, est interpellé. Il est accusé d'avoir hébergé un membre de son parti dont la compagne a illégalement avorté. Condamné à trois ans de prison, il est incarcéré à Insein, l'établissement pénitentiaire de Rangoon. La chef de la NLD, Aung San Suu Kyi, est placée en résidence surveillée.

En 1990, la NLD remporte les élections ; la junte annule le scrutin. Trois mois avant la date prévue pour sa libération, Win Tin est condamné à une peine supplémentaire de dix ans. Selon le ministère de la Défense, il a *« organisé des mouvements subversifs au sein de la NLD, écrit et publié des tracts incitant à trahir l'Etat »*. En 1995, il réussit à communiquer à un représentant des Nations unies des informations sur les mauvais traitements dont sont victimes les prisonniers d'Insein. En guise de punition, il passe deux mois recroquevillé dans un *taik peik*, un cachot conçu sur le principe des niches de chenil. Reconnu coupable de *« propagande antigouvernementale »*, il est condamné à sept nouvelles années de prison.

Toutes peines confondues, Win Tin est libérable en 2009. Il a passé son soixante-dixième anniversaire en prison, puis le soixante-quinzième… Sa situation scandalise les organisations humanitaires. Des militaires viennent régulièrement le voir pour lui proposer un accord : la liberté en échange d'un engagement écrit à renoncer à la politique. Il refuse.

A l'automne 2007, la junte réprime dans le sang le soulèvement de moines bouddhistes. Un an plus tard, elle promet des élections libres pour 2010 et fait quelques gestes de bonne volonté. Win Tin est libéré le 23 septembre 2008. Il semble en forme. *« Je vais continuer à faire de la politique pour venir à bout du pouvoir militaire »*, affirme-t-il. Quelques jours plus tard, il prononce un long discours au congrès célébrant le vingtième anniversaire de la LND.

Henry Quinson

AFP PHOTO - GERARD JULIEN

Le chant des sirènes de l'appel des pauvres

Né en 1961 à Neuilly-sur-Seine, américain par son père et français par sa mère, Henry Quinson passe sa petite enfance entre Paris, New York et Bruxelles. La famille s'installe finalement à Paris, dans un appartement de trois cents mètres carrés, près des Champs-Elysées. Le jeune homme fréquente l'école Saint-Jean de Passy ; en terminale, il régale ses camarades avec *Raid sur les Seychelles*, une BD dans laquelle il caricature les profs. Il fait ensuite des études d'économie à la Sorbonne et à Sciences-Po.

En 1985, il est recruté par la banque d'affaires Indosuez, qui l'envoie se former à la finance à la City de Londres et à Wall Street, à New York. Henry Quinson emménage ensuite à Paris, dans un luxueux appartement *« avec vue sur la tour Eiffel »*. Il n'a rien perdu de sa fantaisie : ses anciens collègues se souviennent de ses imitations drolatiques du général de Gaulle ou de Valéry Giscard d'Estaing. En 1988, il soutient la candidature à l'élection présidentielle de l'ex-Premier ministre centriste Raymond Barre ; sa contribution à la campagne est un disque 45-tours, *Barre rock*…

Un an et demi plus tard, Henry Quinson va voir son patron : *« Je démissionne. »* A l'époque, une grande banque américaine tente de le débaucher. Pour le retenir, Indosuez a augmenté son salaire de 30 % et lui a attribué une grosse prime ; le boss pense donc qu'il part à la concurrence. Pas du tout : Henry Quinson lui apprend qu'il va vivre dans un monastère. Stupéfaction du dirigeant, suivie de celle des collègues ; lors d'un pot de départ, il leur explique avoir *« fait une découverte spirituelle importante »* à l'âge de 20 ans, *« la prière »*, et ne plus pouvoir *« résister à la force qui l'habite »*. *« Ce choix restera toujours incompréhensible pour ceux qui ne connaissent que le monde visible »*, écrit-il dans un livre témoignage.

Henri Quinson se *« débarrasse »* de ses millions en les léguant à des associations caritatives. Il ne donne rien à l'Eglise catholique : *« C'est bien de faire des discours sur les pauvres, mais c'est encore mieux d'en faire partie. »* Fin 1989, il part *« la trouille au ventre »* au monastère de Tamié, en Savoie, où il suit le noviciat cistercien et commence des études de théologie. Juste avant de quitter Paris, il a eu une vision, au cours d'une prière : *« Je me suis vu à Marseille, où je n'étais jamais allé, où je ne connaissais personne, entouré d'enfants maghrébins à qui je faisais l'école. »* Cette image ne le quittera pas durant les six années passées au monastère.

En 1995, il renonce à prononcer des vœux définitifs et part vivre à Marseille, dans une cité HLM des quartiers nord. Là, il crée la Fraternité Saint-Paul, dans la lignée du « nouveau monachisme ». Ce mouvement, apparu aux Etats-Unis dans les années 90, déplace la vie monastique dans les zones urbaines les plus déshéritées. Le matin, les moines travaillent à l'extérieur. Henry Quinson est prof d'anglais ; Karim de Broucker, cofondateur de la Fraternité, enseigne les lettres classiques. L'après-midi, ils se consacrent aux habitants du quartier : conseils, formalités administratives et soutien scolaire. Une quarantaine de gosses suivent régulièrement leurs cours.

Tous les jours, Henry Quinson lit le *New York Times* sur le Net. Il est resté en contact avec d'anciens collègues du milieu bancaire. Selon lui, la crise financière n'est qu'*« un gros rhume du marché »*. Pour les habitants du quartier, en revanche, *« cela fait longtemps que la vie est dure »*. Il gagne 1 000 euros par mois et n'a pas de mutuelle. Il ne lui manque qu'une chose, et c'est *« peut-être sa plus grande souffrance : rentrer le soir et avoir une femme avec qui discuter, et plus si affinités »*.

Lloyd Newson

DR

Le spectacle du monde tel qu'il est

Lloyd Newson naît en 1956 en Australie. Il fait des études de psychologie, tout en se préparant à entrer dans une école de danse. La London Contemporary Dance School lui accorde une bourse : il part vivre en Angleterre. De 1981 à 1985, il est danseur et chorégraphe à l'Extemporary Dance Theatre, une compagnie londonienne de danse moderne.

L'esthétique *« fasciste »* de la danse (de beaux corps maigres produisant des mouvements harmonieux) l'étouffe. Il ne supporte pas davantage les normes imposées aux ballets (rien que de la danse). En 1986, il crée sa troupe et la baptise *DV8 Physical Theatre* (DV8 se prononce *deviate*, « dévier »). Ses créations mêleront danse, théâtre et vidéo ; elles seront parfois déclinées en films et auront toujours un contenu politique.

Parmi les premières pièces de DV8, *Dead Dreams of Monochrome Men* (1988) parle de l'homosexualité et du sida ; *Enter Achilles* (1995) se déroule dans un pub et traite des pulsions masculines ; *The Happiest Day of my Life* (1999) montre la vacuité des samedis soirs, entre boîtes de nuit et télé…

En 2000, Lloyd Newson crée un choc avec *The Cost of Living*. Autour de l'histoire de deux artistes de rue essayant de sortir de leur galère, il met en scène des gros, des maigres, des vieux, des moches, des mal foutus, des allumés du ciboulot… L'un des personnages principaux est interprété par David Toole, 38 ans, cul-de-jatte de naissance, repéré dans une compagnie de danseurs en fauteuil roulant. *« Je me contente de montrer ceux que notre société refuse de voir. Le monde tel qu'il est »*, explique Lloyd Newson.

A l'époque, il est tenté de travailler *« avec de jeunes danseurs virtuoses »*, pour *« changer »*. En fait, il laisse tomber DV8 et passe un an et demi auprès de *« gens menacés d'être expulsés de leur logement, de personnes âgées, de mères célibataires, tous en proie à un système qui triche et qui ment »*. Il revient en 2003 avec une pièce, *Just For Show*, illustration totalement kitsch, glamour et sucrée d'un monde d'illusion où les corps sont parfaits et la vie enchantée.

Il décide ensuite de s'attaquer au lien entre religion et homophobie. Il se souvient de la Gay Pride à laquelle il est allé avec son compagnon, au début des années 1990, et des insultes lancées sur leur passage par des Afro-Caribéens se référant à des *« textes religieux »*. Il a été frappé, en 2004, par un documentaire sur les homosexuels musulmans où une seule personne, sur les deux cents interviewées, témoigne à visage découvert. Résultat, le film est *« une succession de gros plans de pieds et de mains »*. Il a été choqué de voir l'Eglise anglicane demander majoritairement à être exemptée de l'application de la loi britannique de lutte contre l'homophobie.

En 2006-2007, une personne recrutée par DV8 conduit des centaines d'entretiens avec des homosexuels, des lesbiennes, des homophobes, des religieux, des politiques, des représentants du monde associatif, un peu partout dans le Royaume-Uni. Lloyd Newson en tire *To Be Straight With You*, une pièce créée fin 2008 en France. Neuf danseurs-comédiens interprètent les propos de quatre-vingt-cinq interviewés : autant de petites histoires terrifiantes de la haine ordinaire. Ils évoluent dans un décor de vidéos d'animation dont la première séquence présente un homme glissant sur une mappemonde ; une croix rouge marque les quatre-vingt-cinq pays considérant l'homosexualité comme un crime, et la punissant parfois de la peine de mort. La démonstration est imparable. *« Avec* To Be Straight With You, *Lloyd Newson dégoupille une grenade et observe les dégâts »*, écrit Rosita Boisseau dans *Le Monde*.

Ma Jun

DR

La couleur des fleuves chinois

Jusqu'alors inconnu du grand public, l'écologiste Ma Jun sort brutalement de l'anonymat en avril 2006 : le magazine américain *Time* fait de lui l'*« une des cent personnes les plus influentes du monde »*. Dans un article signé du comédien Ed Norton, diplômé en histoire et fin connaisseur de l'Asie, Ma Jun, 38 ans, est présenté comme le *« héros »* dont *« la Chine a besoin »*. Son livre, *China's Water Crisis* (*La Crise de l'eau en Chine*), est jugé aussi important que *Silent Spring* (*Le Printemps silencieux*) de la biologiste Rachel Carson, l'ouvrage sur les pesticides qui a sensibilisé l'opinion américaine à l'écologie, dans les années 1960. *« La façon dont la Chine utilisera ses ressources naturelles et contrôlera sa pollution affectera la qualité de l'environnement dans le monde entier »*, écrit Ed Norton.

Né en 1968, Ma Jun fait une courte carrière de journaliste. A 25 ans, il entre au *South China Morning Post*, un quotidien de Hong Kong. Au milieu des années 1990, il s'entretient avec des ingénieurs chinois affirmant que le fleuve Jaune est un modèle de bonne gestion des ressources en eau. Après vérification, il découvre que le deuxième cours d'eau du pays atteint des niveaux de pollution alarmants, et qu'il est asséché au point de ne pouvoir se jeter dans la mer Jaune durant près de deux cents jours par an. Un désastre écologique causé notamment par les milliers d'usines chimiques et pharmaceutiques construites sur ses berges, dont les déchets sont rejetés sans précaution.

Le journaliste fait des recherches et, en 1999, il publie *China's Water Crisis*, un livre dans lequel il décrit, dans le détail, les effets de l'industrialisation et de l'urbanisation massives sur les petits et grands cours d'eau du pays. Le constat serait affolant – une détérioration complète des ressources en eau dans les quelques années à venir, avec pollutions majeures, sécheresses et inondations – si l'auteur ne proposait des solutions. Il devient consultant environnemental et se spécialise dans la détection des entreprises polluantes. Contrairement aux militants verts, il se garde d'affronter le Parti communiste. *« La Chine fait face à un énorme problème d'eau. Il ne sera pas réglé d'un ordre des autorités, ni par les efforts d'une seule personne. Il faut un consensus de la société tout entière »*, dit-il. Il ne se prive pas non plus de placer les Occidentaux face à leurs contradictions : *« Nous ne pouvons pas accepter que les entreprises étrangères produisent ou fassent produire chez nous dans le mépris le plus total de l'environnement. »* Dans *Le Monde*, il rapporte la blague préférée des écolos : *« Pour connaître la couleur à la mode en Occident, il suffit de regarder la couleur des fleuves chinois. »*

En juin 2006, porté par le succès de son livre aux Etats-Unis, Ma Jun crée l'Institut pour les affaires publiques et l'environnement, à Pékin. A l'aide de ses collaborateurs, il rassemble des données officielles sur la pollution de l'air et de l'eau, et publie une carte avec les noms des milliers d'entreprises locales et étrangères en violation de la loi. *« Si des sociétés veulent que leur nom soit retiré de la carte, elles doivent accepter un audit environnemental et régler leurs problèmes »*, explique Ma Jun au quotidien britannique *The Guardian*, en juillet 2007.

A la même période, le Premier ministre, Wen Jiabao, reconnaît que *« la destruction de l'environnement est devenue un problème majeur »* pour la République populaire. *« La pollution ignore les frontières. Face au réchauffement climatique, la Chine ne pourra pas échapper à ses responsabilités »*, déclare Ma Jun au *Figaro*. Aujourd'hui, il tente de convaincre les plus grandes multinationales, sensibles à l'image de leurs produits, de ne plus avoir recours à des sous-traitants pollueurs en Chine.

Manthia Diawara

DR

Thérapeute de ses racines africaines

Manthia Diawara naît au Mali, puis grandit dans une autre colonie française, la Guinée. En 1958, le pays accède à l'indépendance et prend ses distances avec la France. En 1964, les Diawara sont expulsés par le régime du président Sékou Touré ; ils partent pour Bamako, la capitale malienne. Pendant les années lycée, Manthia Diawara fait partie d'un groupe de musique, les Rockers, contestant la guerre du Vietnam et l'apartheid. Il se fait appeler JB, comme James Brown, et a pour idoles les grandes figures américaines du Black Power : Malcom X, Angela Davis, Mohamed Ali...

En 1972, il s'envole pour Paris, où il commence des études de lettres. Deux ans plus tard, il file aux Etats-Unis, sans carte de séjour ni un sou en poche. Il s'inscrit à l'université de l'Indiana, et travaille la nuit dans des restaurants pour payer ses études. Un soir de 1974, il est dans les cuisines d'un très chic établissement, où le secrétaire d'Etat Henry Kissinger a ses habitudes, quand la police de l'immigration débarque. Tous les clandestins sont arrêtés, sauf lui : les flics l'ont pris pour un Noir américain, un *american native*. Son questionnement sur les différentes manières d'être black ne cessera pas.

Son diplôme de littérature en poche, Manthia Diawara enseigne à l'université de Californie. En parallèle, il se lance dans des recherches sur les cultures noires et s'intéresse au cinéma. En 1991, il est recruté par l'université de Pennsylvanie, l'une des plus cotées du pays, avec un salaire de 95 000 dollars (75 000 euros) par an. Il ne boude pas son plaisir, mais se dit convaincu de bénéficier de la politique de discrimination positive, l'*affirmative action*. Dans la foulée, il publie un livre sur les aspects politiques et culturels du cinéma africain, puis un autre sur le cinéma noir américain. Il commence à écrire et à réaliser lui-même des films.

En 1996, il éprouve le besoin de retourner en Guinée, le pays de son enfance, quitté trente-deux ans plus tôt. Il a en tête un projet de documentaire sur Sékou Touré, pour lequel il éprouve des sentiments contradictoires. Il admire le dirigeant capable de dire non à l'offre de « partenariat » faite par la France à la Guinée, tout juste indépendante, en 1958 ; il rejette le régime de terreur instauré par le président pour se maintenir au pouvoir. Le documentaire deviendra un livre, *In Search of Africa* (*En quête d'Afrique*), dans lequel Manthia Diawara s'interroge, au gré de ses rencontres et de ses retrouvailles avec un ami d'enfance, sur l'exil, l'héritage colonial, le poids des traditions, l'avenir du continent noir, la culture afro-américaine... Un ouvrage *« thérapeutique »*, confiera-t-il.

Quelques années plus tard, il est appelé par l'université de New York pour fonder un département d'études noires. Il devient une sommité dans son domaine, la culture black ; il enchaîne les livres et les films, tout en enseignant la littérature comparée. Marié à une productrice et père de deux enfants, il vit au Village, le quartier intello-branché de New York. Chez lui, on croise l'auteur de polars préféré de Bill Clinton, Walter Mosley, un célèbre historien, des gens de télé, de cinéma...

Au début de la campagne présidentielle, il n'a pas confiance en Obama ; il ne le trouve pas assez social. Un soir, il dîne avec un ancien professeur de droit du candidat noir à Harvard, qui l'encourage à modifier son regard. Il a le déclic et s'engage à fond dans le combat, mobilisant le groupe de pression Transafrica qu'il anime avec le chanteur et comédien Harry Belafonte, l'acteur et réalisateur Danny Glover, l'écrivain Walter Mosley... Une chose a changé dans sa vie, dit-il à *Libération* : *« Jusqu'à l'année dernière, quand je regardais mon fils, je me disais qu'il ne serait jamais président des Etats-Unis. »*

Le monde n'est pas prêt à affronter une éventuelle pandémie de grippe aviaire

Désinfection de cages à Djakarta, en février 2006. AFP / BAY ISMOYO

Le risque de pandémie de grippe aviaire est élevé et de nombreux pays y sont mal préparés, selon le coordinateur de l'ONU, David Nabarro, coauteur d'un rapport réalisé avec la Banque mondiale. Une épidémie pourrait causer 70 millions de morts et coûter 3 milliards de dollars.

La plupart des pays ont élaboré des plans de lutte contre la grippe, mais seuls 53 % les ont testés et 38 % ont tenu compte des résultats. Le docteur Nabarro regrette par ailleurs que les dispositifs mis en place se concentrent sur le volet sanitaire de l'épidémie, alors que la propagation du virus H5N1 aurait un impact sur tous les aspects de la vie quotidienne : le travail, l'école, les transports en commun, le ramassage des ordures, le commerce, les banques... Tous ces éléments doivent être pris en compte, a-t-il souligné, appelant les gouvernements à envisager *« le pire scénario »* et à travailler de concert avec le secteur privé, la société civile et les médias.

Le rapport a été publié fin octobre, à la veille d'une conférence ministérielle internationale à Charm el-Cheikh (Egypte), la sixième du genre. Depuis 2005, des centaines de millions d'oiseaux domestiques ont succombé à la grippe ou été détruits pour empêcher sa propagation, dans 63 pays ; 387 personnes ont été infectées par la maladie et 245 en sont mortes, dans 15 pays. Aujourd'hui, le virus est endémique (c'est-à-dire permanent) en Egypte et en Indonésie. Il apparaît épisodiquement en Chine, en Inde, au Pakistan, en Thaïlande, au Vietnam, au Laos, au Bangladesh et en Corée du Sud. Vingt-huit décès humains ont été comptabilisés en 2008, contre cinquante-neuf en 2007. Mais *« le virus a montré sa capacité à infecter au moins cinquante espèces d'oiseaux et dix de mammifères, dont l'homme »*, a expliqué un virologue, le Dr Ilaria Capua. La situation est donc *« très préoccupante »*, selon le vice-président de la Banque mondiale, Jeffrey Gutman.

La sous-secrétaire d'Etat américaine aux Affaires mondiales, Paula Dobriansky, a annoncé une *« contribution supplémentaire des Etats-Unis de 320 millions de dollars au titre de la lutte contre la grippe aviaire et pandémique »*. Cette somme porte à 949 millions de dollars le budget consacré depuis 2006 par Washington, premier donateur, aux mesures financées par diverses organisations, dans cent pays, pour éviter ou pour endiguer des épidémies. Pour lutter contre la faim dans le monde, 2,2 milliards de dollars d'aide internationale ont été versés à la FAO (Organisation des Nations unies pour l'alimentation et l'agriculture) en 2008.

L'Inde gagne le statut de puissance spatiale

Recueillement pour la fusée PSLV, en octobre 2008. AFP / SAM PANTHAKY

L'Inde a lancé avec succès sa première mission inhabitée vers la Lune, espérant ainsi devenir une puissance spatiale à part entière et concurrencer son grand voisin, la Chine. La fusée *Polar Satellite Launch Vehicle* (PSLV) a décollé fin octobre du centre spatial Satish-Dhawan, sur la côte sud-est du pays, avec à son bord l'engin *Chandrayaan-1*. *« Nous avons commencé notre voyage vers la Lune ! »* s'est exclamé le président de l'Organisation indienne de recherche spatiale (ISRO), Madhavan Nair.

Le satellite transporte onze instruments scientifiques, dont cinq indiens et six étrangers (américains et européens) ; il effectuera des relevés topographiques et prospectera divers minerais et substances chimiques, notamment l'hélium 3, un isotope rare sur Terre, recherché pour la fusion nucléaire. Il enverra une sonde (*Moon Impact Probe*), peinte aux couleurs de l'Inde, s'écraser sur l'astre afin de tester des techniques d'alunissage. Sa mission doit durer deux ans et coûtera 80 millions de dollars.

New Delhi s'est fixé un calendrier pour les décennies à venir : soixante vols spatiaux sont prévus d'ici à 2013, dont certains vers Mars et la Lune. Autour de cette date, un robot de fabrication russe devrait être déposé sur la Lune par un engin baptisé *Chandrayaan-2*. L'Inde compte envoyer ses premiers astronautes dans l'espace en 2015 et une mission habitée sur la Lune entre 2020 et 2025 – avant la Chine, si possible. *« Nous pouvons facilement la rattraper »*, assure Madhavan Nair dans un entretien paru dans l'hebdomadaire *Outlook*.

Engagé en 1963, le programme spatial indien s'est longtemps limité au lancement de satellites nationaux d'observation, de communication ou de télévision. En 2007, New Delhi est parvenu à récupérer une capsule vide envoyée dans l'espace, une prouesse considérée comme une première étape avant un vol habité. En avril 2008, elle a mis sur orbite une dizaine de satellites, dont huit étrangers. Avec la réussite de sa mission lunaire, elle devrait s'imposer sur le marché du lancement de satellites commerciaux. Un business à 145 milliards de dollars que se partagent les Etats-Unis, la Russie, la Chine, l'Ukraine et l'Agence spatiale européenne (ASE). L'inde dispose d'un argument choc : elle facture ses services 30 à 35 % moins cher que ses concurrents.

Le cerveau du macaque à la rescousse des neuroprothèses

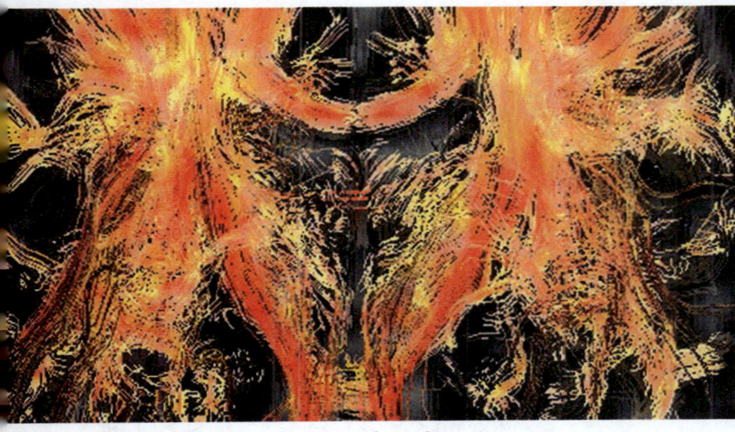

Influx nerveux dans le cerveau humain. AFP / CENTRE HOSPITALIER SAINTE-ANNE

L'homme pourra-t-il bientôt piloter par la pensée une prothèse ou un membre paralysé ? Depuis l'expérience conduite sur un macaque par Chet Moritz, de l'université de Washington, à Seattle, et publiée sur le site de la revue *Nature* cet automne, la réponse est oui.

L'avant-bras du singe a été anesthésié, afin de neutraliser ses commandes nerveuses naturelles, puis son cerveau a été relié à des muscles du membre endormi par un câble électrique. L'animal a alors réussi à bouger son poignet et à actionner une manette pour faire se rencontrer deux carrés sur un écran. Il avait été entraîné à ce jeu vidéo, dans des conditions normales tout d'abord, puis par la pensée, à l'aide d'un logiciel décryptant les impulsions de neurones captées par des électrodes placées sur son cortex moteur. Les chercheurs ont ensuite pu vérifier la capacité surprenante de ces neurones à piloter les muscles auxquels ils sont reliés après traduction de l'influx nerveux par un système électronique connecté à l'animal.

Selon Chet Moritz et son équipe, l'expérience *« constitue la première démonstration que des connexions artificielles directes entre des cellules du cortex et des muscles peuvent se substituer à un circuit physiologique interrompu »*. En bref, leur méthode *« peut rétablir le contrôle volontaire du mouvement d'un membre paralysé »* et permettre un jour à des tétraplégiques de remarcher. Mais *« il faudra du temps, et des essais cliniques poussés »*, explique Chet Moritz. *« Les neurones meurent au bout de quelques semaines au contact des électrodes, si bien qu'il faudra améliorer leur mode d'implantation. »*

L'un des concurrents de Chet Moritz suit une autre piste. John Donoghue, de l'université Brown, à Providence, a présenté sa BrainGate (porte du cerveau) en 2006 : le système, doté de quatre-vingt-seize électrodes, avait été relié au cortex moteur d'un tétraplégique, Matthew Nagle, qui avait réussi, tout en discutant, à commander son ordinateur, pour jouer par exemple au ping-pong sur son écran. Le tout sans entraînement, ou presque. La démonstration avait fait grand bruit. Aujourd'hui, quatre tétraplégiques participent à une étude de la BrainGate visant à actionner un bras virtuel sur écran. Si elle aboutit, ils tenteront d'activer les muscles d'un membre réel. Les travaux des deux chercheurs pourraient alors se rejoindre.

La crise financière devrait déboucher sur une crise sociale

Défilé antigouvernement à Ankara, en novembre 2008. AFP / ADEM ALTAN

Juan Somavia, directeur général du Bureau international du travail (BIT), rattaché à l'Organisation des Nations unies (ONU), a lancé une alerte cet automne depuis Genève : la crise financière *« ne s'arrêtera pas à Wall Street, elle descendra dans la rue »*. En conséquence, le nombre de chômeurs pourrait croître de vingt millions dans le monde pour passer de *« cent quatre-vingt-dix millions en 2007 à deux cent dix millions fin 2009 »* – un record historique. Ces estimations, réalisées à partir des prévisions de croissance du Fonds monétaire international (FMI) et des Nations unies, pourraient être révisées à la hausse *« en fonction de l'impact »* de la crise financière sur l'économie réelle.

Dans tous les cas, nous devrions, selon Juan Somavia, connaître une crise sociale *« sévère, longue et globale »*, qui touchera d'abord les plus *« vulnérables »* ; seuls les *« pays qui exportent peu »* seront relativement épargnés. Le directeur général du BIT souligne que le nombre de *working poor* (« travailleurs pauvres »), qui vivent avec moins d'un dollar par jour, pourrait augmenter de quarante millions, et celui des personnes disposant de moins de deux dollars par jour, croître de cent millions, entre 2007 et 2009.

Jean-Claude Juncker, ministre des Finances du Luxembourg et chef de file des ministres de l'Eurogroupe, a reconnu que l'Europe s'était *« lourdement trompée sur les différentes séquences de cette crise »*, apparue à l'été 2007 aux Etats-Unis. Il a appelé les gouvernements de l'Union à *« prendre des mesures ciblées pour qu'à court terme l'Europe ne glisse pas vers une récession prononcée, voire une véritable dépression »*. Une récente étude du Centre européen pour le développement de la formation professionnelle (Cedefop), réunissant gouvernements, employeurs et syndicalistes, révèle que sur deux cent vingt millions de salariés européens, cent huit millions sont déjà en situation précaire, quatre-vingts millions sont non qualifiés et trente millions sont des *working poor*.

Le directeur du BIT estime que la crise offre l'*« opportunité »* de rééquilibrer la mondialisation, devenue *« inéquitable et non durable »*. *« Le système financier international doit revenir à sa fonction fondamentale, qui est le prêt »*, dit-il. Dans un entretien accordé au quotidien *La Croix*, il relève que depuis la dérégulation opérée dans les années 1980, *« la croissance n'a profité qu'à quelques-uns »*. *« On a oublié que la justice sociale était un élément central de la stabilité des sociétés »*, affirme-t-il.

LA FRANCE DU MILIEU

ILLUSTRATION : OLIVIER KUGLER

Trois récits sur des histoires étonnantes vécues par des gens comme les autres. RÉMI LAINÉ s'est installé à Toulouse, où il a croisé les figures du suspect, de l'amant et du policier. ÉRIC LEMASSON a enquêté à travers la France sur le destin des enfants de la Mère Denis, icône publicitaire des années 70. SYLVIE CASTER a rencontré, à Marseille, les patients courageux et généreux du « plus grand chirurgien esthétique du monde ».

Les deux France

par Patrick de Saint-Exupéry

Nous vivons dans un pays étrange. Qui ne cesse de se revendiquer de son histoire, glorieuse et singulière, pour souvent mieux gommer les réalités présentes. Nous aimons réfléchir et débattre. Mais, souvent, les mots sonnent creux. Et les phrases, désincarnées.

Ces mots désincarnés, ces propos creux ne sont pas l'apanage commun. Certains en ont fait profession, c'est tout. Ils sont phraseurs comme on peut être cordonnier ou caissière dans la vraie vie. Ils sont reconnaissables à leur omnipotence. On les voit sur les plateaux de télévision, on les entend à tout propos à la radio et ils tiennent chronique dans la presse. Les mêmes, bien sûr.

Les professionnels de la phrase creuse ont une particularité. Plus même : une singularité. Quand ils parlent, ils usent de deux tics. Ou ils disent : *« La France pense que… », « Le pays dit que… »*. Ou ils disent : *« Je pense que… »* Et, inéluctablement, on ressent dans l'usage de ce « Je » la figure du « Je » de majesté.

Autrefois, on les appelait « les beaux esprits ». Il y avait dans cette expression une saveur et une ironie toute particulière. En user, c'était prendre une distance, laisser entendre qu'il y a « eux et nous » et que, surtout, il ne fallait pas confondre. L'expression a fini par tomber en désuétude, les « beaux esprits » risquant de la prendre au pied de la lettre.

D'autres formules ont été forgées pour désigner cette distance entre le haut et le bas, entre l'élite et le pays. On parle maintenant de « fracture sociale ». Et l'usage de cette image est devenu systématique. D'abord, parce qu'elle sonne juste. Ensuite, parce qu'elle permet aux « beaux esprits » de désigner, sans s'interroger. Comme s'il suffisait de nommer.

Mais parler de « fracture sociale », c'est agiter du vent. C'est faire de la « pataphysique ». Humour et talent en moins, c'est se poser, comme Boris Vian, en *« membre du corps des Satrapes, Promoteur Insigne de L'ordre de la Grande Gidouille, Co-Président de la cocommission de Vêture, Président de la Sous-Commission des Solutions Imaginaires »*. Et, accessoirement, inventeur du *« gidouillographe »*, ce détecteur de *« boursouflures »* si chères à Jarry et Queneau.

La réalité n'est pas un concept. Elle est souvent crue, parfois directe, toujours sans fards. Noyée dans le tintamarre des propos creux, sa petite musique persistante tinte aux oreilles de ceux qui, avant de parler et s'écouter, ont appris à entendre. Dans ce numéro, les auteurs de *XXI* ont cueilli des paroles de Français. Pour entendre le pays, ils l'ont parcouru, attentifs et scrupuleux.

A Toulouse, Rémi Lainé a croisé le chemin d'un mandarin du droit, Pierre Spiteri, qui lui a dit ceci : *« Vous ne pouvez pas savoir comme je me repends d'avoir enseigné toute ma vie des textes*

magnifiques pensant qu'ils correspondaient à la réalité judiciaire. Je me retrouve comme un prêtre qui a perdu la foi. » Il faut être lucide et fort pour poser ainsi son regard sur une vie.

A Marseille, Sylvie Caster a rencontré madame F. et son mari, qui lui ont dit ceci : *« Ma femme et moi, nous avons peu de connaissances. Nous sommes des gens illettrés. »* Et Sylvie de noter : *« Il faut du courage pour faire directement cet aveu, sans ciller. »*

A Barneville-Carteret, Eric Lemasson a discuté avec l'« inventeur » de la Mère Denis, Pierre Baton, qui lui a dit ceci : *« Aujourd'hui, mon idée clé, ce serait la transmission. Transmettre l'amour d'apprendre. »* Il faut avoir la confiance chevillée au corps.

Lucidité, force, courage, confiance : voilà ce qui se dégage de ces récits de la France ordinaire, de ce pays de tous les jours où tous les jours chacun inscrit modestement ses pas dans une histoire que tous savent tissée de longue date.

Lucidité, force, courage, confiance : voilà exactement ce qui sépare la France du quotidien de l'image projetée par les « beaux esprits ». Ils sont présents dans *XXI* et cela tombe bien. Il suffit de tourner quelques pages pour les rencontrer, dans l'enquête que signe Jean-Pierre Perrin.

Ils s'appellent Jacques Attali, Charles Pasqua, Jean-Christophe Mitterrand, Paul-Loup Sulitzer... Les énumérer tous serait éprouvant, mais ils ont pour point commun de se trouver co-accusés d'un procès dont les échos ne troublent guère les médias.

Dans l'enceinte du palais de justice de Paris, ils incarnent une autre France. Qui n'a pas le moindre lien avec celle du quotidien. Qui vit ailleurs, dans une autre dimension. Dans un monde où le cynisme se mêle à la morgue et l'arrogance. Pour cette France, la médaille du Mérite – ce fameux mérite – n'est qu'un colifichet tout juste bon à décorer la poitrine d'un naïf ayant rendu moult services inavouables et, surtout, particuliers.

Cette image de la France, tant reprochée au pays, se dessine tous les jours à la barre du procès de l'Angolagate. Récipiendaire de 2,6 millions d'euros de commissions passés par des circuits occultes avant d'atterrir sur un de ses comptes à Monaco, Jean-Christophe Mitterrand aura, face au juge, ces mots incroyables : *« J'ai touché de l'argent, je le confirme. Mais dans la plus grande clarté, il n'était pas question de dissimuler. »*

Voici presque cinq cents ans, en France, un jeune homme rédigeait un magnifique discours. Il s'appelait Etienne de La Boétie, avait 18 ans et écrivait ceci : *« Ils ne sont grands que parce que nous sommes à genoux. »* La « fracture » n'était pas de son monde.

La dame de pique de Toulouse

Une femme s'évanouit dans la nature un dimanche, après une nuit à jouer au tarot. L'amant s'inquiète. Les enquêteurs trouvent le mari trop froid et trop intelligent. Jacques Viguier est envoyé aux assises. A la faculté de Toulouse, où il enseigne, et dans la vallée de l'Oriège, où il chasse, chacun a son opinion. La France aime rejouer indéfiniment les films de Claude Chabrol.

Par Rémi Lainé

Mai 2008, Toulouse, quartier de la Terrasse, rue des Corbières. Pour tout repère, on avait une photo de lui publiée dans *La Dépêche*. En costume, les yeux écarquillés, sur le qui-vive, comme figé dans un instant de stupeur.

Première rencontre : c'est presque un autre homme, mal rasé, polo ouvert, pieds nus dans des sandales. Seul le regard rappelle la photo. Un regard bleu-vert qui vous fixe puis se perd.

Il vient d'abattre un pin qui faisait de l'ombre à sa maison et bouchait la vue sur les Pyrénées. La tronçonneuse est restée devant l'entrée. Il s'excuse : *« C'est pas très malin pour un type accusé d'avoir fait disparaître sa femme. »* Sa compagne, une jeune brune énergique coiffée à la garçonne, le reprend, atterrée : *« Tu devrais quand même faire attention à ce que tu dis... »* Jacques Viguier renâcle, voix monocorde et un peu nasillarde, léger accent du Sud-Ouest : *« Je ne vais quand même pas me priver de dire ce que je pense. »*

Octobre 2008. Les phares du confortable 4x4, sièges en cuir, boîte automatique, balayent la nuit et le brouillard pour buter sur l'orée des bois. Il pleut. La route est sinueuse. La voiture chevauche la ligne blanche ensevelie par endroits sous un tapis de feuilles mortes. Jacques Viguier garde le cap. Il a acheté sa belle voiture cet été, dans une de ses *« périodes up »* où il dépense sans compter. Il songe à présent à la revendre. Ces jours-ci, il se sent plutôt *« à plat »*.

Il vient d'apprendre qu'il passera aux assises avant Noël. Sa compagne l'a quitté après cinq ans de vie commune. *« C'est elle qui a rompu et on peut constater que je ne l'ai pas tuée »*, croit-il bon de préciser, sans ciller. Il regarde droit devant, l'œil sur la ligne blanche. Pas d'émotion apparente. Au début de leur enquête, les policiers l'ont trouvé *« froid »* et *« hautain »*.

On est partis une heure plus tôt de Toulouse. Quand Jacques Viguier donne rendez-vous à 5 heures, votre téléphone sonne à moins vingt. A moins dix, il vous conseille de prendre un pull. A moins cinq, il précise qu'il vous attend au coin de la rue. Les policiers considéraient cette *« précision de métronome »* comme suspecte.

Le lieu où l'on « pèle les bêtes »

Saisi par les phares, un jeune cerf s'immobilise un instant, puis s'enfonce dans la forêt. De grandes lettres blanches surgissent sur le goudron : *« Non à l'ours »*, *« L'ours à Paris »*, *« Mort aux ours »*. On rejoint la route d'Andorre, puis on s'enfonce entre les montagnes en longeant l'Oriège, une rivière tapie en contrebas. Le jour peine à percer. Destination Orlu, le fond de la vallée, juste après Orgeix, le village natal de sa mère.

Jacques Viguier aime ces montagnes. *« Il paraît qu'il y a de l'or dans l'Oriège, c'est de là que viennent tous ces noms de villages. Les bergers barraient le courant avec des toisons de mouton pour récolter quelques paillettes. »* Il y a passé des journées entières à pister l'isard, une petite chèvre des roches qu'on ne peut approcher à moins de deux cents mètres. *« Plus près, c'est impossible. »*

Rendez-vous au Peladou, *« le lieu où l'on pèle les bêtes »*. Dans le local, à l'arrière d'un foyer rural, une quinzaine de chasseurs, retraités en majorité, accueillent Jacques sans surprise ni effusion. Il vient moins souvent ces temps-ci, mais il fait partie de la troupe. Ça parle vite et fort. Entre l'accent, les surnoms, les expressions locales et les mots d'occitan, difficile de suivre.

Sa passion pour la chasse a renforcé le soupçon

Le chef de battue délimite le périmètre puis distribue les rôles. Même par ce temps de chien, la montagne est belle. Après une ascension sous les hêtres, on aborde *« du sale »*. On s'empêtre dans les genêts et les ronces. Soudain, les deux griffons aboient. Le *« rabatteur »* les lâche : *« Sanglier ! »* La chasse est lancée.

Jacques se retourne et indique d'un geste que la bête a filé en contrebas. La montagne le révèle sous un autre jour. En ville, il a une curieuse démarche, un peu mécanique, les épaules rentrées. Ici, il est agile, presque apaisé. Nature. Les aboiements des chiens se perdent.

« Je me souviens de toi avec une carabine, mais ça fait longtemps. Tu as arrêté de chasser quand ? demande le rabatteur.

– Bientôt neuf ans. »

Sa passion pour la chasse a renforcé le soupçon. Dès sa mise en examen pour assassinat, en mai 2000, on lui a retiré son permis.

Un coup de feu. Le rabatteur : *« Ça, c'est un fusil, ça doit être José. »* Deux heures plus tard, coup de corne, fin de partie. Rassemblement autour des voitures. *« Et qui c'est qui a le canon pas droit ? »* Deux chasseurs sortent de la forêt en traînant la dépouille d'un jeune chevreuil. Un a tiré, l'autre a achevé. *« Il a roulé à mes pieds, il gueulait, je lui ai mis un coup de couteau »*, explique un retraité de la police.

Pause-café chez un des chasseurs, Gérard Bergé, prof de gym à la retraite, cousin de Jacques. Ils se côtoient depuis l'enfance. Comment était-il *« avant »* ? *« Il riait plus. Maintenant, il a beaucoup de bas et peu de hauts. Tu es tout roulé en boule, Jacques, ça se sent. »* Il se palpe l'avant-bras. *« Tiens, j'en ai les poils qui se dressent. Ici, ça nous hérisse cette histoire. Chaque fois qu'il y a un article... Ils t'ont soigné* La Dépêche, *hein ? »* Jacques a un semblant de sourire : *« Vice-doyen... »*

Les premières années de « l'affaire Viguier », *La Dépêche* s'obstinait à le désigner comme *« le*

Un coup de feu : « Ça, c'est un fusil, ça doit être José. » Deux heures plus tard, coup de corne, fin de la chasse.

vice-doyen de la faculté de droit de Toulouse ». Mais, *« vice-doyen, ça n'existe pas »*. Professeur de droit public, directeur adjoint de l'université de sciences sociales, constitutionnaliste reconnu en France et consulté de l'étranger, tout ça est vrai. *« Mais notable non. Je suis plus paysan ariégeois que notable toulousain. »*

Quand il était en prison, entre mai 2000 et février 2001, les chasseurs se sont proposés pour aller le soutenir au tribunal. *« Comme pour l'ours ! »* Jacques a décliné.

Roselyne, la sœur de Gérard, le prend par les épaules : *« Reviens plus souvent. Ici, c'est la vie. Et les enfants, ils vont comment ? »*

« Le téléphone, toujours au nom de Suzy… »

Retour à Toulouse, quartier de la Terrasse, un coteau à l'écart du centre-ville. Dans ces rues tranquilles, bordées de pavillons et de petits immeubles pour cadres moyens et professions libérales, la maison des Viguier ne dépareille pas. En façade, deux étages, une véranda et deux garages. À l'arrière, des baies vitrées ouvrant sur une vaste pelouse. Idéal pour un dimanche familial autour d'un barbecue.

Les trois enfants Viguier ont prévenu leur père : ce soir, ils préparent le dîner. Au menu : pâtes et crumble. Clémence, l'aînée, 19 ans, émerge de la cuisine. Ses cheveux sont plus courts, elle a dégagé son visage. On devinait son regard. Cette fois, il accroche, rieur et direct. Suivent ses deux frères, 16 ans. Des jumeaux. Ça ne saute pas aux yeux : Guillaume, belle tignasse frisée, les traits fins, des airs de poète ; Nicolas, plus râblé, sportif. De beaux gamins. Posés. Qui, depuis presque neuf ans, vivent avec la mystérieuse disparition de leur mère et *« la maladie de papa »*. Leur père alterne pics de suractivité et journées entières au fond de son lit. Etudiante à l'école d'infirmière, Clémence a posé des mots sur cette *« humeur »* : épisode dépressif majeur (EDM).

Le téléphone sonne, Guillaume décroche : *« Non, elle n'est pas là… »* Il tend le combiné à son père : *« Quelqu'un qui insiste pour parler à maman… »* Au bout de la ligne, un démarcheur en placements financiers. *« Raccroche ! »*, souffle Clémence. Jacques prend son temps : non ça ne l'intéresse pas, oui il paie des impôts. Le démarcheur lui demande quand il pourra joindre sa femme : *« Elle a quitté le domicile il y a neuf ans, vous aurez du mal… »* Douce mais impérieuse, Clémence intervient : *« Arrête de raconter ta vie. »*

Depuis bientôt neuf ans, chaque parole, chaque geste est sujet à interprétation. Jusqu'à ses goûts. Jusqu'à l'intérieur de cette vaste maison, sans fantaisie ni ostentation.

Le téléphone est toujours au nom de Suzy. C'est tout bête mais, pour changer, une demande signée du précédent abonné est indispensable. *« Pour officialiser sa disparition, il faudrait faire une démarche auprès du tribunal. Mes avocats me le déconseillent. Il paraît que ça pourrait se retourner contre moi »*, explique Jacques.

Depuis bientôt neuf ans, chaque geste, chaque parole, tout son comportement est sujet à interprétation. Jusqu'à ses goûts. Jusqu'à l'intérieur de cette vaste maison, sans fantaisie ni ostentation, ordinaire. Un canapé en cuir, un écran plat. Et, aux murs, des photos noir et blanc des grandes heures du cinéma.

Lors de leur première inspection des lieux, les policiers avaient noté : *« L'habitat manque de chaleur, plus un lieu de passage que de vie. »*

Dimanche 27 février 2000. Depuis deux ans, le couple Viguier se délite. Jacques et Suzy font chambre à part. Suzy a pris l'habitude de dormir dans le bureau, sur un clic-clac. La veille, elle s'est absentée pour un tournoi de tarot – sa nouvelle passion – à Montauban.

4 h 30 : Olivier Durandet, le partenaire de jeu de Suzy, son ami et confident, la dépose. Il l'affirme. Jacques Viguier confirme avoir entendu Suzy rentrer à cette heure-là.

8 heures : Jacques Viguier passe la tête par la porte du bureau. Sur le clic-clac, il aperçoit sa fille, Clémence. Elle a alors 10 ans et a rejoint sa mère. Père et fille prennent, avec les jumeaux, leur petit déjeuner.

10 heures : Jean Viguier, le père de Jacques, passe chercher ses petits-enfants pour une promenade au Jardin des plantes.

12 h 30 : Après un footing, Jacques rejoint ses enfants chez ses parents. Suzy n'est pas là. Elle préfère éviter les réunions familiales. Quand elle rentre tard, elle dort jusqu'en début d'après-midi.

Dans l'après-midi, Jacques Viguier tente de joindre sa femme au téléphone. Pas de réponse. En fin de journée, avant d'emmener ses enfants au

cinéma, il fait un détour par la rue des Corbières. La maison est toujours fermée, pas de Suzy. Sa voiture est dans le garage.

Après le film, dîner sur le pouce chez Pizza Hut et retour à la maison. Suzy n'est toujours pas là. Le téléphone sonne : Olivier Durandet, l'ami-confident, s'inquiète. Suzy devait l'appeler à 14 heures, elle ne lui a pas donné de nouvelles.

Suzy en noir, comme si elle portait le deuil de son couple

Le lundi matin, Olivier Durandet insiste pour venir inspecter la maison des Viguier. Tout oppose les deux hommes. Sec, de taille moyenne, Jacques est réservé, plutôt *« intellectuel théorique »*, pour reprendre l'expression d'un proche. Grand, costaud, beau parleur, bon vivant, Olivier revendique son côté *« commercial »*.

Ensemble, ils constatent que les vêtements portés la veille par Suzy sont là. Depuis plusieurs mois, elle s'habille souvent en noir, comme si elle portait le deuil de son couple. À côté d'un étui à lentilles vide, ils trouvent ses lunettes. Or, Suzy les emporte toujours quand elle part plus d'une journée. Aucune trace, en revanche, de son téléphone portable ni de son sac à main. Olivier pousse alors Jacques à aller porter plainte. Il s'étonne de le voir hésiter.

Les semaines précédant le dimanche 27 février, Suzy n'était pas bien. La dégradation de sa situation conjugale, la mort de son père, les tensions avec ses deux sœurs à propos du règlement de la succession : tout se conjuguait. Suzy se confiait volontiers à Clémence : *« Elle me disait que plein de femmes à sa place seraient parties depuis longtemps et si elle restait, c'était uniquement pour nous. »* A sa fille, elle remet une brochure intitulée *Mes parents divorcent*. Avec une consigne : *« N'en parle à personne. »*

L'enquête révélera que Suzy avait secrètement pris rendez-vous chez un avocat, le lundi 28, soit le lendemain de sa disparition. Elle voulait se renseigner sur la procédure de divorce.

Trois semaines plus tôt, elle était passée chez son notaire. La secrétaire, une amie de la famille, l'avait trouvée *« au fond du trou »*, craignant même qu'elle n'ait l'intention *« de mettre fin à ses jours »*. Sur le pas de la porte, elle lui avait dit : *« Surtout, ne fais pas de connerie. »* Suzie est venue s'assurer de la validité de son testament. Il stipule qu'en cas de disparition d'elle et de son mari ses enfants seraient confiés aux parents de Jacques, ce qui est bien normal puisque les parents Viguier affirment avoir toujours considéré Suzy comme leur fille.

Octobre 2008. Jacques fête ses 52 ans. On lui en donne dix de moins. Ses parents ont tenu à l'inviter au restaurant et il a choisi une table à deux pas de

l'université. *« Cadre bourgeois, intime et feutré »*, dit la carte. Jean et Jeanine se revendiquent d'une France à la Pagnol, celle de *La Gloire de mon père*. *« Un mélange de cultures catholique et socialiste »*, précise Jacques. On parle de Suzy.

« Je l'ai connue radieuse. En fréquentant Jacques, elle passait d'une famille agitée à une famille unie. Au début elle nous appelait papa et maman », dit le père. Ancien troisième ligne au rugby, moustache et sourcils broussailleux, accent rocailleux, Jean était intendant dans l'Education nationale. Il dépasse sa femme d'une bonne tête.

Petite, volontaire, regard noir et cheveux gris coupés court, Jeanine a commencé en tant qu'institutrice. Elle a fini directrice d'école. Jacques est son fils unique. *« En primaire, il a sauté deux classes. »* Elle se souvient de l'entrée au collège : *« Son professeur principal me convoque et me dit : "Votre fils crève le plafond, il a 99 sur 100 aux tests, on le passe directement en cinquième." Tu te souviens Jacques ? Tu m'avais reproché de ne pas t'avoir appris que le gîte était une pièce de viande. C'est la seule question où tu n'avais pas su répondre... »* En sport, Jacques n'est pas en reste : champion de brasse des Pyrénées sur 100 et 200 mètres.

Etudes de droit à la fac de Toulouse. Un professeur lui suggère l'Ecole de la magistrature. *« J'ai répondu : "Juge, non, j'aurais trop peur de me tromper." »* Ce sera l'enseignement. *« Qu'il devienne docteur en droit, c'était déjà brillant*, se rappelle le père, *mais l'agrégation du premier coup, c'était le couronnement. »* Trois ans à Bordeaux. Puis Toulouse, où la *« commission des spécialistes »* de l'université, ravie de coopter un brillant élément du cru, accueille favorablement sa candidature.

Lui, un air de Tom Cruise. Elle, tout en gentillesse et en candeur

Chargé de travaux dirigés, il rencontre Suzy, étudiante en licence. Il a 27 ans, elle 23. Ça n'a pas été un coup de foudre, précise-t-il, mais un *« accrochage fort »*.

Suzy vient d'une famille *« plus agitée »*. Ses parents ont divorcé. Elle vit d'abord chez sa mère, institutrice. La quitte pour son père, secrétaire de rédaction à *La Dépêche*. Quand elle s'établit avec Jacques, ce dernier l'incite à suivre sa passion. Elle devient prof de danse.

Sur la photo de mariage, devant une haie d'honneur de fillettes en tutu, Jacques pose en smoking, Suzy, tout en blanc. Il a des airs de Tom Cruise, un côté fringant, fier. Elle, jolie brune, dégage une saine impression, un mélange de gentillesse et de candeur.

Trois ans après la naissance de Clémence vient un enfant mort-né, Romain. Jacques : *« On me dit d'épauler au maximum mon épouse. Je traduis qu'il ne faut pas trop que je montre ma peine pour ne pas aggraver la sienne. Suzy prend ça pour de l'indifférence. Nous étions devenus deux individus isolés qui faisions face seuls, chacun de son côté. »*

Les jumeaux naissent l'année suivante. La vie suit son cours. En apparence, seulement. Car Jacques a des aventures avec des étudiantes ou avec d'anciennes liaisons. Suzy découvre une première infidélité. Jacques fait plusieurs tentatives de reconquête. Totalement hostile au divorce, il revendique pour ses enfants *« un cadre normal avec un père et une mère vivant sous le même toit »*. En réplique aux incartades de son mari, Suzy multiplie les escapades avec l'ami Olivier Durandet, de plus en plus présent.

Mercredi 1er mars 2000. Trois jours après le fameux dimanche, Jacques signale la disparition de Suzy au commissariat de son quartier. Le lendemain, il revient donner plus de détails. Le mercredi 8 mars, toujours sans nouvelles, il dépose plainte pour *« enlèvement et séquestration »*. Le jeudi, le dossier est transmis à la police judiciaire, qui le convoque par téléphone pour le vendredi matin.

La P.J. de Toulouse est dirigée par un jeune commissaire ambitieux, Robert Saby. D'entrée de jeu, le courant passe mal. Jacques : *« J'ai bien senti qu'il se disait : "Le notable, on va se le faire." Un prof de droit qui tue sa femme, c'est pas tous les jours... Si je n'ai pas hurlé, c'est que j'étais absolument certain que la vérité allait surgir. »*

« Un mari incapable de dire où est sa femme passe pour un con »

Il est interrogé. Pourquoi avoir attendu trois jours pour signaler la disparition ? Il l'a déjà dit dans sa première déposition : Suzy avait déjà découché plusieurs jours sans prévenir. Il précise : cette fois-ci, contrairement aux fois précédentes, Suzy n'a pas appelé les enfants. Pour justifier le retard dans le signalement, Jacques avance aujourd'hui d'autres arguments. *« Je n'avais pas envie d'aller au commissariat et qu'elle réapparaisse le lendemain. D'une part, elle aurait gueulé et elle aurait eu raison. D'autre part, un mari qui est incapable de dire où est sa femme passe pour un con. »*

Les policiers investissent la rue des Corbières. La maison est passée au peigne fin. De *« minuscules traces de sang »* sont découvertes en plusieurs endroits. La disparition du matelas du clic-clac, où dormait Suzy, est relevée. *« Quelques traces pouvant être du sang »* sont identifiées sur la housse de protection. Interrogé, Jacques explique avoir lavé la literie avant de jeter le matelas à la décharge *« parce que son épouse le trouvait inconfortable »*.

La police judiciaire (P.J.) relève une troublante concordance : la virée aux ordures a eu lieu la veille de sa convocation au commissariat. Et s'il avait voulu faire disparaître des indices compromettants ?

Les réactions de Jacques sont analysées, consignées : *« Il apparaissait anormalement inquiet. [...] Il s'isolait dans le jardin pour reprendre le contrôle de lui-même et ce n'est que sur notre insistance qu'il retournait dans la maison. Il ne cessait de rentrer et de sortir, faisant montre du trouble qui l'habitait. »*

Dans le garage, la 106 de Suzy semble avoir été lavée récemment. Jacques confirme : il l'a nettoyée pour qu'elle la retrouve propre à son retour. N'aurait-il pas plutôt voulu effacer des éléments susceptibles de le confondre ? Dans le coffre de sa 605, les policiers tombent sur un tissu tâché de sang. Jacques Viguier explique qu'il lui sert à envelopper le gibier au retour de la chasse. Il ne convainc pas. Un autre chiffon souillé ? Il s'est essuyé les mains après s'être blessé en jardinant.

Au fond du placard de l'entrée, les policiers découvrent le sac à main de Suzy. Son trousseau de clés est là. Manquent son portable et son portefeuille avec ses papiers d'identité. Comment Suzy a-t-elle pu quitter la maison, la fermer et laisser ses clés à l'intérieur ? Sortir par le garage et laisser la porte se refermer derrière elle ? Les policiers n'y croient pas.

Ils questionnent Jacques : pourquoi avoir omis de signaler le sac à main ? Il déclare l'avoir découvert seulement la veille. Dans sa première déposition, il précisait que Suzy *« était partie avec son sac à main »*. Déduction policière : *« Toutes ses déclarations étaient soumises à caution et ses qualités de manipulateur mises en exergue. »*

Il est ramené au commissariat. Garde à vue.

Dans un bureau à l'écart, on interroge Clémence sur son journal intime, saisi dans sa chambre. Les policiers s'intéressent particulièrement aux *« colères de papa »*. Elle note que son père s'énerve quand elle fait ses devoirs : *« S'expliquer là-dessus, la honte ! Et puis ils n'arrêtaient pas de me poser des questions sur la couleur des draps du lit de maman. Ce n'est pas ça qui allait la ramener... »*

Sur le moment, Jacques encaisse. Dans ces histoires-là, se dit-il, le mari est toujours le premier suspect. Les policiers lui révèlent alors ce qu'ils savent depuis plusieurs jours mais que lui ignore encore : Suzy a un amant. C'est Olivier Durandet, le chevalier servant du tarot.

Octobre 2008. Attaché commercial en produits de finition pour bâtiment – *« Dites représentant de commerce, c'est plus simple »* –, Olivier a douze ans de moins que Jacques.

A l'époque, il préside un club de tarot, pas très loin de chez les Viguier. C'est ainsi qu'il rencontre Suzy. Il se montre prévenant. Avec lui, elle se libère des tensions familiales. Le week-end, Jacques part souvent en Ariège, à la chasse ou au ski. Olivier joue les pères de substitution, partage les repas, même en présence de Jacques. Il emmène Suzy et les enfants en week-end, puis en vacances. Il la présente à ses amis. L'un, patron d'une boîte de nuit, le Crazy Moon, lui commande la chorégraphie d'un spectacle transformiste.

Suzy semble peu à peu s'affranchir des convenances, prendre goût à une autre vie. A compter de 1998, elle confie à qui veut l'entendre sa volonté de divorcer.

Aujourd'hui encore, Olivier Durandet affirme être à vif. Pour le rencontrer, il a fallu montrer patte blanche. Au téléphone, il a fait mine d'hésiter, échaudé, dit-il, par la manière dont l'aurait traité la presse. S'il a reçu beaucoup, *« ce n'est pas par goût*

« Il est passé derrière son bureau et m'a dit : "Puisque vous le prenez comme ça, tant pis. Avec votre fils, on joue une partie d'échecs. Il est très intelligent, moi aussi, nous avons fait les mêmes études. Mais à la fin, c'est moi qui gagnerai." »

de la publicité et des médias » : *« Je suis malgré moi un personnage important dans cette affaire. Moi, je garde ma sincérité. Ce n'est pas de ma faute si les flics disent que c'est lui plutôt que moi. Je n'ai jamais essayé d'orienter quoi que ce soit. Mais contribuer sincèrement à la vérité, oui. »*

On se donne rendez-vous devant le Capitole. Il attend assis sur un banc au soleil en fumant une cigarette. Il a l'air frigorifié, enfoncé dans sa veste en cuir noir. A ses côtés, une jeune femme dont on ne saura si elle est une amie ou plus. Petite, plutôt coquette, elle détonne à côté de la silhouette massive d'Olivier. Silencieuse et souriante, elle ne perdra pas un mot de l'entretien.

Olivier, l'homme qui aime son prochain

Lui, tient à mettre les choses au clair. S'il est là, c'est *« pour faire son devoir de mémoire vis-à-vis de Suzy et des gens qui ont besoin d'une condamnation pour faire leur deuil »*. Et aussi parce qu'il *« aime son prochain »*.

Olivier Durandet pèse chaque mot, se ravise sur des formulations. *« Le mot "amant" me gêne. Au départ, on est vraiment amis avec Suzy. Une fois qu'elle découvre une deuxième infidélité, elle clôture sa vie amoureuse avec lui et s'autorise la tendresse avec un autre. »*

Il confirme que Jacques Viguier ne se doutait de rien avant sa garde à vue : *« Il me regardait comme un amoureux transi. Pour lui, le paraître est vachement important. Dans sa vision de ce que cherche une femme avec un homme, c'est pas possible que je sois avec elle. »* Un temps. *« Depuis tout petit, il se doit d'être le meilleur en tout. Il s'estime tellement exceptionnel qu'elle ne peut pas aller avec quelqu'un de moins bien que lui à tout point de vue, maison, voiture, argent, physique. Il a juste oublié un truc, c'est l'amour. »*

Dès le soir de la disparition de Suzy, Olivier Durandet soupçonne *« quelque chose de pas normal »* : *« Malheureusement pour lui, comme j'étais l'ami de sa femme, j'avais appris à mesurer la plupart de ses réactions. Quand j'appelle le dimanche soir pour prendre des nouvelles, à l'intonation de sa voix, je me dis : "Merde, il s'est passé quelque chose." Je lui demande s'ils se sont engueulés, si elle est partie fâchée. Il me dit que non. Le lendemain, elle ne m'a toujours pas appelé. Lui n'a pas l'air inquiet. C'est là que je passe chez eux. »*

Le mercredi, Olivier Durandet se rend au commissariat du quartier et confie ses soupçons à une policière. Il sait se montrer convaincant : en marge de son audition, la policière – qui vient de recevoir Viguier – inscrit *« suspicion de meurtre »*.

Samedi 11 mars 2000. Jacques Viguier est en garde à vue depuis vingt-quatre heures. On fait entrer Durandet. La confrontation est rude : *« Quand ta femme te parle de divorce, tu pleures. Là, on te dit qu'elle est peut-être morte et tu n'as même pas une larme ? »*

L'amant est un moyen parmi d'autres pour arracher des aveux. Le commissaire Saby s'y est déjà essayé avec le père de Jacques.

Jean Viguier : *« Il m'a fait rentrer dans son bureau, s'est assis à côté de moi et m'a dit : "Votre fils est coupable, mais il a des circonstances atténuantes : sa femme était une garce." J'ai protesté, je lui ai dit que pas du tout, ma belle-fille était quelqu'un de très bien. Il a continué : "S'il avoue, il est condamné à cinq ans. Au bout de deux, il ressort. S'il n'avoue pas, il prendra quinze ans, Clémence finira prostituée, les garçons drogués." Je lui ai dit que je ne pouvais pas conseiller à mon fils d'avouer vu qu'il était innocent. Il est passé derrière son bureau et m'a dit : "Puisque vous le prenez comme ça, tant pis. Avec votre fils, on joue une partie d'échecs. Il est très intelligent, moi aussi, nous avons fait les mêmes études. Mais à la fin, c'est moi qui gagnerai." »*

A la fin de la garde à vue, le commissaire s'enferme avec Jacques Viguier pour une ultime tentative : *« Dis la vérité, sinon ta fille est foutue. Ne crois pas que c'est à quinze ans qu'on se suicide, c'est après. Ta gosse, prends-là par la main et emmène-là déposer des fleurs sur la tombe de sa mère. Dis-moi dans quel trou tu l'as foutue, que ta fille puisse faire son deuil. »*

Dans le rapport de police transmis au juge d'instruction, il est noté : *« Au bout de quarante heures de garde à vue, Jacques Viguier était laissé libre bien que persistant dans sa version, malgré les invraisemblances relevées et un tête-à-tête de plusieurs heures avec le commissaire Robert Saby au cours duquel il semblait proche des aveux. »*

Au printemps de cette même année 2000, l'équipe du commissaire Saby reprend une autre enquête : une fillette de deux ans noyée dans l'Ariège. Les policiers obtiennent les aveux du principal suspect. Trois mois plus tard, une expertise confirme une mort accidentelle. Lavé de tout soupçon, le suspect passé aux « aveux » aura cette étrange remarque : *« Mon incarcération a été un soulagement en comparaison de ma garde à vue. »*

Jacques Viguier libéré, les policiers ne renoncent pas pour autant. Leur scénario est écrit : deux semaines plus tôt, il ne faisait pas son jogging, il tuait sa femme et faisait disparaître son corps. *« Le meurtre trouve son origine dans la volonté de Suzanne Viguier, contrairement à son mari, à divorcer, suite à un long processus de désintégration du couple. »*

« Vérité pour Suzy »

Dès la fin de sa garde à vue, Viguier reprend ses cours. Aussitôt, une rumeur enfle : sur la base de sa propre affaire, l'universitaire aurait enseigné le crime parfait. Les policiers entendent les étudiants. Une jeune femme apporte des précisions : *« Il a critiqué les articles de presse qui le présentaient coupable. Il a fourni des détails, que je n'ai pas retenus, sur la disparition d'un matelas. À propos de la garde à vue, il a dit qu'il venait de faire des travaux pratiques. Il a ajouté qu'il fallait à tout prix que l'on retrouve son épouse afin qu'il puisse sortir de là. Il a ensuite repris son cours "droits de l'homme et police", qu'il a écourté pour aller, selon lui, s'occuper de ses enfants. »*

Les policiers le placent sur écoute, recensent ses liaisons parmi les étudiantes, le filent, finissent par renoncer *« du fait de son extrême vigilance et de la rapidité avec laquelle il conduisait »*. Viguier confirme les avoir semés pour protéger l'identité d'une maîtresse.

Compte-rendu de la police : *« Sa retenue et sa froideur, qui pouvaient passer pour de la pudeur ou de la timidité, étaient en fait mûrement calculées, mises au service d'un homme qui voulait dissimuler une double ou triple vie. Son penchant immodéré pour le sexe dit faible est révélé. D'ailleurs, il utilisait avantageusement sa qualité de professeur pour l'assouvir. »*

De son côté, Olivier Durandet ne ménage pas ses efforts. En contact étroit avec les enquêteurs, il bat le rappel de ses amis et des adhérents du club

de tarot. Employé, informaticien, agent d'entretien, secrétaire, sans emploi..., tous estiment Suzy, sa chaleur, sa disponibilité, sa gentillesse.

Une réunion est organisée dans la salle du club « Jules et Gym », où Suzy dispensait ses cours. Olivier Durandet relate ce que lui ont dit les policiers. Il faut *« ne pas lâcher Viguier »*, dit-il. On décide de constituer une association, « Vérité pour Suzy ».

La future présidente de l'association, comptable dans une société automobile et voyante à ses heures, se présente quelques jours plus tard à la police. Elle fait part de ses *« visions »* et de celles de sa mère, qui dispose des *« mêmes dons »*. Suzy leur serait apparue pour révéler que son mari l'avait poignardée avec un couteau de cuisine.

Les policiers enregistrent le détail de ces *« communications »* et saisissent les ustensiles de cuisine des Viguier à des fins d'analyse. Sans résultat.

Ni mobile ni corps

Début mai 2000, la juge d'instruction reçoit les conclusions des expertises. Sur le tissu saisi dans le coffre de la 605, c'est bien du sang animal. Les autres traces, en particulier celles du clic-clac, proviennent de Jacques, de Suzy et d'une tierce personne jamais identifiée. Prudents, les experts indiquent que dans toute habitation – celle des Viguier n'a pas été *« nettoyée »* après la dispari-

tion – on retrouve des traces de sang des occupants, en particulier sur les lits. Ils précisent aussi qu'il est impossible de *« dater »* ces traces.

La juge considère que le faisceau de présomptions est suffisant. Le 11 mai, elle délivre un mandat d'arrêt. Les policiers interpellent l'universitaire.

Rapport : *« Ses premiers mots étaient pour dire qu'on se trompait sur son compte étant donné qu'il n'y avait ni mobile ni corps. Son comportement surprenait toutes les personnes présentes. »*

L'interrogatoire de première comparution est

Voyante à ses heures, elle se présente quelques jours plus tard à la police. Elle fait part de ses « visions » et de celles de sa mère, qui dispose des « mêmes dons » : Suzy leur serait apparue.

tendu. On se focalise sur la disparition du matelas. La juge lui reproche de l'avoir jeté. Pas tant pour avoir soustrait des indices mais *« pour avoir privé Clémence de dormir dans le lit de sa mère »*. Jacques : *« Les flics m'avaient traité d'ordure, la juge m'a traité de monstre. Quand elle m'a dit qu'elle voulait me mettre en prison, j'ai essayé de négocier une incarcération le 1er juillet pour que les enfants terminent leur année scolaire. Elle a rigolé, je suis passé pour un con. »*

En cellule, il s'astreint à une rigoureuse autodiscipline : pompes et gym tous les jours. La lessive, il la fait lui-même, ce qui n'est pas simple en détention. Il refuse de *« cantiner »* pour améliorer l'ordinaire. Clémence : *« Il s'était même laissé pousser la barbe. Ça piquait, je lui ai demandé de se raser. »*

Le cas Viguier mobilise. A la défense, Georges Catala, une figure du barreau toulousain. Installé dans un hôtel particulier du XVIe siècle, en plein centre, Catala, carrure de rugbyman et crinière blanche, est réputé pour son franc-parler, pour les succès qu'il a remportés aux assises et pour les jolies pochettes qui ornent ses vestons. Il en a vu beaucoup, des clients, et en tout genre.

Avec Viguier, il est à la peine. *« L'affaire est mystérieuse »*, soupire-t-il. Ce n'est pas tant le dossier qui le déstabilise que *« le client »*. Il a du mal à le saisir, se méfie de *« cette attitude agressive et raisonneuse »*. Viguier connaît le droit, ce n'est pas forcément un atout quand on est en position d'accusé. A force de tout vouloir justifier, il accumule les maladresses. Les premières demandes de mise en liberté sont rejetées.

Catala appelle en renfort Me Henri Leclerc. *« Pour une affaire comme ça, il faut une amitié au combat »*, dit Catala. En privé, les deux vieux routiers s'accordent à dire que *« le client n'est pas facile »*. Il ne suscite pas la sympathie. Ils se font une raison : *« Ce sont les innocents qui se défendent le moins bien. »*

À la fac de droit, les collègues de Jacques Viguier, doyen en tête, allument des contre-feux. Un communiqué est distribué : *« Nous avons la responsabilité de nous exprimer publiquement afin que les principes de présomption d'innocence, de secret de l'instruction et de conditions de la détention avant jugement ne soient pas, en pratique, réduits à l'état de fiction. »*

Professeur de droit privé et criminologue reconnu, Pierre Spiteri est de la bataille. Aujourd'hui à la retraite, ce collectionneur de caricatures détache ses mots : *« Vous ne pouvez pas savoir comme je me repends d'avoir enseigné toute ma vie des textes magnifiques, pensant qu'ils correspondaient à la réalité judiciaire. Je me retrouve comme un prêtre qui a perdu la foi. »*

En février 2001, une troisième demande de mise en liberté est déclarée recevable. Mais les juges ménagent la chèvre et le chou : tout en rendant sa liberté à Jacques Viguier, ils relèvent à son encontre *« des indices graves et concordants »*. Il est placé sous contrôle judiciaire. L'instruction suit son cours.

On explore la piste *« films noirs »* dont Viguier est amateur. On saisit dans sa bibliothèque, et jusque chez ses parents, les ouvrages qui auraient pu lui inspirer le crime parfait. On retourne une décharge de la périphérie de Toulouse : un responsable a dit y avoir été *« agressé par des mouches nécrophages, ces insectes ayant la particularité de s'alimenter de matières animales ou humaines en décomposition, c'est-à-dire de nécromasse. »*

> On explore la piste « films noirs » dont il est amateur. On saisit dans sa bibliothèque, et jusque chez ses parents, les ouvrages qui auraient pu lui inspirer le crime parfait.

« L'affaire n'a pas avancé d'un iota depuis 2000 »

Un premier courrier anonyme parvient à Me Guy Debuisson, avocat des sœurs de Suzy. Signe des temps, pas de caractères découpés dans le journal mais une lettre tapée sur ordinateur : *« Où se trouve le corps ? Tout simplement sur un chantier à la périphérie de Toulouse, noyé dans le béton du gros œuvre. »* Si la lettre n'est pas suivie d'un concert de marteaux-piqueurs, c'est simplement parce que le corbeau fait une mention fantaisiste sur *« le frère de la juge »*. On considère que cela décrédibilise l'ensemble.

On entend deux promeneurs qui ont ramassé une mâchoire non loin du domicile des parents Viguier. La mâchoire est analysée. Elle date de l'époque gallo-romaine.

Une nouvelle lettre anonyme affirme que la dépouille de Suzy serait cachée dans le caveau d'un couple, inhumé dans un cimetière à une quinzaine de kilomètres de Toulouse. Quatre policiers et un médecin légiste sont dépêchés sur les lieux. Excavation, exhumation. Pas de trace de Suzy. *« C'est le type même de porte qu'il faut fermer »*, indique un policier à *La Dépêche*.

« Je comprends la surcharge de travail des magistrats, ironise Pierre Spiteri, le vieux sage du droit, avec sa diction à la Galabru. *Mais garder neuf ans une affaire sous le coude, vous vous dites : "Ils n'ont pas arrêté." Sauf qu'ils n'ont pas avancé d'un iota depuis 2000. »*

23 octobre 2008. Un gros titre barre la une de *La Dépêche* : *« Jacques Viguier aux assises. »* C'est officiel.

Dans le grand amphithéâtre de l'université, les deux cents places sont occupées. Le professeur fait son entrée, s'assoit derrière le pupitre. Mains à plat devant lui, lâche un discret *« bonjour »* dans le micro. Puis attaque : *« Grand 1, le don d'organe. Le don d'organe porte atteinte à l'intégrité de la personne… »*

Il parle sans note, ne perd jamais le fil, s'interrompt pour illustrer ses propos par l'actualité, la littérature ou le cinéma. *« Vous avez tous lu* Les

Misérables *et vous vous souvenez de Fantine, la mère de Cosette, qui va vendre ses cheveux et ses dents pour faire vivre sa famille. Ces faits dénoncés au XIX*e *sont toujours d'actualité.* » De temps en temps, il s'amuse : *« [...] loi présentée le 3 juillet 2003 par le ministre de l'Intérieur de l'époque devenu depuis président de la République. Excusez-moi, son nom m'échappe, quelqu'un peut m'aider ?... »*

Dans les couloirs, une collègue s'approche : *« Mes élèves m'ont demandé si je connaissais monsieur Viguier. Je leur ai répondu que tu étais un ami. "Eh bien, dites-lui qu'on l'aime !" Voilà, c'est tout, pour que tu le saches, si ça peut te faire du bien... »*

Sur Facebook, quatre-vingts étudiants ont constitué un groupe pour soutenir leur professeur, *« séducteur mais innocent ». « Je vous admire ardemment, vous m'avez envoûtée corps et âme », « Vous nous avez fait vibrer, comme seul un innocent sait le faire », « Plus tard, quand je serai grand, je veux devenir Jacques Viguier ».*

Depuis longtemps, Clémence ne lit plus les journaux : *« Ils racontent toujours la même chose. »* Pendant l'incarcération de son père, ses grands-parents la gardaient avec ses frères dans la maison de la rue des Corbières. *« Pour ne pas trop les perturber », « papet et mamie »* escamotaient le journal dès qu'il était question de l'affaire. Clémence allait le lire au CDI du collège, où elle venait d'entrer en sixième.

Au début de l'année, sur la fiche de renseignements, elle a mis *« disparue »* en face de *« profession de la mère ». « Après, je n'ai plus rien mis, de peur qu'on me pose des questions. »*

« Si maman ne donne pas de nouvelles, c'est qu'elle est heureuse »

Souvent, les trois enfants se sont retrouvés en secret. Clémence : *« On se planquait dans la chambre de Guillaume ou dans la salle de bains pour rester entre nous. »* On n'en saura pas plus sur leurs échanges, leur jardin secret.

Nicolas veut devenir pompier : *« Le sport m'a toujours servi à me défouler. »* Guillaume s'est réfugié dans le rêve : *« Je me mets dans ma bulle, je laisse mon esprit divaguer, j'imagine d'autres possibilités. »* Il se raccroche à une belle idée : *« Si maman ne donne pas de nouvelles, c'est qu'elle est heureuse. »*

Leur père leur parle, sans réserve. *« Dès qu'ils ont été en âge de comprendre, j'ai laissé le dossier sur la table. Tout y est, je suis là pour leur expliquer et répondre à leurs questions. »*

Le dossier, Clémence l'a longuement étudié. Deux éléments l'ont convaincue de l'innocence de son père. *« D'abord sa réaction avec l'histoire du portefeuille. Vous l'auriez vu, il était plein d'espoir, persuadé qu'on allait savoir quelque chose... »*

Un jour d'octobre 2002, arrive une lettre du centre Leclerc où Suzy faisait ses courses. Jacques s'apprête à la jeter. L'ouvre. Dans l'enveloppe, la carte de fidélité de Suzy. Un courrier indique que la carte a été retournée par le service des objets trouvés. Or, elle était dans le portefeuille de Suzy, jamais retrouvé.

Plutôt que de révéler sa découverte à la police, Viguier recrute un détective privé qui remonte la piste. La carte provient bien du portefeuille. Celui-ci a été trouvé dans la rue entre le 6 et le 13 mars 2000. Où ? Mystère. Par qui ? Un agent de la police nationale l'aurait déposé au service des objets trouvés. Où est-il ? Détruit, comme tous les objets non récupérés après plus d'un an. Les espoirs s'effondrent.

Quelquechose2bizarre@...

« Le deuxième élément, poursuit Clémence, *c'est quand il a dit que je confondais les jours... Ce n'était pas du tout son intérêt. »* Dans sa première déposition, Clémence est affirmative : *« Dimanche matin quand je suis venue dans son lit, maman n'était pas rentrée. »* La forme distinguée par son père ? La literie froissée.

Questionné à ce sujet, Jacques déclare que sa fille confond dimanche et lundi matin. *« S'il lui avait fait du mal, il n'avait aucun intérêt à dire que je m'étais trompée. Maman pas là, ça ne pouvait que l'arranger. »*

Quelquechose2bizarre@... C'est l'adresse mail de Clémence. Pas d'allusion à la situation, précise-t-elle, juste un extrait d'une chanson de Goldman : *« Il y avait quelque chose dans l'air, quelque chose de bizarre/Le silence pesant des enfants qui jouaient sur les trottoirs/Les vieux assis sur leurs bancs avec leurs drôles de regards/Qui brillaient étrangement, sans rien fixer ni sans rien voir. »*

Ce soir, Clémence fait du baby-sitting chez des voisins. Jacques invite ses garçons dans une crêperie qui vient d'ouvrir. La patronne, une blonde nature, le regarde avec insistance : *« Votre visage m'est familier, vous êtes déjà venu, non ? »* Non, mais sa photo s'étalait en une de *La Dépêche*.

Le procès, ils n'en attendent rien. Guillaume : *« La justice ne nous a jamais évoqués, sauf quand ça les arrangeait. »* Nicolas : *« Ils ne vont pas répondre à la question qu'on se pose depuis huit ans : "Qu'est-ce qu'est devenue maman ?" Mais juste : "Est-ce que papa a tué maman ?" »* XXI

POUR ALLER PLUS LOIN

La chasse à l'isard (ou *izard*)

Strictement réglementée et limitée, la chasse à l'isard est toujours considérée comme un must par les amateurs. Catulle Mendès, poète du XIXe, la célébrait : *« Être homme ? Tu le peux. Va-t'en, guêtré de cuir/L'arme au poing, sur les pics, dans la haute bourrasque/Et suis le libre isard aussi loin qu'il peut fuir ! »*

Plus réputé pour ses éloges de la chair que pour ses trophées de chasse, l'écrivain Paul-Armand Silvestre l'évoque dans ses *Contes irrévérencieux* : *« Outre d'admirables jambes, déliées comme des fils et nerveuses comme des arcs, et qui franchissent les précipices comme en un vol d'oiseau, l'izard possède, sous son petit front étroit et bas coupé de deux petites cornes luisantes, des yeux d'une puissance défiant les instruments eux-mêmes de l'Observatoire. »*

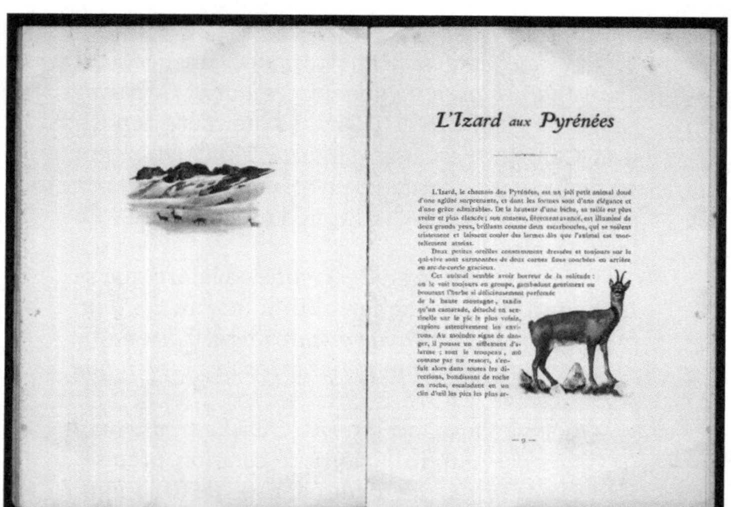

L'Izard aux Pyrénées

L'Izard, le chamois des Pyrénées, est un joli petit animal doué d'une agilité surprenante, et dont les formes sont d'une élégance et d'une grâce admirables. De la hauteur d'une biche, sa taille est plus svelte et plus élancée ; son museau, fièrement avancé, est illuminé de deux grands yeux, brillants comme deux escarboucles, qui se voilent tristement et laissent couler des larmes dès que l'animal est mortellement atteint.

Deux petites oreilles constamment dressées et toujours sur le qui-vive sont surmontées de deux cornes fines courbées en arrière en arc-de-cercle gracieux.

Cet animal semble avoir horreur de la solitude : on le voit toujours en groupe, gambadant gentiment ou broutant l'herbe si délicieusement parfumée de la haute montagne, tandis qu'un camarade, détaché en sentinelle sur le pic le plus voisin, explore attentivement les environs. Au moindre signe de danger, il pousse un sifflement d'alarme ; tout le troupeau, mû comme par un ressort, s'enfuit alors dans toutes les directions, bondissant de roche en roche, escaladant en un clin d'œil les pics les plus ar-

— 9 —

Édition originale du livre des frères Jacques et Jules Peyrafitte, *Chasse à l'izard : souvenirs et impressions* (réédité en 2001 chez Alpes Editcom).

Jacques Viguier à l'écrit

Jacques Viguier a publié de nombreux articles dans des revues de droit. Quelques titres au hasard : *« Salmigondis iconoclaste sur l'intime conviction », « De la Ve [République] démodée à la VIe plus fashion », « L'organisation décentralisée de la République », « La criminalisation de la responsabilité politique »* ou *« La liberté d'expression dans* L'homme qui tua Liberty Valance *de John Ford ».*

A retenir, cet extrait de ***« La croyance dans la justice»***, publié en **2000,** avant le début de l'affaire : *« L'homme a besoin d'idéal. La croyance dans le juge parfait fait souvent partie de cet idéal, comme la croyance en l'âme sœur. Les deux sont souvent déçues. »* **(Gestion et croyances, n° 8).**

48 063 disparitions en 2004

Sous l'impulsion d'associations de familles, un service national a été créé en 2002 : l'Office central chargé des disparitions inquiétantes de personnes (OCDIP). En 2006, l'OCDIP a été absorbé dans un service plus vaste, l'Office central pour la répression des violences aux personnes (OCRVP).

La dernière étude statistique disponible date de 2004. Cette année-là, 48 063 disparitions ont été déclarées. Plus des trois quarts concernaient des fugues de mineurs. S'y ajoutent les « recherches dans l'intérêt des familles », des personnes souvent disparues de leur plein gré.

Plus de la moitié des cas sont réglés en moins d'une semaine. Un peu plus d'un sur sept, entre six mois et un an. Un sur trente reste en suspens au-delà d'un an.

Cinquante-quatre personnes répondant aux critères de la « disparition inquiétante » sont actuellement recensées par le ministère de l'Intérieur et font l'objet d'une fiche de recherche. Pour chacun de ces cas, une information judiciaire a été ouverte et confiée à un juge d'instruction.

Quelques cas

Antoine Brugerolle, 6 ans, a disparu de la maison de sa mère le 11 septembre 2008 dans la soirée. **Estelle Mouzin,** 10 ans, a disparu le 9 janvier 2003 en rentrant de l'école. **La petite Maddy,** 4 ans, a été enlevée en mai 2007 au Portugal.

Suzanne Viguier a figuré, un temps, dans le fichier des « disparitions inquiétantes ». Elle en a été retirée. Sur chaque fiche d'adulte, il est précisé en gras : « *Toute personne majeure faisant l'objet d'une recherche pour disparition inquiétante pourra s'opposer, lors de sa découverte, à la communication de ses coordonnées par les services d'enquête.* »

Des films

***Le Mystère Von Bulow,* de Barbet Schroeder.** Adaptation du livre *Reversal of Fortune,* de Alan M. Dershowitz, avocat de Claus Von Bulow, milliardaire distingué soupçonné d'avoir tenté d'assassiner sa femme. Pour son interprétation du personnage Von Bulow, hautain et mystérieux, Jeremy Irons a reçu l'oscar du meilleur acteur en 1990. Avant d'être adapté au cinéma, le procès Von Bulow fut l'un des premiers grands procès diffusés à la télévision.

***Sous le sable,* de François Ozon.** La vie bouleversée d'une femme confrontée à la disparition de son mari.

La série télé ***FBI portés disparus.*** En **2001, Jerry Bruckheimer,** producteur de blockbusters hollywoodiens, et Jonathan Littman conçoivent un nouveau programme pour la chaîne CBS. S'inspirant d'un fait-divers qui occupe la presse américaine, la disparition d'une stagiaire de l'administration pénitentiaire de Washington, ils vont écrire un scénario à succès. ***Without a trace*** en est à sa septième saison.

Des livres

***Villa Amalia,* de Pascal Quignard (Gallimard, 2007).** Une femme tourmentée par l'infidélité de son mari décide de changer de vie et disparaît en prenant soin d'effacer les traces qui permettraient de la retrouver.

***Silence, on juge ! Mémoires de crimes,* de Georges Catala et Philippe Motta (Privat, 2008).** L'occasion de s'intéresser à Marion Wagon, fillette de 10 ans disparue à Agen le 14 novembre 1996 vers midi, sur les sept cents mètres qui séparent l'école de la maison de ses parents. Catala est leur avocat, il a suivi toutes les péripéties judiciaires liées à cette affaire.

***Un combat pour la justice,* de Henri Leclerc et Marc Heurgon (La Découverte, 1994).** Dans ce livre, l'avocat Henri Leclerc retrace cinquante années de bagarres judiciaires.

Sur l'affaire Viguier

Un livre : ***Contre enquête, l'affaire Viguier,* de Dominique Labarrière (La Table Ronde, 2003).** Chroniqueur judiciaire et journaliste d'investigation, l'auteur prend le parti de Jacques Viguier. D'un ton enlevé, il analyse le dossier dans le détail, sans rien omettre. Mais à trop vouloir convaincre, il perd de sa crédibilité.

Un reportage télévisé : ***La Disparition de Suzanne Viguier,* de Marina Ladous** (une enquête de cinquante-deux minutes, diffusée par la chaîne Planète en 2005). La journaliste a interviewé les protagonistes de l'affaire et pointe les contradictions du dossier.

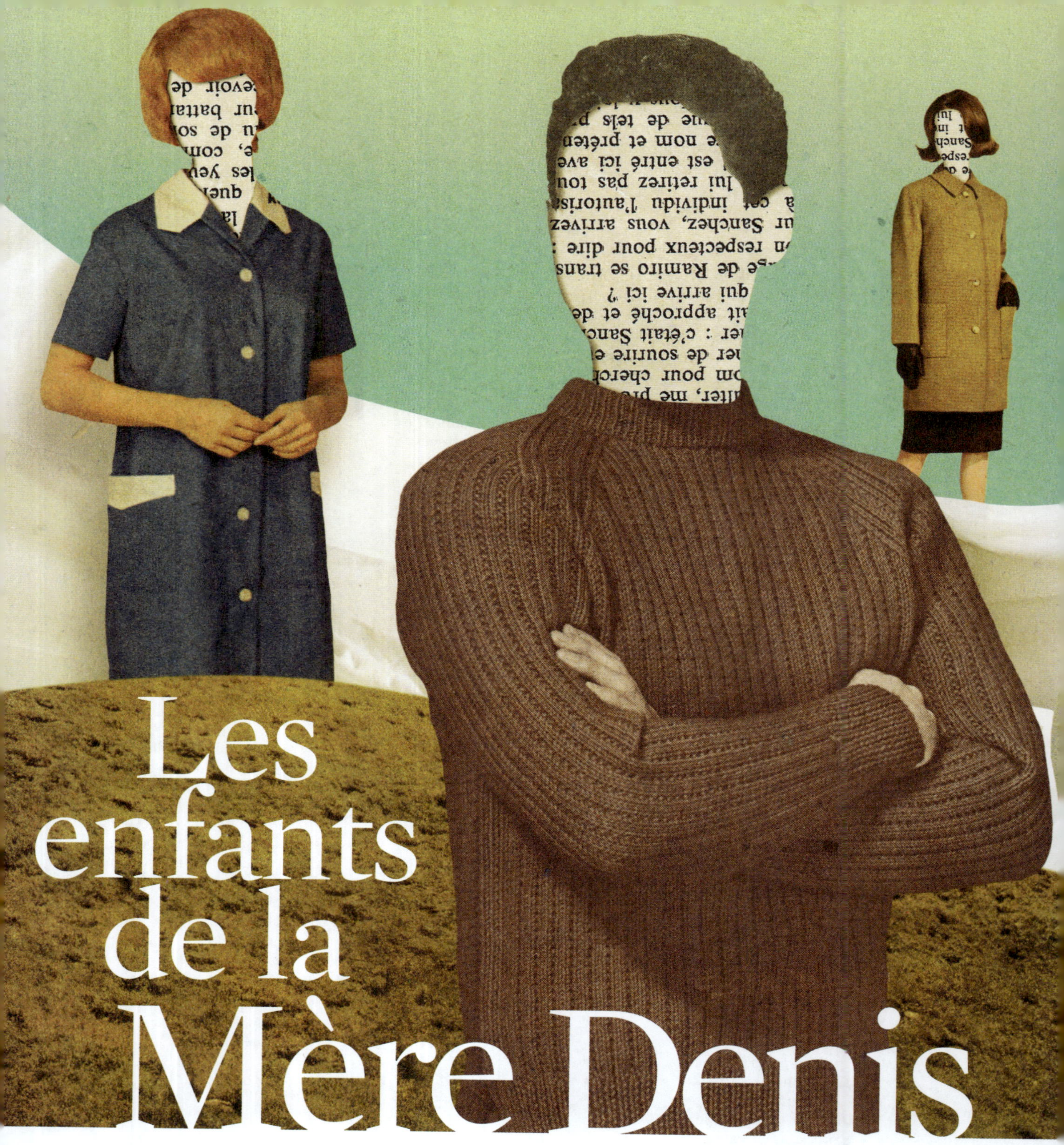

Les enfants de la Mère Denis

Grâce à une publicité, cette lavandière de 80 ans devint aussi connue que Brigitte Bardot dans les années 70 et fut célèbre jusqu'au Japon. La grand-mère qui battait le linge dans son lavoir de Basse-Normandie était l'image d'une France rurale rattrapée par la société de consommation. Que sont ses enfants devenus ? Ils nous disent ce que nous sommes aujourd'hui. Par Eric Lemasson

O.K., se lancer sur la trace des héritiers d'une pauvre lavandière, qui mourut presque centenaire, avec pour titre de noblesse d'avoir figuré dans des publicités pour machines à laver, est une démarche saugrenue. D'ordinaire, les investigations portent sur des affaires sérieuses avec énigme, secret d'Etat et tout le toutim. Là, quel costume enfiler pour enquêter sur une Mère Denis ? Il faudra assumer. Tirer un fil, puis un autre, frapper aux portes, je connais. Mais voilà déjà vingt ans que Mère Denis s'est éteinte. Avait-elle seulement des enfants ? Des amis ? Y a-t-il des traces ?...

Je suis en route vers la Normandie. Dès l'embranchement de Rouen, j'ai deviné là-bas, vers l'Ouest, une grisaille menaçante. C'est là-bas, justement, que je compte interroger les connaissances de Mère Denis. Je veux retrouver le publicitaire qui la fit poser devant son lavoir. Je veux rencontrer ses rejetons. Je suis curieux de savoir comment on vit, de nos jours, dans ce petit coin du Cotentin devenu le pays de Mère Denis. Vers Deauville, la pluie s'est mise de la partie. Mais quel diable de temps fera-t-il donc tout là-haut ?

O.K., autant l'avouer. En démarrant l'enquête, je n'en avais pas mesuré la difficulté. Je pensais qu'il suffirait de se rendre sur place, à Barneville-Carteret, petit port discret aux confins du cap de la Hague, pour séduire d'un mot des villageois qui se feraient une joie d'aider. Après tout, le lavoir de Mère Denis, gloire locale, n'a-t-il pas été promu patrimoine communal ? De quoi rendre fiers des habitants suffisamment âgés pour avoir croisé Mère Denis et sa brouette pleine de linge, n'est-ce pas ? Ç'aurait dû être facile. J'aurais glané de-ci de-là quelques belles saynètes de la vie de province comme on en raffole à Paris...

« Il était une fois la nature, la bonne humeur et la Mère Denis »

Mais, d'entrée, l'office de tourisme s'est montré réticent. Au téléphone, la gêne était palpable. Un monsieur m'a expliqué que *« parler de la Mère Denis, oui, bien sûr »*, en revanche, *« ses enfants... »*. J'étais intrigué. La vie réelle de Mère Denis, grand-mère idéale de la publicité, serait-elle moins lisse que l'image d'Épinal ? Allez, nous verrons bien.

Je contourne Caen par le périphérique. Au loin, la silhouette d'un haut-fourneau désaffecté me fait de l'œil. A l'antenne, radio Nostalgie balance pile poil une vieille chanson. Sheila : *« Tandis que moi qui ne suis rien/Qu'une petite fille de Français moyens/Quand je travaille, oui je me sens bien/Et la fortune viendra de mes mains. »*

La chanson date de la fin des années 60. En ce temps-là, la télé ronronne et c'est une speakerine qui annonce la traditionnelle réclame. Par une belle journée de 1972, une nouvelle voix apparaît. Chaude et enjouée, elle énonce un texte à l'allure de conte : *« Il était une fois la nature, la bonne humeur et la Mère Denis. »* Un chant tiré des profondeurs villageoises scande et rythme le propos. *« La Mère Denis, 82 ans, deux bonnes grandes mains de lavandière et l'amour du travail bien fait. »* Une vieille dame se tourne vers le téléspectateur. Un slogan apparaît : *« Vedette mérite votre confiance. »* Dans un lumineux sourire de grand-mère idéale, la vieille dame assène : *« Cha, c'est vré ça ! »* (« Ça, c'est vrai ça ! »)

La « réclame » propulse la marque électroménagère Vedette numéro deux des ventes. Le publicitaire ne s'était pas trompé. Présenter Mère Denis aux Français fut un coup de génie. Elle était l'exacte incarnation d'un pays provincial et populaire qui baignait dans la douceur nostalgique des racines et dans l'espoir d'un avenir matériel serein.

A Valognes, j'abandonne l'ancienne nationale 13, rebaptisée E46. Je bifurque plein ouest en direction de la mer, vers la Manche. La route est longue. Il me revient en tête une remarque lancée par un ami parisien avant que je n'entame ma virée au pays de Mère Denis : *« Les considérations sur les Français moyens, on s'en fiche. Ça serait plus intéressant de raconter ce que tu ressens, toi, à ta descente d'autocar, alors que, devenus Parisiens et issus de ce petit coin de Normandie, nous ne parvenons plus à parler avec les gens du pays. »*

Une autofiction avec arrivée en autocar ? Ç'aurait pu être tentant. BHL s'y serait, peut-être, pris ainsi : sauter dans le Corail à Saint-Lazare comme on embarque dans l'Orient-Express, regarder les vaches normandes défiler derrière les vitres et faire escale au Café des Voyageurs de la gare routière de Valognes. Là, pour atteindre le pays béni de Mère Denis, BHL aurait grimpé dans l'autocar afin de gagner la petite ligne ferroviaire – désaffectée depuis des lustres – où Mère Denis officia comme garde-barrière. L'ensemble aurait été ripoliné, style *Voyage-dans-la-France-de-Mère-Denis*.

Mais non, je n'ai pas pris l'autocar. Les *« vraies gens »* – puisque c'est ainsi qu'on nomme avec une pudeur affectée toutes les Mères Denis d'aujourd'hui dans les émissions d'Yves Calvi – ne prennent pas l'autocar. Elles ont une voiture, diesel de préférence.

Alors, comme ça, il prétend décrire comment, aujourd'hui, nous vivons ? Mais il se croit où ? Croyez-nous : ça va pas plaire du tout. Il y a quelques années, la télé avait diffusé un reportage sur le tourisme dans la Hague. Le lendemain, *La Presse de la Manche* avait titré : *« La télé n'aime pas la Hague »*, et le reporter avait reçu plusieurs lettres de plainte. Ici, les gens n'aiment pas qu'on les juge et ne se permettent jamais de juger les autres. Les écrivains du coin l'ont bien compris. Prenez Gilles Perrault. Voici comment l'auteur du *Pull-Over rouge* décrit le crachin de Cherbourg : *« Nous possédons, bien entendu, les plus beaux nuages d'Europe. »* Admirez son art de la litote pour évoquer le nucléaire : *« La verrue de la fameuse usine ne parvient pas à défigurer un paysage époustouflant. »*

Arrivés au bord de mer, les « terriens » ont tous le même réflexe : ils s'empressent de contempler le large. Je ne déroge pas et grimpe une petite route en cul-de-sac, jusqu'au sémaphore du cap de Carteret. Seulement, arrivé en haut, je tourne le dos à la mer. Le pays de Mère Denis s'étend là, il est splendide.

J'y suis. Une chambre d'hôtel face à la Manche. Entre mes mains, un livre sur Mère Denis. Oui, ça existe, un bouquin tout entier consacré à l'héroïne de la publicité pour machines à laver le linge. Il a été publié au faîte de la gloire de la lavandière, dans la collection "Mémoire du peuple". Le récit trousse joliment au fil des pages la vie de Jeanne-Marie Denis, née Le Calvé, le 9 novembre 1893, dans le Morbihan.

UNE CÉLÉBRITÉ À L'ALLURE D'ÉTÉ DE CANICULE

Installée en Normandie avant la guerre de 14, cette fille de paysans du XIXe siècle traverse les espoirs et les drames du XXe : l'ascension sociale (elle se marie à un employé du chemin de fer), la guerre et la misère (son second mari est tué dans un bombardement), le quotidien rude (elle est lavandière), puis l'enrichissement et la consommation (ces années d'après guerre appelées les Trente Glorieuses). En apothéose, la célébrité (*« Ça, c'est vrai ça ! »*). Mais une célébrité à l'allure d'été de canicule : Mère Denis est morte en solitaire, dans une maison de retraite située à 150 kilomètres de son village d'origine.

Bon, ça se complique. Mère Denis a eu cinq enfants. Le premier est né en 1917, le petit dernier en 1928. Pour peu que je le retrouve, le « gamin » aurait à présent 80 ans passés. Diable ! Si les cinq enfants ont eu, chacun, autant de rejetons que leur lavandière de mère, l'enquête risque, trois générations plus tard, de déboucher sur un baobab généalogique.

Le lavoir, Pierre Baton le connaît par cœur : « Le petit toit de bois, tu vois, là ?... Eh bien, c'est moi qui l'ai fait ajouter pour les besoins de la pub. Regarde : trente-cinq ans plus tard, il est toujours solide. »

Mais, qu'importe : l'air du large me flatte la narine. Je quitte l'hôtel de Barneville-Plage pour le hameau du Tôt, distant de quelques encablures. C'est au hameau du Tôt que la Mère Denis battait le linge en son lavoir. C'est au lavoir même que j'ai rendez-vous avec Pierre Baton, le publicitaire qui, en 1972, « inventa » Mère Denis.

« Fais gaffe, ça glisse. Les berges sont détrempées. » Barbe poivre et sel faussement négligée, l'homme a la mise étudiée des vrais bobos parisiens. Chaleureux, il est aujourd'hui quasi retraité, après avoir fait une belle carrière dans la pub. Ses vacances d'enfant, il les a passées à Barneville-Carteret, où sa famille possède depuis toujours une charmante bicoque en pierre dressée à dix pas d'une petite rivière et, surtout, du lavoir.

En face, juste en face, habitait Mère Denis : *« Elle me faisait sauter sur ses genoux. »* C'est lui qui eut l'idée d'y filmer la vieille lavandière pour vanter des machines à laver alors ultramodernes. Ses concurrents préféraient exhiber des pin-up... Le lavoir, Pierre Baton le connaît par cœur : *« Le petit toit de bois, tu vois, là ?... Eh bien, c'est moi qui l'ai fait ajouter pour les besoins de la pub. Regarde : trente-cinq ans plus tard, il est toujours solide. »*

Sous les fenêtres de sa maison, Pierre voit défiler toute l'année des bataillons de touristes, surtout du troisième âge. L'arrêt au lavoir, un bassin de deux mètres sur trois, est invariablement inscrit au programme des tour-opérateurs. Ecrin d'une icône disparue, il suscite les mêmes éternels commentaires d'une France venue comme en pèlerinage : *« Tu as vu, c'était là qu'elle lavait. Tu te rends compte, c'était là. »*

« La Mère Denis, ce n'est pas Mamie Nova, explique Pierre Baton. *Elle était réelle, pas virtuelle. Et, comme Brigitte Bardot, elle est devenue un phénomène de société. La France entière pouvait y reconnaître ses racines. »* Intarissable sur son « œuvre », le publicitaire est sec sur les enfants de Mère Denis : *« A l'époque, certains m'ont demandé de l'argent. Je les ai envoyés promener et n'ai gardé aucun contact avec eux. Ici, il n'y a plus personne de la famille. Ils ont tous quitté la région il y a bien longtemps. »*

O.K., chou blanc. J'imaginais débusquer une tribu de « petits » Mère Denis rassemblés dans un coin de France profonde. Les voilà éparpillés comme une volée de moineaux : *« Exode-rural-typique-classes-moyennes-deuxième-moitié-XXe siècle »,* noterait un sociologue. Serais-je venu pour rien ? En quittant les berges de la rivière

Gerfleur, je manque de m'étaler dans la boue. Les pieds humides, je demande à Pierre Baton s'il a jamais réfléchi à une nouvelle publicité. Il reste songeur. *« Inventer aujourd'hui, trente-cinq ans après, une nouvelle publicité autour des enfants de Mère Denis ? »* Un temps. *« Pourquoi pas... »*

Après réflexion, Pierre a sorti un papier et un crayon. Côte à côte, il a dessiné un père et son fils à la barre d'un bateau. En haut, il a ajouté un slogan : *« Transmettre l'amour d'apprendre. »* Il m'a tendu la feuille : *« Oui, mon idée clé, ce serait ça : la transmission. »* La publicité, c'est comme le reste : ça ne s'oublie pas.

Je suis repassé devant la maisonnette de garde-barrière où Mère Denis officiait avant guerre. La façade fraîchement repeinte en jaune vif s'orne, aujourd'hui, de deux écriteaux. Sur l'un : *« Chemin de l'espoir. »* Sur l'autre : *« A vendre. »*

Je décide de rester.

Je suis repassé devant la maisonnette de garde-barrière où Mère Denis officiait avant guerre. La façade s'orne, aujourd'hui, de deux écriteaux. Sur l'un : « Chemin de l'espoir. » Sur l'autre : « A vendre. » Je décide de rester.

*

Nous, on l'aura prévenu. Qu'il renonce à toute tentative de démonstration, qu'il oublie les rapports, qu'il oublie les moyennes, qu'il oublie tout ça ! Chez nous, ni les voisins ni les amis ni la famille ne savent jamais combien on gagne ni pour qui on vote. Chacun che z soi, c'est comme ça. Et quand un inconnu frappe à la porte, les vieux l'ouvrent pour vite la refermer. *« On n'sait jamais... »*, c'est une expression d'ici.

*

Posé à l'embouchure de la rivière Gerfleur, Barneville-Carteret compte 2 429 habitants. Né de la fusion de deux communes que tout opposait, ce village adossé à une large grève toute en longueur déborde sur le flanc du cap. Les maisonnettes sont en granit. Six modestes chalutiers reposent dans le port paisible. Un auteur local m'explique la géographie du lieu : « *Ici, c'est assez visuel. Vous voyez là-bas ces belles maisons à flanc de colline avec vue sur mer, ce sont celles des seigneurs du cap de Carteret. A l'opposé, sur l'autre rive du bras de mer infranchissable qui mène au port, il y a le tout-venant : les classes moyennes et populaires. Entre les deux, sur ce promontoire, les commerçants du bourg de Barneville.* » Le lavoir de Mère Denis est très précisément situé à la confluence de ces trois mondes.

Mais l'endroit est presque désert. Pourquoi ? Où sont les habitants ? Je poursuis l'exploration vers la périphérie, c'est là que se développent désormais les incontournables zones d'activité. Le village de Mère Denis, encerclé de hangars commerciaux, ne fait pas exception. Un échangeur, version bourg, permet d'accéder au supermarché local, devenu le point de fixation du coin, surtout le samedi, jour des courses.

Dès l'entrée, Carla Bruni m'accueille. Les murmures « glamour » de la première dame de France rythment les pas des pousseurs de caddie. Aux caisses, un présentoir de trois étages déborde de DVD du film *Bienvenue chez les Ch'tis, édition prech'tige*. Plus loin, pour cause d'arrêt grattage de tickets de loterie, les chariots s'agglutinent en un mini-embouteillage. Les voilà donc, les Barnevillais, ils font leurs courses au supermarché, cette nouvelle place du village où personne ne parle à personne.

Le parking du Mutant

En vente à l'entrée, le quotidien local, *La Presse de la Manche*. En exergue, dans les pages intérieures, une photo de la nouvelle doyenne du département : Germaine, 106 ans, habitante de Barneville, comme Mère Denis, qui aurait eu 116 ans en 2009. A côté de la photo, un article sur la nouvelle campagne des Restos du cœur : l'hiver dernier, 78 familles, soit 188 personnes, ont rejoint les listes de nécessiteux. Signe des temps, le parking du Mutant, une grande surface spécialisée dans le hard discount de produits sans marques, ne désemplit pas.

C'est un grand tort de ne pas lire les rapports officiels et les statistiques. On y apprend des tas de choses. Réputée pour ses bocages, ses haras et ses fromages AOC, la Basse-Normandie ne produit en fait que 2 % de la valeur ajoutée totale de la France (seules trois régions créent moins de richesses). Au village de Mère Denis, le taux de chômage est de 16 %, la proportion de retraités, le double de la moyenne nationale. Ses habitants le savent-ils ? Qui oserait le leur dire ? Les hôtels et les restaurants de fruits de mer, bondés le week-end, font illusion. Comme Mère Denis autrefois. En réalité,

Au village de Mère Denis, le taux de chômage est de 16 %. Les restaurants de fruits de mer, bondés le week-end, font illusion. Comme Mère Denis autrefois. En réalité, elle subsistait. Lavandière, c'était un petit boulot.

elle subsistait. Lavandière, c'était un petit boulot.

Mère Denis a eu cinq enfants. Les deux premiers, nés avant la guerre de 14, sont morts jeunes. Restent une fille et deux garçons. Mère Denis a fini ses jours dans une maison de retraite près de Pont-l'Evêque. Elle a été inhumée sur place, à 150 kilomètres de Barneville-Carteret. Pourquoi si loin ? Peut-être pour se rapprocher de ses enfants ?

Au téléphone, les anciens de la maison de retraite n'ont pas oublié Mère Denis. Jusqu'au bout, disent-ils, ils lui ont tenu la main : « *Elle avait du caractère, vous savez ! Elle savait qu'elle était la Mère Denis, et pas une simple pensionnaire comme les autres, fallait voir ça !* » La Mère Denis s'est éteinte le 17 janvier 1989. Toute la presse a évoqué sa mort. Elle avait accédé à la notoriété à 79 ans. Elle disparaissait en star à 96 ans.

Ce matin, à l'affût de je ne sais quoi, je fais un jogging dans le lotissement de « La Plaine normande ». Les ouvriers turcs, venus construire l'usine atomique voisine de Flamanville, logeaient leurs familles dans de petits pavillons HLM. Ils sont partis, et les HLM sont proposées à l'accession sociale à la propriété. A quelques pas, des chantiers : les mariés du coin font construire. Ils travaillent souvent loin. Et les enfants de Mère Denis ? Où vivent-ils à présent ? Quels sont leurs rêves ? « *Toute cette famille a parfaitement réussi, a pris sa place dans la société, à un échelon supérieur de celui des parents et des grands-parents* », écrit, en 1976, l'auteur du livre consacré à Mère Denis. Qu'en est-il aujourd'hui ?

A l'entrée d'un champ, dans Barneville-Carteret, un panneau annonce la construction à venir d'un casino. Ici ? L'image d'une Mère Denis assise, bandit manchot hilare sur un lave-linge en or massif, me traverse l'esprit.

Sur le mur de la chambre d'hôtel, j'ai punaisé l'arbre généalogique de la descendance de Mère Denis. Il occupe maintenant tout un pan et descend jusqu'aux arrière-arrière-petits-enfants. Pour en démêler les ramures, il a fallu passer des dizaines de coups de fils incongrus. Il a fallu houspiller de petites et de grandes mairies. Il a fallu arpenter les routes de Normandie, jusqu'à presque refaire vers Paris le chemin de l'exode rural.

Mais j'avance. C'est bien pour se rapprocher de sa fille, Germaine, qu'au soir de sa vie Mère Denis s'est installée au prieuré de Saint-Hymer, la maison de retraite proche de Pont-l'Evêque. Troisième des cinq enfants de Mère Denis, Germaine s'est mariée à un paysan de la région. Elle a eu trois enfants. Ses deux fils sont devenus agriculteurs. Sa fille a épousé un boucher-charcutier de Falaise, au sud de Caen. Les petits-enfants de Mère Denis sont nés dans les années 60...

Je touche au but. Oh ! Dieu de la publicité, ne prenez pas cet air moqueur ! J'ai pisté la lignée de Mère Denis, je le reconnais, mais j'y suis. J'ai repéré un ancien policier en région parisienne, un pneumologue dans le bassin d'Arcachon, une vendeuse de charcuterie en grande surface, deux logisticiens dans les transports routiers. Dans la branche Germaine, j'ai localisé un arrière-petit-fils, Thierry, le seul qui soit encore agriculteur. Eh oui, Mère Denis, dans la France de 2009, hormis Thierry, qui élève soixante laitières normandes, les vôtres ne comptent plus d'agriculteurs.

*

Nous, nous avons beau n'être qu'une abstraction, cela ne nous empêche pas de regarder ce qui se passe autour de nous. Naguère, nous vivions sans nous poser de questions, nos maisons s'équipaient d'électroménager et nous savourions chaque été les joies du départ en vacances. Nous pensions que nos enfants continueraient dans cette voie, celle, oui, de l'ascension sociale. Quelque chose à changé...

*

Robert est le cinquième enfant de Mère Denis. Seul de la fratrie encore en vie, il m'attend sur le perron de son pavillon de banlieue, au sud de Paris. Confiant, je monte les marches, sourire aux lèvres.

> Votre mère, j'en suis maintenant sûr, est plus qu'un mythe. Elle est un destin français. De 1893, année de sa naissance, jusqu'à la bru-beurette-banquière de l'an 2010 en passant par vous, le policier des banlieues, Mère Denis incarne, au-delà de sa personne, une histoire de notre pays.

Lui ne me sourit pas, pas du tout : *« Ma vie n'intéresse personne et ne regarde que moi. Qui vous envoie ? Comment êtes-vous remonté jusqu'à moi, comment m'avez-vous trouvé, qui vous a renseigné ? »*

Pas commode, Robert. D'un geste sec, il me signifie d'entrer. De sa canne, il désigne un fauteuil du salon. Tout dans son attitude indique la suspicion : *« Depuis votre coup de fil, je me suis renseigné sur vous. J'ai vérifié auprès des collègues. On sait jamais à qui on a affaire. »*

Ancien policier, Robert est habité par le soupçon. Fils cadet de Mère Denis, il a peut-être aussi hérité de la méfiance proverbiale de cette Normandie qu'il a quittée depuis plus de cinquante ans.

Si je compte bien, Robert a l'âge qu'avait sa mère lorsque la France entière la regardait dans le poste à l'heure du dîner. Sa grande carcasse est usée, une grimace trahit un mal de dos tenace, mais il n'est pas vieux, non. Son regard est vif, ses traits presque juvéniles. Cinquième enfant de Jeanne Denis, il est, dit-il, *« le dernier rescapé »* : *« Avec mon frère aîné, il y avait dix-sept ans d'écart. »*

Perplexe, Robert n'en *« revient pas »*. Il insiste : pourquoi perdre son temps à écrire *« une publicité »* sur les enfants de Mère Denis ? *« Ça n'a aucun intérêt. Je suis un quidam comme il en existe des millions. »* Justement, c'est cela qui m'intéresse. Comment le dire à Père Denis ?

« Qu'est ce que vous marmonnez ?

– Non, non, rien...

– Il y a deux ans, vous savez, La Poste m'a proposé de faire figurer ma mère sur un timbre.

– Et alors ?

– J'ai refusé. »

Ça commence mal.

Comment lui expliquer qu'il n'y a aucune intention hostile. Que, au contraire, raconter le destin de la famille de Mère Denis, c'est évoquer le saut fait par la France entre les années 70 et aujourd'hui ?

Je me lance : *« Votre mère, Mère Denis, est un symbole. Les années 70, les Trente Glorieuses... »* Il me coupe : *« Non, monsieur, vous la glorifiez. Tout le monde la glorifie. Pas moi. La France entière la voit comme une brave femme... »* Il se tait. *« Mais, vous savez... »*

Ah ! c'eût été trop simple ! Vous dénichez le dernier fils vivant de Mère Denis et il vous casse le mythe en un rien de temps. C'est sans doute que les histoires de famille sont plus nuancées qu'un spot publicitaire de trente secondes pour machine à laver. Comme on dit, ça va être coton ! Je sais bien que l'époque est au people. Mais Mère Denis, tout de même...

« Elle est gentille cette petite »

De nos jours, on compose, décompose, recompose les familles comme des partitions musicales en perpétuel chantier. Avant la guerre de 40, il en allait tout autrement au fin fond du Nord Cotentin. Nous dirons donc que Mère Denis ne fut pas qu'une lavandière de papier glacé, qu'elle eut une vie de femme et qu'elle quitta brutalement, en 1938, le domicile familial. Robert avait 10 ans. Il en souffre encore. S'il va régulièrement fleurir la tombe de Mère Denis, là-bas, du côté de Pont-l'Evêque, sa mère ne trouve toujours pas grâce à ses yeux, soixante-dix ans plus tard.

N'ouvrons donc pas le chapitre de la rancœur familiale : Mère Denis est une icône, publicitaire certes, mais une icône quand même, et nul n'a le droit d'écorner une icône. De sa jeunesse normande chez son *« pauvre père »*, qui le plaça dans une ferme sitôt le certificat d'études obtenu, Robert conserve l'empreinte de moments rudes : *« Livré à moi-même, j'ai compris que je ne ferais jamais rien de bien dans la vie si je ne me prenais pas en main. »*

A 17 ans, il s'engage *« pour trois ans dans les sous-marins »*. Puis bascule dans la police, se fait construire un pavillon dans les années 60, s'occupe de ses trois enfants. D'eux, il ne veut pas parler, n'en voit pas l'intérêt, ou plutôt le voit trop bien. Il se fait comprendre, à mots couverts : *« Si, comme avec ma mère, des gens veulent faire du fric avec notre nom, alors... »*

Voici donc ce que Robert consent à dire *« gratuitement »*. Comme lui, ses deux filles vivent en banlieue parisienne. L'aînée travaille dans une *« institution »*, une école privée. La seconde est chef de service administratif à la fac de droit. Son fils est *« un peu dans le spectacle, un peu directeur artistique, voyez ? »* Tous ont des enfants : *« Ce qui me fait cinq petits-enfants, qui vivent bien. Le dernier est dans l'informatique. Sa copine travaille dans une banque, elle est algérienne. »* Une dernière remarque : *« Elle est très gentille cette petite, d'ailleurs. »*

Merci, Père Denis, merci. Vos confidences, même distillées au compte-goutte, me vont droit au cœur. Votre mère, j'en suis maintenant sûr, est plus qu'un mythe. Elle est un destin français. De 1893, année de sa naissance, jusqu'à la bru-beurette-banquière de l'an 2010 en passant par vous, le policier des banlieues, Mère Denis incarne au-delà de sa personne une histoire de notre pays.

« Genre un peu show-biz, voyez ? »

Ne vous trompez pas, Père Denis : cette histoire est aussi la vôtre. Votre méfiance était à ce point grande que vous avez alerté votre fils de mon passage. Tandis que nous discutions, il a débarqué. *« A l'improviste »*, s'est-il excusé mollement. Je n'ai pas réagi. J'étais ravi. Le silence s'est aussitôt installé. J'étais le type qui se mêle de ce qui ne le regarde pas. Je n'ai pas cherché à le briser.

Comment décrire votre fils, Père Denis ? Il navigue dans la petite quarantaine et porte des chaussures blanches. Dans vos mots, cela donnerait : *« Il est genre un peu show-biz, voyez ? »* Genre un peu

Il me coupe : « Non, monsieur, vous la glorifiez. Tout le monde la glorifie. Pas moi. La France entière la voit comme une brave femme... » Il se tait. « Mais, vous savez... »

« Tu vois, Guillaume, cette vieille dame, c'est la Mère Denis. » Le gamin regarde le tirage délavé : « C'est qui la Mère Denis ? » Guillaume a 7 ans.

mal rasé, pas trop loquace quoi. J'ajouterais : Poli, sans plus. Et préciserais qu'il n'est pas sans évoquer l'acteur Gérard Lanvin : attitude bougonne, remarques gouailleuses, mimiques viriles. Il grenouille dans le monde du spectacle : *« Un peu régisseur, oui, si vous voulez. »* A monté une SARL de production de films pour le cinéma. Possède un pied-à-terre dans le Gers, où, semble-t-il, il s'est installé dans le sillage du festival culturel de Marciac.

Accoudés au perron du pavillon de banlieue, tous deux perplexes, fils et petit-fils ne me quittent pas des yeux quand je descends l'escalier. Le moment du départ est souvent celui des confidences. Père Denis n'y résiste pas. L'avenir ? *« La France va exploser. Les classes moyennes vont se révolter »*, assure-t-il. Son fils l'interrompt : *« Mais non ! Faut arrêter avec ça. Sauf si on considère qu'être propriétaire c'est un critère absolu, un but en soi. A part ça, on vit bien aujourd'hui. »*

Mieux que Mère Denis ?...

Ce matin, il pleut dru sur le bourg de Barneville. J'achète, au marché, du chocolat et un parapluie rouge à la toile barrée d'un énorme « Normandie » jaune. Le garde-champêtre ricane du horsain égaré entre les étals de charcutaille. La rengaine de Sheila me trotte en tête : *« Petite fille de Français moyens/ La fortune viendra de mes mains... »*

« Mon fils est en maths sup »

Dans ma chambre d'hôtel, l'arbre généalogique a pris des dimensions incongrues. Le pan de mur est maintenant noirci de ramifications qui semblent vouloir jusqu'à grignoter la moquette.

Inexistante jusqu'ici, la branche du quatrième enfant de Mère Denis s'est étoffée. Les noms sont là. Mais impossible d'en localiser un représentant. Le téléphone sonne dans le vide, le numéro n'est pas le bon, ce n'est pas la bonne personne... Je manque de renoncer quand, soudain, Marc décroche. Ton chaleureux, nulle méfiance, curiosité : Marc et sa branche détonnent.

Lui a *« émigré »* dans le Sud-Ouest il y a plus de vingt ans. Il s'exprime dans un langage châtié : *« Mon père était épicier à Dives-sur-Mer. Il n'avait pas de culture, mais était profondément convaincu de l'importance des études. Au contraire des autres branches de la famille qui nous traitaient de "feignants", mes deux frères et moi, parce que nous étions étudiants. »*

Par la fenêtre de l'hôtel, je contemple le cap des *« seigneurs de Carteret »*, immobile sous la pluie. Au téléphone, Marc, pneumologue, détaille la réussite sociale que se sont forgée les trois garçons du quatrième fils de Mère Denis. Droit, médecine et école de commerce : un triptyque.

L'aîné, étudiant en droit, s'est tourné très tôt vers sa passion : le reportage photo. Il en a fait son métier, partage sa vie entre l'Afrique, Toulouse, Paris et *« en vit très bien »*. Passé par une grande école, le cadet a fait carrière dans le luxe, chez Dior. A 44 ans, il vient d'être nommé directeur général de la société John Galliano, filiale du premier groupe mondial du luxe. Quant à Marc, le pneumologue, membre d'une chorale d'une paroisse du bassin d'Arcachon, tout va bien : *« Mon fils aîné est en maths sup. »*

Mais, il en convient, le temps des cerises est mort : *« Pour cette génération, la grande différence à l'université, c'est le nivellement par le bas. Il leur faut viser les plus grandes filières. Ce qui signifie : accepter de partir. Pour peu que les parents n'aient que peu d'instruction ou de moyens, la régression est évidente. »*

Aujourd'hui, les enfants de Mère Denis pourraient-ils aussi facilement devenir médecins, reporters ou directeurs ?...

Ce samedi soir, au Bédépé, le bar du port, c'est fête. Les Parisiens, traditionnels propriétaires de cottages normands, s'encanaillent gentiment sur des airs de jazz joués par leurs amis. Entre deux envolées de saxo, le très souriant président parisien du Yacht Club de Carteret, foulard de soie verte et allure étudiée de gentleman, exprime à sa manière son indéracinable confiance en l'avenir de la région : *« Allez, quoâ... soyez optimiste, les gens d'ici ont de la ressource,* be optimistic, *c'est une belle région et la France est un beau pays.* It is magic. *»*

Plus tard dans la soirée, je pousse jusqu'au Kissing, la boîte locale à deux kilomètres du bourg. Le parking est complet. Un videur fait patienter une petite foule de jeunes à l'entrée. *« Du jazz au bar du port ? On savait pas. Les Parisiens, c'est sûr, apprécient notre coin, les Anglais aussi. Mais nous, comment dire, c'est pas qu'on l'aime pas, mais franchement y'a rien à faire ici. »*

Nous, des privilégiés ? N'exagérons rien. C'est vrai : nous avons eu notre heure. Nous n'étions ni malheureux ni inquiets, disons confiants dans l'avenir. Les grands-parents avaient été paysans ou ouvriers agricoles ; les parents, employés ou petits fonctionnaires. Les enfants pouvaient s'imaginer directeurs ou médecins. L'ascenseur fonctionnait. Ça nous a fait tout drôle de devoir faire machine arrière...

Mère Denis s'est fait inhumer pas loin de Pont-l'Evêque, sur la colline de Saint-Hymer. Dans le cimetière, une dalle porte son nom, Jeanne Denis, et une photo gravée dans le marbre. La tombe est située en bordure de route. Mère Denis le voulait ainsi, *« pour qu'on puisse la voir »*.

Sur cette même colline, qui surplombe la vallée de la Touques, s'est installé Thierry. Les parents de Mère Denis étaient paysans au XIXe. Deux siècles plus tard, Thierry, l'arrière-petit-fils de 40 ans, reste le seul agriculteur de la lignée. C'est par hasard qu'il s'est installé ici, à l'ombre de Mère Denis. Ne disposant d'aucun héritage, il a décidé de monter sa propre ferme voici douze ans. Les terres étaient disponibles et pas chères, il s'est lancé.

Thierry ouvre sa porte avec beaucoup de gentillesse. C'est un type bien, cela se voit. Autour d'un café, sur la table de la salle à manger, malgré l'heure de la traite déjà passée et le soir qui tombe, les mots s'enchaînent volontiers. *« Je me sens libre »*, dit-il.

Il élève un troupeau de soixante laitières normandes, sa principale ressource. Avec son épouse et ses deux enfants, il en vit chichement. Dans la vitrine du salon, des trophées témoignent de sa passion pour l'élevage de percherons : *« J'en ai six, ça me change des vaches. »* A l'évocation de souvenirs d'enfance, il sourit. La plupart de ses cousins, il ne les a jamais revus depuis l'adolescence : *« La famille n'a pas su rester unie. »* Lui rêve d'installer, un jour, son fils à sa place.

D'un buffet, Thierry tire une vieille photo de famille. Il la tend à son fils : *« Tu vois, Guillaume, cette vieille dame, c'est la Mère Denis. »* Le gamin regarde le tirage délavé : *« C'est qui la Mère Denis ? »* Guillaume a 7 ans. La lavandière est sa trisaïeule. XXI

Une vraie vedette

Mère Denis a vanté la marque Vedette pendant une décennie. D'abord pour des lave-linge puis pour des lave-vaisselle. Grâce à elle, la marque a été propulsée de la huitième à la deuxième place du marché. En 1976, Mère Denis est invitée par Bernard Pivot à l'émission *Apostrophes*. Un livre vient de lui être consacré, et *Paris Match* la place parmi les personnalités qui ont fait l'événement cette année. En 1982, Mère Denis est connue par plus de 80 % des Français. Coluche la croque joliment dans l'un de ses sketches à succès. Des articles lui sont consacrés dans la presse italienne, américaine, japonaise… Quand, en 1972, le publicitaire Pierre Baton lui propose de figurer dans un premier spot, elle lui demande, toute gênée : *« Pourquoi pas être filmée, mais ça va me coûter combien ? »*

Barneville-Carteret

Les lotissements EPR. En 2006, le lancement de Flamanville 3, le chantier du réacteur EPR de nouvelle génération, à quelques kilomètres au nord du village de la Mère Denis, a été perçu comme une aubaine. La municipalité de Barneville-Carteret a eu la joie d'annoncer à ses administrés que la commune était retenue pour la construction d'un « lotissement EPR » destiné à accueillir une trentaine de familles de cadres d'EDF pour une dizaine d'années au moins.

L'État est depuis le début du XXe siècle le principal pourvoyeur d'activité (et d'emploi) dans le Cotentin : d'abord l'administration et le chemin de fer, puis l'arsenal de Cherbourg et, dès les années 60, le nucléaire.

Carrefour. Le supermarché Champion, rebaptisé « Carrefour Market », est le premier employeur de Barneville-Carteret. Le village de la Mère Denis ne fait pas exception : le groupe Carrefour est devenu le premier employeur privé de France. Comme ailleurs, les temps partiels imposés gonflent les effectifs de caissières, employées pour la plupart quelques heures chaque jour pour un salaire inférieur au SMIC en fin de mois.

Casino. La construction d'un casino dans le village de Barneville-Carteret va de pair avec l'agrandissement du port de plaisance ; projet ralenti par l'activisme des écologistes et d'une association de riverains qui contestent devant la justice toute modification du havre de Barneville, à cent mètres du lavoir de la Mère Denis, à l'embouchure de la rivière Gerfleur.

Plébiscite. Lors de la dernière élection présidentielle, la commune de Barneville-Carteret a placé Nicolas Sarkozy et François Bayrou largement en tête au premier tour, puis a plébiscité l'actuel président de la République au second (63 % des suffrages).

Horsain (prononcer *horzin*) : l'étranger, l'intrus. Vieux terme normand pour désigner (à vie, parfois) tout être qui n'est pas né dans le voisinage.

Célébrités. Outre la Mère Denis, Barneville-Carteret s'enorgueillit d'avoir été la terre de prédilection de l'écrivain Jules Barbey d'Aurevilly, figure de la vie littéraire du XIXe siècle. Plus tard, la commune a hébergé une célèbre «faiseuse d'anges », Marie Latour, exécutée en 1943 pour avoir pratiqué des avortements. Son personnage a été incarné à l'écran par Isabelle Hubert, dans ***Une affaire de femmes***, un film **de Claude Chabrol.**

La guerre du camembert

Dans le Nord Cotentin, il ne reste plus qu'une seule fabrique artisanale de camembert au lait cru moulé à la louche, la fromagerie Réaux, à Lessay, à une trentaine de kilomètres au sud du lavoir de la Mère Denis. Faut-il exclusivement du lait cru pour fabriquer du camembert ? La guerre fait rage depuis des années. Les grands fabricants industriels tentent d'imposer un assouplissement des règles, ils ont même renoncé au label AOC pour utiliser du lait thermisé. Pendant l'été 2008, les fromageries artisanales ont gagné une bataille : non seulement l'emploi de lait cru est obligatoire pour bénéficier de l'appellation d'origine « Camembert de Normandie », mais les règles sur la provenance du lait ont été durcies.

« La Coge' »

Deux grands sites nucléaires font vivre le Nord Cotentin : la centrale de production d'électricité de Flamanville et l'usine de retraitement de déchets de Beaumont-Hague : *« la Coge' »*, disent les habitants de la région (diminutif de Cogema). Une rumeur tenace, devenue légende régionale, veut que ce site ait été choisi *« parce qu'en cas d'explosion les autorités peuvent inonder les marais de Carentan, à la base de la presqu'île du Cotentin, pour couper la région du reste du pays ».*

La création de richesse en France

(Source Insee, juillet 2003)

Région	**% valeur ajoutée**
Île-de-France	28,8
Rhône-Alpes	9,6
Provence-Alpes-Côte d'Azur	7,2
Nord - Pas-de-Calais	5,2
Pays de la Loire	5,0
Aquitaine	4,5
Bretagne	4,3
Midi-Pyrénées	3,9
Centre	3,7
Languedoc-Roussillon	3,2
Lorraine	3,2
Alsace	2,8
Haute-Normandie	2,7
Picardie	2,5
Poitou-Charentes	2,3
Bourgogne	2,3
Champagne-Ardenne	2,0
Basse-Normandie	2,0
Auvergne	1,8
Franche-Comté	1,6
Limousin	1,0
Corse	0,3
France métropolitaine	100

Deux livres

La mère Denis, LE livre, **de Serge Grafteaux (Editions du jour, 1976).**

***Les Classes moyennes à la dérive,* de Louis Chauvel (Seuil, 2006).** Les travaux du sociologue Louis Chauvel, connu pour ses recherches sur la fracture générationnelle, explorent l'évolution des conditions de vie des classes moyennes. Il démontre que leur déstabilisation, loin d'être anecdotique, pose question à « *la construction de l'avenir* » de la société française.

Un DVD

***Paul dans sa vie,* documentaire de Rémi Mauger (coproduction Les films d'ici et France 3, 2007).** Le succès régional de ce portrait d'un vieux paysan du cap de la Hague illustre la récente redécouverte par les « Manchots » (les habitants du département de la Manche) d'une identité culturelle forte, qu'à la différence de leurs voisins Bretons ils ont longtemps occultée.

Une beauté

Il s'était autoproclamé *« le plus grand chirurgien esthétique du monde »*. Sa clinique achetait des pages de publicité dans la presse. Les prix bas attiraient une clientèle aux revenus modestes, issue des quartiers nord de Marseille. Michel Maure n'était pas chirurgien, mais il savait s'y prendre pour faire payer les clients. Ensuite, c'était l'enfer.

Par Sylvie Caster

On trouve la Clinique Saint-Bernard dans le haut du 4e arrondissement de Marseille, au fond d'une impasse. Aujourd'hui, on n'en voit plus rien. L'ex-clinique, murée, est devenue invisible. Un immeuble de cinq étages la cache. Des anciennes « activités » du docteur Maure ne reste pour tout vestige qu'une petite pancarte ballottante sur laquelle est inscrit « Saint-Bernard », accrochée à ce qui fut le portail d'entrée.

Ici, on n'est pas dans un quartier luxueux. On se trouve sur le haut d'une colline assez escarpée, au-dessus de la grande rocade à six voies qui permet de joindre les quartiers sud et les quartiers nord de Marseille, cette autoroute qu'on appelle « le Jarret » et qui tranche en deux tout ce 4e arrondissement. Avec ses petits bars glauques dans ses rues montantes, l'endroit est même si loin du luxe qu'un Marseillais s'exclame : *« Vous le croiriez, vous, qu'on fait de la chirurgie esthétique, là, non déjà ! Sur la Corniche, il y a une clinique esthétique où on fait des tas de trucs rajeunissants, où il y a un spa. Là, d'accord. Mais dans ce quartier ! Il faut être dupe, quand même ! Moi, si je voulais me faire faire de l'esthétique, je n'irais jamais là ! »*

Les victimes du docteur Maure sont toutes différentes, mais elles ont un point commun : elles sont de milieu modeste. Il attirait sa clientèle par ses prix, trois fois moins élevés que ceux pratiqués par ses concurrents. Il a fait des victimes sur tout

d'enfer

le pourtour des Bouches-du-Rhône, à Cassis, Martigues, Aubagne, Fos-sur-Mer, Port de Bouc… mais la grande majorité d'entre elles se trouve à Marseille.

Quand on arpente Marseille pour les rencontrer, on les trouve dans le 15e, le 16e arrondissement, ces quartiers nord dont tout le monde a entendu parler. On va les voir dans le même genre de cités où l'on se perd entre les bâtiments numérotés. Et là, un habitant s'insurge : *« Vous voyez le décor ! Tout le monde n'est pas favorisé à Marseille ! Pour s'en prendre à des gens qui vivent ici, il ne faut pas avoir de rate. »*

Le docteur Maure n'avait pas de rate. C'était un prédateur. Ses plus « riches » victimes étaient secrétaire, employée de mairie, prothésiste ongulaire (c'est à dire manucure posant des faux ongles), agent d'entretien dans les écoles.

Dans cette cité de Marseille, Françoise F. travaillait dans l'entretien. *« Vous pouvez mettre notre nom,* dit son mari, *parce que nous n'avons rien à cacher. »* Dans cette salle à manger qu'il a lui-même décorée, cet intérieur très propre, il se tient debout à côté de sa femme. Il est inquiet, comme s'il voulait toujours la protéger. Quand elle n'arrive plus à parler *« parce que les choses ont du mal à passer »*, il parle à sa place, pour que les choses sortent sans qu'elle ait trop de mal. Pour expliquer le piège dans lequel ils sont tombés, il dit : *« Ma femme et moi, nous avons peu de connaissances. Nous sommes des gens illettrés. »* Il faut du courage pour faire directement cet aveu. Sans ciller.

Françoise F. est allée voir le docteur Maure *« parce qu'on en parlait beaucoup dans la cité »*. Elle voulait faire opérer une bosse qu'elle avait sur le nez, une disgrâce qui la complexait. Dans un milieu plus favorisé, cette déformation gênante aurait été opérée depuis longtemps.

> Un habitant des quartiers nord de Marseille : « Vous voyez le décor ! Tout le monde n'est pas favorisé à Marseille ! Pour s'en prendre à des gens qui vivent ici, il ne faut pas avoir de rate. »

Le docteur Maure n'était pas cher. Mais il lui a semblé cher. En effet, il ne l'a pas opérée pour rien. Lors de la première consultation, il lui a demandé 1 500 euros en liquide, payés de la main à la main. Puis il lui a fait la grâce de paiements échelonnés. Six chèques de 200 euros. Il lui a soutiré un total de 2 700 euros pour lui faire vivre un cauchemar digne d'un film d'horreur, endurer une torture. Le tout, soldé par un sabotage complet. Au tribunal, lors du procès du docteur Maure, le président a lancé : *« Avant, madame avait une bosse sur le nez. Maintenant, elle a un creux, ce n'est pas mieux. »* C'est que trop d'horreur prête à l'humour noir.

« Ce que Maure m'a fait ? Eh bien, il m'a détruite »

Madame F. a donc maintenant un creux à la place de sa bosse. Mais il n'y a pas que cette déformation. Pendant l'intervention, le docteur Maure lui a enfoncé la cloison nasale. Quatre ans après cette *« opération »*, elle souffre toujours et éprouve d'importantes difficultés pour respirer.

« Pour réparer ces dégâts », le chirurgien spécialisé en chirurgie réparatrice de l'hôpital de la Conception va devoir lui faire trois opérations, dont deux de greffe de moelle osseuse. Ces trois opérations réparatrices sont chiffrées à 6 000 euros. Mais Mme F. est obligée d'attendre car elle n'en a pas les moyens. C'est une femme brisée que son mari inquiet ne quitte pas d'une semelle.

Du docteur Maure, elle dit : *« Il savait parler d'une façon qui vous impressionnait. »* Elle nomme *« sichiatre »* le psychiatre qui la suit depuis *« qu'elle est partie en dépression en 2004 »*, après son *« opération »*. Ce n'est pas un petit départ en dépression. D'après l'expert, elle est *« atteinte de troubles anxio-dépressifs profonds, avec des velléités suicidaires »*. Sa dépression a entraîné *« des problèmes invalidants et une somatisation »*, en relation directe avec le traumatisme subi.

Elle somatise, en effet. Elle est atteinte de la maladie de Crohn : *« Mon intestin s'infecte. J'ai des ulcères. Là, je suis suivie à vie. »* Depuis l'intervention de Maure, elle a deux maladies. *« Ma maladie des nerfs. Et cette maladie de Crohn. »*

Quatre ans après son *« opération »*, elle tremble encore à son évocation. Elle met sur la table les quatre boîtes de médicaments que son psychiatre lui prescrit. Antidépresseurs et anxiolytiques à doses massives. Elle repousse toutes ces boîtes en disant : *« Ce que Maure m'a fait ? Hé bien, il m'a*

« La salle d'accueil était une pièce "fameuse", avec le tape-à-l'œil que faisaient ces films de pub et ces diplômes. Du monde attendait. Dans cette pièce-là, vous pouviez n'avoir aucun doute. »

détruite. Je suis détruite. Voilà. » Quand on l'écoute parler à sa façon, désespérée, on est prise de révolte, d'écœurement contre ce Michel Maure « *qui n'avait pas de rate* ».

On a beaucoup décrit, montré la clinique du docteur Maure comme une clinique « *pourrie* », avec des locaux insalubres, un bloc opératoire lugubre, sale, des peintures qui s'écaillent, des toilettes infectes, et un manque d'hygiène infernal. Mais ce n'est pas cette crasse, cette saleté délabrée qui ont frappé les F. quand ils sont arrivés devant.

La première chose qu'ils ont vue, c'est « *la Békerley du docteur* », sa Bentley, garée dans l'impasse. Avant de rencontrer Mme F., je n'avais jamais entendu parler de la Bentley du docteur Maure.

Pour les F., la clinique a fonctionné comme un piège. « *On pénétrait d'abord la salle d'accueil. Il y avait de grands fauteuils noirs, un grand écran de télévision sur lequel défilaient des images d'opérations réussies. Il y avait tous les diplômes du docteur Maure encadrés comme des tableaux sur les murs. C'était une pièce "fameuse", avec le tape-à-l'œil que faisaient ces films de pub et tous ces diplômes étalés pour vous rassurer. Du monde attendait. Dans cette pièce-là, vous pouviez n'avoir aucun doute.* »

« La dame qui vous passe de la pommade »

A l'accueil se tenait Assia, une jolie femme brune. « *On a appris après que c'était la compagne du docteur Maure.* » Exactement. Dans la clinique, elle était à la fois femme de ménage, réceptionniste et assistante. Le ménage n'était pas très bien fait dans le bloc opératoire sale, lugubre, infect. Mais, dans l'entrée, on n'en était pas encore informé.

De plus, Assia faisait office de « *dame qui vous rassure, qui vous passe la pommade* ». Et elle assurait également la promotion des hautes compétences du docteur. A Mme F. qui vient faire opérer son nez, elle dit qu'il ne faut pas avoir peur, que le docteur Maure est très bien, qu'il est « *le meilleur* ». Pour preuve, elle ajoute : « *Il m'a refait le nez à moi.* » Elle a un joli nez. Mais le docteur Maure ne le lui a jamais opéré. A celles qui viennent pour des poses de prothèses mammaires, elle dit : « *Il est très bien. Très compétent. Je travaille avec lui depuis longtemps.* » Et elle ajoute : « *Il m'a refait les seins.* » Elle a une belle poitrine.

Quand Assia, « *la dame qui rassure* », a survendu les compétences du docteur, on entre dans son bureau. Un bureau que les F. qualifient de « *tranquille* », de « *propre* ». Même s'il est encombré par un tas de dossiers. « *C'était le bureau d'un homme qui travaille, qui a beaucoup de dossiers, qui est important. Jusque-là, nous n'avions pas de doutes.* »

Dans la clinique du docteur Maure, c'est seulement quand on est dans le bloc opératoire qu'on comprend. Mais il est trop tard.

« Calmez-vous. Ce n'est pas la peine de trembler »

Maître Gioia, avocat des victimes du docteur Maure : « *Ses victimes étaient des personnes souvent peu armées, économiquement, culturellement. Elles se disaient, bien sûr : "Avec lui, je ne paierai que 2000 euros au lieu du triple." Mais elles se disaient surtout : "Si je change ça, dans mon physique, ça va changer ma vie." Elles avaient toutes besoin d'aide. Elles voyaient bien la clinique, elles voyaient la salle d'opération. Mais elles étaient comme hypnotisées. Elles se disaient : "C'est comme ça."* »

Hypnotisées ? Ou tétanisées par la crainte et par l'appréhension, percevant crescendo tout ce qu'il y avait de bizarre, d'anormal. Leur appréhension du bizarre se transformant en terreur.

Mme F. décrit son « *opération* » : « *Mon mari est resté dans la salle d'entrée. Je suis entrée dans la salle d'opération avec la brune qui était à l'accueil et une seconde femme, une blonde. Le docteur Maure était bizarre. Il nous laissait. Il allait d'une pièce à l'autre. Il allait téléphoner. Il partait dans la pièce d'à côté.* »

« *La salle d'opération était une pièce noire, sale. Quand on vous opère, normalement, on vous prépare. Il y a un appareil pour le cœur, un pour la tension. Là, non. Les deux dames me disaient : "Calmez vous. Ce n'est pas la peine de trembler." La brune était dans la salle d'opération et sur l'accueil en même temps. Les deux dames me rassuraient.* »

« *Le docteur Maure est revenu. Je lui ai demandé s'il allait me faire une anesthésie. Il m'a enfoncé deux Coton-Tige dans le nez très profond. Je n'arrivais pas à respirer. Il m'enfonce les deux cotons dans le nez. Il m'a dit : "Vous allez voir, vous allez être un peu sonnée." Il a commencé à m'opérer. J'étais imbibée de sang. Il a ouvert ici, au bas de mon nez. Il m'a fait tout ça à vif. Le sang me coulait jusqu'au cou. Ce que*

madame F.

j'ai vu, ce que j'ai subi. Il a coupé des morceaux de mon nez. Il a passé une râpe dedans. J'ai vomi du sang. Les deux dames me disaient : "C'est fini. C'est fini." J'entendais gueuler à côté : "Ça me fait mal ! Ça me fait mal !" Ce type, c'est pas un type normal. C'est un sicopatte. » Un psychopathe. *« Pour nous, c'était un docteur. Un docteur, c'est quelqu'un qui vous soigne. Pas quelqu'un qui vous fait du mal. Nous ne pouvions pas soupçonner son vice. »*

Pendant ce temps-là, M. F. attend sa femme dans la salle d'accueil. *« J'ai vu une femme, une dame black qui partait. Son sang lui coulait sur les jambes. La brune qui était à l'accueil est arrivée toute décontracte et elle lui a mis une éponge pour arrêter le sang. Elle lui disait : "Ce n'est pas grave, c'est normal." J'ai commencé à me faire du souci pour ma femme. »* Il y avait de quoi. C'était assez gore, la clinique du docteur Maure.

La Bentley, garée dans l'impasse.

Avant de se rendre à la clinique pour la première consultation, les F. ont cherché la Clinique de la Corniche, sur la Corniche Kennedy de Marseille, en bord de mer. Ils avaient la carte de visite professionnelle du docteur Maure, sur laquelle il a fait inscrire en gros caractères : *Docteur Maure, médecin diplômé en chirurgie esthétique et cosmétique, Clinique de la Corniche.* « *Une Clinique de la Corniche, on pense d'abord que ça se situe sur la Corniche.* » Cette Corniche si célèbre. Qui est à Marseille l'équivalent de la Croisette à Cannes. Qui longe la mer sur des kilomètres, avec ses points de vue magnifiques, et ses hauteurs où des maisons de milliardaires se cachent.

Le docteur mentait sur sa compétence. Il n'était pas chirurgien. C'était un généraliste qui avait une formation d'anesthésiste. Mais il biaisait et mentait sur tout. Sur sa carte de visite, il attirait l'œil avec cette *Corniche* qui apparaissait en gros caractères.

« *Nous avons appelé le docteur Maure. On lui a dit qu'on ne trouvait pas sa Clinique sur la Corniche. Il nous a dit : "Mais je ne suis pas sur la Corniche. Je suis dans le 4e. La Corniche, c'est le nom de ma clinique." Cela nous a semblé drôle.* » Mais pas assez pour ne pas se rendre impasse du Roux. « *Il avait toujours réponse à tout. Si vous trouviez drôle que sa Clinique de la Corniche ne soit pas sur la Corniche, il vous donnait une explication. Il vous répondait du tac au tac. Il était très fort pour parler. Il jouait bien son jeu et il le cachait bien.* »

« Pour lui, on était moins que des animaux, on était des choses, des riens »

Et puis, surtout, ils n'ont pas soupçonné un seul instant qu'il était ce faux chirurgien avec qui on passait à la torture. Ils ne pouvaient pas deviner qui était le docteur Maure : « *Pour lui, on était des vaches, des chiens. Non, moins que des animaux. On était des choses, des riens.* »

« *Au tribunal, il a osé me dire : "Madame n'est pas contente de son opération. Eh bien, si vous voulez, je peux vous refaire une nouvelle opération, ici même, dans le tribunal." Il se moquait de moi. Il s'amusait avec les victimes.* »

Quatre ans après, elle va très mal. Elle ne peut plus travailler. « *Dans notre milieu, on ne va pas chez le psychiatre parce qu'on pense qu'ils sont faits pour les fous. C'est mon mari qui m'a décidée à aller en voir un. Avec le peu de connaissances que nous avons, on n'ose pas franchir le pas. On n'ose pas non plus attaquer un docteur. Aller en justice, on a été les derniers à se le permettre.* »

Lorsque l'on quitte Mme F., on ne trouve rien à répondre à cette voix pâle qui vous dit : « *Je suis détruite.* » Rien que l'on juge bien convaincant, en tout cas.

> Avec les répliques du docteur Maure, on pourrait faire un best-of. Avec lui, il y a toujours cette attitude, ce cynisme. Et ce mépris, « cette indifférence totale à la souffrance d'autrui ».

Les experts qui ont procédé à l'expertise psychiatrique du docteur Maure ont souligné son « *mégalocentrisme* », sa froideur, son côté manipulateur. Et son indifférence totale à la souffrance d'autrui.

Maître Gioia, avocat des parties civiles : « *C'est un personnage hors norme, par le nombre de victimes qu'il a faites et par le temps pendant lequel on les lui a laissé faire. Mais il est hors norme, aussi, par sa personnalité. Il a une de ces attitudes ! Un cynisme ! Son aplomb est sans limites. Cette assurance lui donne une sorte de magnétisme. Et ce magnétisme, on l'a vu à l'audience. Les gens structurés finissent par être presque subjugués par un aplomb pareil. Il n'a reculé devant aucune manipulation.* »

« *Toutes ses victimes ont décrit des souffrances abominables. Mais quand elles revenaient se plaindre, il leur expliquait que c'était elles qui avaient fait n'importe quoi. Il est allé très loin dans l'instrumentalisation d'autrui. Rien ne peut l'atteindre de la souffrance des autres.* »

« *Lors de son procès, devant les témoignages de souffrance des témoins qui décrivaient de véritables séances de torture, lui restait de marbre, impénétrable. Avec un sourire narquois. On se demande s'il y a quelque part en lui le fossile d'une quelconque sensibilité humaine.* »

« Chez le dentiste, on souffre »

Au tribunal, il moque les victimes telles que Mme F. Il en accuse d'autres d'être des actrices, des menteuses, ou des voleuses qui ne veulent pas payer. Pour ces souffrances qui s'apparentent à de la torture, il répond : « *Quand on va chez le dentiste, on souffre.* » Il accuse l'une d'entre elles d'être une droguée. Elle le nie. Il lui lance que son témoignage ne saurait compter : « *La drogue, ça mange les neurones.* » Le président l'interpelle en lui demandant jusqu'où il va aller dans l'ignominie.

Avec ses répliques, on pourrait faire un best-of. Avec lui, il y a toujours cette attitude, ce cynisme. Et ce mépris, « *cette indifférence totale à la souffrance d'autrui* ». Avec lui, on dit toujours : « *Mais c'était inimaginable »*, *« C'est immonde, c'est surréaliste »*. C'est fou.

Et, en effet, tandis que la Bentley est garée dans l'impasse, ceci se produit bel et bien : il vous enfonce dans le nez ces deux Coton-Tige qui vous perforent la cloison nasale. Dans un bloc infect.

Une anguille qui se glisse

Michel Maure est né à Alger, le 28 novembre 1948. Sur son C.V., il précise *Algérie française*. Son père a été directeur de la Société générale. Il est mort en 1963, un an après l'indépendance. Michel Maure est un *« rapatrié »*. Sa mère est institutrice.

En 1974, il obtient son diplôme de médecine. Se marie en 1976. L'année suivante, il devient titulaire de son certificat de spécialisation en anesthésie. De son premier mariage, il a deux filles. En 2002, il se sépare de sa femme, Geneviève Pienne-Maure.

En ce qui concerne sa carrière médicale, Michel Maure prétend avoir été chirurgien aux urgences de l'hôpital Ambroise-Paré, anesthésiste libéral dans de nombreuses cliniques de Marseille, médecin, chef de service et P.-D.G. de la Clinique Saint-Bernard, à Marseille, médecin et chef de service de la Clinique esthétique CEC, située dans l'ancienne Clinique Saint-Bernard.

Qu'il ait été chirurgien à l'hôpital Ambroise-Paré est impossible. Il n'a aucune compétence en chirurgie. C'est un adepte des C.V. brodés, un moindre mal avec lui.

En 2000, il demande à être inscrit à l'ordre des médecins en tant qu'omnipraticien. Il s'estime capable de tout faire. Il prétend : *« Du point de vue médical, je sais absolument tout faire. »* Il se présente comme un véritable génie, un Picasso de la chirurgie. *« J'avais ce don de pouvoir refaire une opération après l'avoir vu faire une seule fois. »* Il faut croire qu'il est surdoué. *« J'ai même été champion de course automobile en 85. »* Il a surtout été concessionnaire auto. En 1985, il a un garage Volkswagen à Martigues.

C'est un mythomane, un mégalomane. Un expert psychiatre le juge également paranoïaque. C'est évidemment beaucoup pour un seul homme.

Mais Michel Maure est, avant tout, un escroc redoutable. Son palmarès judiciaire est impressionnant, ses condamnations multiples. A chaque fois, il fait appel et met à profit la lenteur des procédures. Il se glisse dans les vides juridiques de la chirurgie esthétique, dont la pratique ne sera codifiée qu'en 2002. C'est une anguille qui se glisse.

Michel Maure a été *« chirurgien esthétique »* mais il a aussi été directeur de concessions automobiles, vendeur d'autos et de yachts, loueur de biens immobiliers, patron d'une société d'aide à domicile, gérant de maisons de retraite. Comme Attila, il mène toutes ses entreprises à la faillite car il mène grand train. Et, comme tout escroc qui se respecte, il mouille toute sa famille. Sa première femme, Geneviève, se retrouve gérante de ses sociétés frauduleuses ; son frère, administrateur. Quand sa femme et lui se séparent, c'est au tour de sa mère, une vieille dame, institutrice en retraite, de devenir gérante remplaçante.

« Vous avez pratiqué une chirurgie de garage au plus grand mépris de la vie des tiers », lui a lancé le procureur lors de son procès. On ne pourrait mieux dire. Michel Maure est un spécialiste de pièces détachées en tout genre.

> Ses victimes sont toujours les mêmes. Des personnes fragiles en raison de leur âge, de leur santé, de leur situation de précarité, de leur manque de moyens culturels et économiques, de leur mal-être.

« Un exercice commercial et forain de la médecine »

Médecin, il préside un conseil d'administration composé d'un vendeur de yachts et d'un mécano. C'est toujours surréaliste avec lui. Mais c'est surtout toujours glauque. Dans les années 80-90, il est directeur de deux maisons de retraite, Les Fontaines, à Avignon. Ouvertes dans des conditions irrégulières. Il y séquestre les personnes âgées, leur interdit le libre choix de leur médecin. Ces établissements deviennent des mouroirs. En octobre 1996, l'ordre des médecins le radie pour *« son exercice commercial et forain de la médecine qui a mis gravement en danger la vie des personnes âgées »*. Cette radiation est ramenée à deux ans d'interdiction d'exercer la médecine. C'est peu.

Ses victimes sont toujours les mêmes. Des personnes fragiles en raison de leur âge, de leur santé, de leur situation de précarité, de leur manque de moyens culturels et économiques, de leur mal-être et de la profondeur de leurs blessures intimes.

En 1978, Michel Maure devient propriétaire de la Clinique Saint-Bernard, à Marseille. Elle n'est pas située dans un quartier luxueux, mais c'est une petite clinique de quartier qui fonctionne bien. Elle compte cinquante lits de chirurgie. Il a également vingt lits à la Clinique de la Corniche, située, selon ses dires, sur la Corniche.

Il est difficile de dater son premier plongeon dans l'escroquerie, ses premiers pas. Mais, en tant que propriétaire de la Clinique Saint-Bernard, il demande des dessous-de-table aux médecins qui opèrent chez lui. Ils s'en vont. Il n'avait pas prévu qu'ils partiraient avec leur clientèle. La Clinique Saint-Bernard fonctionne nettement moins bien.

« Qui il était, ce n'était pas marqué sur sa plaque »

En 1995, ses deux cliniques sont condamnées à la fermeture par la Direction des affaires sanitaires. Elles ne sont pas aux normes d'hygiène et de sécurité. Ses lits de chirurgie lui sont supprimés. Il pratique dans la Clinique Saint-Bernard ses actes de petite *« chirurgie esthétique »* et *« de chirurgie plus lourde »*. Il y attire par des prix concurrentiels des gens modestes qu'il juge inaptes à se défendre. Ses rivaux en chirurgie esthétique *« avaient des barèmes de prix qu'ils ne voulaient pas baisser »*. *« Moi, je pratiquais la chirurgie esthétique à un niveau artisanal. Mes prix étaient accessibles. »*

Eric F., une autres de ses victimes : *« Comment l'a-t-on laissé faire aussi longtemps ? Pourquoi on n'a pas arrêté sa course folle ? J'ai appris qu'il avait eu des maisons de retraite où il séquestrait les personnes âgées. Mais tout ça, je l'ai su après, bien entendu. Qui il était, ce n'était pas marqué sur sa plaque. On me dit : "Mais vous n'aviez pas vu l'état des lieux ?" Mais bien des gens l'ont vu, avant, l'état des lieux. Il y a eu des contrôles de la Dass. Il ne m'a pas opéré clandestinement, dans une cave. Il m'a "opéré" dans un lieu qui était connu sur Marseille. »*

« On me dit : "Mais vous n'aviez pas vu l'état des lieux ?" Mais bien des gens l'ont vu, avant, l'état des lieux. Il y a eu des contrôles de la Dass. Il ne m'a pas opéré clandestinement, dans une cave ! »

Jusque dans le tribunal, Michel Maure affirme : *« Je suis le plus grand chirurgien esthétique du monde. A ce titre, j'ai des élèves dans le monde entier. »* Quand la cour lui demande d'en citer les noms, il répond avec cet aplomb qui est le sien : *« Je ne peux pas donner leurs noms. Car je suis soumis au secret professionnel. »* C'est dommage.

De 2002 à 2004, il dit avoir pratiqué plus 1500 opérations. Ainsi que *« vingt-trois accouchements »*. Rien ne l'effraie. Rien ne le désarçonne, non plus. En 2004, quand il sera interpellé et mis en garde à vue, le magistrat instructeur lui demandera pourquoi il s'est prétendu *« chef de service en chirurgie esthétique de la Clinique Saint-Bernard »*, alors qu'il n'est pas chirurgien esthétique et qu'il y était le seul médecin. Il répond que *« par service en chirurgie esthétique, il fallait entendre que je rendais un service... Je mettais la beauté à la portée de gens bien portants. »* Et qu'il en était bien chef de service *« puisque c'était sous mon unique responsabilité que se rendait ce service de chirurgie esthétique »*.

La sensation de la peau qu'on arrache à vif

Pour pratiquer ses actes de chirurgie lourde, le docteur Maure ne faisait que des anesthésies locales à ses patients et patientes. Il utilisait ainsi des doses considérables de Lidocaïne, complétées d'une sédation intraveineuse par Valium, parfois à des doses très importantes. *« J'utilise la Méthode Klein. »* Cette méthode d'infiltrations sous-cutanées est considérée comme dangereuse depuis 1999. Les complications qui en découlent peuvent en effet entraîner une incidence élevée des décès. Il est miraculeux qu'il n'y ait pas eu de morts dans cette clinique.

Un grand nombre de ses patients ont décrit des souffrances intolérables lors des opérations : la sensation de la peau qu'on arrache à vif, des séances qui s'apparentent à de la torture. Une de ses victimes des quartiers nord : *« Il était anesthésiste !!! Et il vous faisait souffrir l'enfer !!! Si je pouvais en rire, je dirais : "Bravo l'anesthésiste !" Il disait qu'il était le meilleur chirurgien du monde. Il aurait dû dire :"Et le meilleur anesthésiste aussi !" »*

Pour attirer la clientèle, il s'est fait faire des cartes de visite. Des cartes professionnelles qu'il remettait à ses clients. Des cartes où il accumulait faussetés et mensonges destinés à les abuser. A elle seule, sa carte de visite est un bijou. Une des pièces maîtresses de son dossier. Au verso apparaît sur fond bleu la mention *CEC International*. CEC International fait sérieux. Fait penser à un réseau international de cliniques. CEC International n'existe pas. Où plutôt, c'est lui. Lui seul.

Juste en dessous est inscrit *Clinique esthétique de la Corniche*. Comme on l'a vu, la Clinique de la Corniche ne se situe pas sur la Corniche, mais impasse du Roux. L'adresse réelle, impasse du Roux, figure cependant sur la carte. En petits caractères.

On peut dire que c'est habile. C'est bien fait. Visuellement, cette carte à fond bleu fait « sérieux ». Un peu tape-à-l'œil, mais pas trop.

Une carte de faux roi du bistouri

Le recto de la carte, lui, est proprement hallucinant. C'est une carte de faux roi du bistouri, qui accumule faussetés, tromperies et mensonges destinés à abuser des patients qui méconnaissent le monde médical, ont foi dans les docteurs et que tous ces « diplômes » rassurent. Y est écrit en gros caractères : *Docteur Maure, médecin diplômé en chirurgie esthétique et cosmétique, Clinique de la Corniche*. Suivent une avalanche de diplômes et de mentions qu'il s'attribue, tous mensongers.

Michel Maure prétend être : inscrit au Conseil national de l'ordre des médecins français ; qualifié européen pour toute pratique médicale en Europe (cette qualification n'existe pas) ; membre de l'*Aesthetic Academy Association* (créée de toutes pièces par Michel Maure, cette association n'est pas déclarée en préfecture, n'a pas de bureau et ne comprend qu'un membre : lui-même). Mais aussi : membre de la Société française de lipoplastie (une société privée non reconnue par l'ordre des médecins) ; professeur de médecine et de chirurgie esthétique à l'AAA (il n'est pas professeur de médecine) ; titulaire du certificat de formation pratique Laser ; titulaire du diplôme de réparation juridique du dommage corporel ; titulaire du diplôme de médecine esthétique ; titulaire du certificat d'expérience spécialisée en laser ; titulaire du certificat d'expérience spécialisée en médecine et chirurgie esthétique ; enfin, titulaire du certificat d'études spéciales en anesthésie locale et générale et en réanimation médicale et chirurgicale.

A l'exception du diplôme de réparation juridique du dommage corporel, diplôme dont il ne peut produire la pièce, les autres n'existent pas. Ou ne sont pas reconnus. Encore faut-il le savoir. Cette carte de charlatan a fait des ravages.

La Clinique Saint-Bernard était condamnée à la fermeture depuis 1995. Peut-on croire qu'il y ait exercé *« clandestinement »* ? Comme le disent ses victimes : *« Il était connu sur Marseille, il faisait une publicité d'enfer. »* Des encarts publicitaires paraissent dans les journaux gratuits de la ville, le *13 Marseille*, *Marseille 7* et *Bonjour*. Tous vantaient la *« dimension internationale »* de son activité et *« les techniques révolutionnaires »* employées. Ils arborent ces logos CEC International et Cliniques esthétiques de la Corniche, qui laissent croire à l'existence d'un réseau de cliniques.

« Une nouvelle prothèse mammaire sous anesthésie en deux heures »

Dans son édition du 27 avril 1994, le journal *Le Provençal* publie une publicité au titre racoleur : *« Clinique de la Corniche, dix ans déjà ! »* De *« renommée internationale »*, lit-on, la clinique *« pratique de multiples spécialités »*. Entre autres : les anesthésies locales et ces *« hospitalisations de courte durée, qui font de la chirurgie un phénomène de consommation courante »*.

Le *13 Marseille* expose, en 1998, une pleine page de publicité pour CEC International. En 2002, le journal d'annonces gratuites *Bonjour* propose, sous le logo Cliniques esthétiques CEC, *« Une révolution pour vos seins »*. Suivent une adresse (6, impasse du Roux) et des numéros de téléphone. L'accent est systématiquement mis sur l'efficacité et la sophistication des traitements : *« La vibroliposuccion en deux heures sous anesthésie locale »*, *« Une nouvelle prothèse mammaire sous anesthésie en deux heures »*.

Pour rabattre la clientèle, Michel Maure utilise un site Internet judicieusement appelé magic.clinic.com. *Magic.clinic .com* ! S'il était un humoriste, Michel Maure serait grand prix de l'humour noir. Mais c'est tout sauf un humoriste.

Il crée ce site en janvier 1997. Celui-ci fonctionne jusqu'au 13 mars 2004. La page d'accueil arbore le logo CEC International Cliniques esthétiques. CEC International est domicilié 3, boulevard du

A l'exception du diplôme de réparation juridique du dommage corporel, diplôme dont il ne peut produire la pièce, les autres n'existent pas. Ou ne sont pas reconnus. Encore faut-il le savoir.

le docteur Maure

Maréchal-Joffre, à Beaulieu-sur-Mer. Aucune clinique n'existe à cette adresse. Toutes les publicités vantent l'usage des techniques les plus modernes et la présence d'équipes médico-chirurgicales hautement qualifiées. L'argument des tarifs est sans cesse mis en avant. Dans ces *« cliniques de renommée mondiale »*, on pratique *« des tarifs exceptionnels, les plus bas d'Europe, dans des conditions de sécurité absolue »*. Avec des possibilités de paiements échelonnés.

Impasse du Roux, dans la Clinique Saint-Bernard, les *« équipes médico-chirurgicales hautement qualifiées »* se réduisent, en tout et pour tout, à Michel Maure. Et à ses trois employées qu'il fait travailler au noir. Assia, *« la dame qui rassure »*, à l'accueil. Magali, la secrétaire à qui Maure fournit un portable pour qu'elle prenne les rendez-vous avec la clientèle. Et Amina, une aide-soignante qui joue le rôle d'infirmière et d'assistante. Avant d'être des employées payées au noir, ces femmes étaient

Jacques

seules, sans emploi, avec des enfants. Une fois à son service, il leur demande de faire des soins au laser ou des piqûres aux clientes, comme si elles étaient anesthésistes ou médecins.

Jacques Gottero garde cette carte de visite hallucinante, ce faux bardé de mensonges, dans une coupe en verre dans laquelle se trouve aussi la photographie de sa femme décédée. *« Maintenant, je sais que tous ses diplômes, c'était du bidon. Mais, avant, je m'en doutais pas. Je suis peut-être couillon, mais je suis d'un milieu où on ne met pas en doute les diplômes d'un médecin. »*

Jacques Gottero est un docker en retraite qui habite dans une cité des quartiers nord de Marseille. Il dit que sa femme est partie. Et il ajoute *« partie au ciel »*, au cas où on n'aurait pas compris.

Depuis que sa femme est partie au ciel, il est seul. Il aime bien parler, avoir de la visite. Il se définit comme une grande gueule. Il est baraqué comme un docker. Il porte une chaîne en or, il est en débardeur. Avec le départ de sa femme, il craint de faire une plongée dans l'alcool, alors il s'est mis au régime. Il a beaucoup de faconde, de franc-parler. Il a de l'humour. Quand il parle de son

BULLETIN D'ABONNEMENT

M Mme Mlle Nom : Prénom :

Adresse :

Code postal : Pays :

Tél. : E-mail : @

Si l'adresse du destinataire de l'abonnement est différente :

M Mme Mlle Nom : Prénom :

Adresse :

OUI, je souscris à un abonnement annuel (soit 4 numéros) au tarif de :

- 60 € port compris : France, Dom-Tom, Union européenne, Suisse et Norvège.
- 65 € port compris : Afrique, Europe hors Union européenne, USA et Canada.
- 70 € port compris : Asie, Océanie, Amérique latine.

Je joins à ce bulletin un chèque du montant de mon abonnement, **à l'ordre de «XXI»**.

Je recevrai chaque numéro de *XXI* dans la semaine qui précède sa sortie en librairie.

Date : Signature :

Un formulaire d'abonnement est téléchargeable sur le site www.leblogde21.fr qui offre également un paiement sécurisé par carte bancaire.

Pourquoi je m'abonne ?

Parce que j'habite à l'étranger ou trop loin d'une librairie.
Parce que je veux faire un cadeau.
Parce que j'ai envie de recevoir *XXI* directement chez moi, une semaine avant sa parution.
Parce que je veux faire plaisir à la (jolie) comptable de *XXI*.

Pourquoi le prix est-il le même que celui de la vente au numéro ?

Parce que *XXI* veut soutenir les libraires et non les concurrencer.
Désolés, nous n'avons pas deGPS, de bagage roulant multifonctions
ou de machine à expressos à vous offrir !

A RENVOYER À :

XXI - service des abonnements
3, rue Rollin - 75005 Paris

« *désastre* », il mêle la plaisanterie et la tragédie.

Une première opération a changé sa vie. Ce n'était pas une opération faite par le docteur Maure. Il s'est fait « *opérer des yeux* ». « *A cause de ma vue, j'étais obligé de porter de grosses lunettes. Des doubles-vitrages. On m'a opéré. Et maintenant, j'y vois très bien. Je suis débarrassé de mes lunettes affreuses.* »

« J'ÉTAIS COUILLON. JE VOULAIS ÊTRE JEUNE. JE VOULAIS ÊTRE MIEUX »

C'est par sa femme « *qu'il est tombé sur le docteur Maure* ». « *Ma femme était une personne très coquette. Elle prenait soin d'elle. Elle adorait danser. Il y avait des choses qu'elle voulait soigner. Elle est allée voir un dermatologue. C'est Maure qui l'a anesthésiée. Il était anesthésiste à ce moment-là. C'était à la Clinique de la Corniche Kennedy.* »

Cette intervention, dont Jacques Gottero a du mal à dire qu'il s'agissait d'une opération des varices, s'était très bien passée. Après, sa femme et lui n'ont plus pensé à Maure. Mais plus de dix ans plus tard, le docteur Maure se rappela à leur bon souvenir. « *C'est lui qui nous a relancés. Il nous a envoyé des tas de papiers comme quoi il était devenu chirurgien esthétique. Ma femme était coquette. Moi aussi, je suis coquet aussi. J'aime l'esthétique.* »

Quand il parle de son amour de l'esthétique, il ajoute « *je suis couillon* », comme si cela était un grand tort, avant d'en venir au fait. Jacques Gottero a un complexe. Il n'aime pas son nez. « *Qui est trop gros, trop fort.* » Il l'appelle son nez de Cyrano. « *En vieillissant, mon nez de Cyrano est devenu encore plus gros.* » Quand Maure le relance, il commence aussi à perdre ses cheveux : « *Tout ça, ça ne me plaisait pas.* » Quand il parle de son envie de ces opérations esthétiques, il ajoute tout le temps : « *J'étais couillon. Je voulais être jeune. Je voulais être mieux.* »

Jacques Gottero a travaillé quarante ans « *en face* », dans le port de Marseille. « *Docker, c'est un métier très dur.* » Il a reçu quatre médailles du travail. « *Quand j'ai reçu ma quatrième médaille, c'était la médaille d'or. J'ai touché 5 000 euros. J'ai dit à ma femme : "On a l'argent. On y va." Ma femme avait une tâche marron sur la jambe qui la contrariait. Et moi, je voulais refaire mon nez. Et puis aussi des implantations. Ces cheveux que je perdais, je trouvais ça déprimant.* » A ce moment-là, il pense que le docteur Maure, qui prône « *la chirurgie douce* » et « *l'esthétique comme un produit de consommation courante* », vient de mettre à sa portée l'occasion d'en finir avec ses complexes. Et de réaliser son rêve d'esthétique.

On se demande toujours comment ses victimes sont allées confier leur corps à Michel Maure, qui ressemble à tout sauf à un chirurgien esthétique, avec son look de voyou marseillais, ses lunettes d'aviateur, ses costumes tape-à-l'œil mais toujours négligés, son manque d'hygiène et sa perruque, sa moumoute infernale, si repérable, si ostensible sur la tête. Comment ce personnage, qui a du ridicule avec cette moumoute, un genre louche, « *une hygiène qui n'est pas ça* », qui accumule les signaux suspects, inquiétants, a pu ferrer ses victimes.

Mais justement, elles l'ont trouvé louche, bizarre, ridicule, et ça ne les a pas empêchées de devenir ses victimes. Sa moumoute, notamment, « *a fait un tabac* ». Jacques : « *Ma femme avait déjà vu le docteur Maure lors de son ancienne opération. Moi, jamais. La surprise quand je l'ai vu. Il a une de ces têtes ! Sa tête, entre nous, ça frappe. C'est la momie. En plus avec la moumoute qu'il avait sur la tête ! J'ai dit à ma femme : "Dis donc, tu ne m'avais pas dit qu'il était comme ça."* »

« POUR UN CHIRURGIEN ESTHÉTICIEN, IL EST PAS JOLI-JOLI »

« *Moi, je suis peut-être pas beau-beau-beau. Mais lui, pour un chirurgien esthéticien, il est pas joli-joli. Il ne se fait pas de la publicité. C'est pas une vitrine pour l'esthétique. Bref, je l'ai trouvé bizarroïde. Surtout avec sa moumoute. Je voulais me faire faire des implantations. Mais quand je l'ai vu avec sa perruque, je me suis dit : "Ça va ! Je vais laisser tomber pour les implants." Un chirurgien esthéticien qui a une moumoute pareille sur la tête et qui vous fait des implantations, il y a de quoi rigoler. Surtout avec la perruque qu'il portait à ce moment-là. Elle était plus longue que celle qu'il avait au procès. C'était une perruque*

Jacques est un docker en retraite qui habite une cité des quartiers nord de Marseille. Il dit que sa femme est partie. Et il ajoute « partie au ciel », au cas où on n'aurait pas compris.

longue. Elle lui tombait aux épaules. Longueur Louis XIV, mais rêche comme un paillasson. »

« J'ai trouvé ça louche, ridicule. Mais il était connu sur Marseille. Et puis, il était très fort pour parler. Je suis allé le voir le lundi. Il m'a dit : "Vendredi, je vous opère." C'était un rapide. Il vous pressait bien. »

« A l'époque, moi, couillon, j'avais envie qu'il m'opère vite. Je me suis dit que c'est bien que ça soit rapide, que je n'aie pas trop de réflexion. Je n'aurais pas le temps de craindre trop l'opération. »

« J'étais vulgaire. Enfin, pas vulgaire. Mais pas instruit. Des gens qui sont dans les mots, qui sont dans la compréhension, il ne les aurait jamais eus. Mais des gens comme nous, oui. »

« J'ai vu sa clinique à la télévision, une clinique toute sale, toute pourrie. Mais moi, je ne peux pas dire que j'aie vu ça. Quand vous entriez, c'était propre. Il y avait une grande salle d'accueil. Après, vous alliez dans son bureau, qui était tout en dessous-dessus, avec des tas de dossiers. Mais vous vous disiez : "C'est un docteur. Il travaille. Il a beaucoup de dossiers." De plus, il y avait du monde dans sa salle d'attente. Ce qui vous rassurait car vous disiez : "S'il y a autant de monde, c'est qu'il est bien." Quand il y a du monde dans une salle d'attente, vous ne vous dites pas : "Ça y est, je viens de rentrer chez un boucher." »

« J'AI SENTI QU'IL ME TRITURAIT MON NEZ DE CYRANO »

« Pour m'opérer le nez, il m'a fait une anesthésie locale. Il m'a mis du Valium. Et encore du Valium. J'étais dans les vapes. J'ai senti qu'il me triturait le nez. Ma femme, c'est la secrétaire, une personne totalement incompétente, qui lui a fait une piqûre dans sa tâche. Quand ça a été fini, il nous a laissés repartir comme ça, tous les deux. On est repartis en voiture. C'est moi qui conduisais. J'étais encore sonné par le Valium. Je ne sais pas comment on n'a pas eu d'accident. »

« Quand on est arrivés à la maison, ma femme saignait comme un cochon. Elle perdait tout son sang. J'ai appelé le docteur Maure. Il n'était pas là. La secrétaire m'a dit : "Ce n'est pas grave. C'est normal." Ma femme se vidait de son sang. Un jour, sur les docks, j'ai un collègue qui s'était blessé. Il saignait. Je l'ai garrotté. Il y a des choses que je sais faire. Heureusement. J'ai désinfecté ma femme. Je l'ai bandée fort. J'ai appuyé. Je lui ai fait des pansements. J'ai appelé mon docteur de famille. Il m'a dit : "Vous avez fait ce qu'il fallait faire." »

« Pour ma femme, ça a commencé à partir de là, sa petite fatigue. On lui a fait des prises de sang. Après, elle a toujours été fatiguée. Elle est partie en 2007, quand elle a eu sa crise cardiaque. Je ne dis pas que c'est eux qui l'ont tuée. Mais ma pauvre femme, ils ne l'ont pas arrangée. Lui, il fallait qu'il prenne des sous. Il s'en fichait des gens. C'était pas son souci. »

> « Un chirurgien esthéticien qui a une moumoute pareille et qui vous fait des implantations, il y a de quoi rigoler. Surtout avec celle qu'il portait à ce moment-là. Longueur, Louis XIV. »

« J'ai essayé de le revoir après pour lui casser la figure. Je suis passé à la clinique. C'était fermé. J'étais révolté pour ma femme. Mais il faut que je dise que je marronnais aussi pour moi. J'y étais allé pour qu'il me fasse quelque chose et il ne m'avait rien fait. Il m'a trituré le nez. Mais qu'il me l'ait opéré pour le réduire, ça non. Parce que j'ai toujours mon nez de Cyrano. C'est un comble. N'est-ce pas ? Il m'a endormi. Avec son Valium. Je vous arrange votre nez. Dormez bien. »

« Je pense à ma femme. Si je n'avais pas su faire, elle se serait vidée de tout son sang avant que le docteur n'arrive. Comment imaginer que c'est la secrétaire qui va intervenir sur votre femme ? Quand on m'a séparé de ma femme, je n'ai pas pensé une seconde : "Ma pauvre femme, ils vont me la saigner comme un cochon." »

« Au tribunal, j'ai rencontré d'autres victimes. On a sympathisé. Elles étaient toutes de la classe ouvrière, comme moi. Maure, il est en taule maintenant. J'ai appris qu'il avait un fils avec sa compagne. Celle qui travaillait avec lui. Hé bien, j'espère qu'il ne ressemble pas au père. »

Maître Olivier Kuhn-Massot, avocat d'une victime qui ne veut pas parler du docteur Maure tellement elle en est encore traumatisée : *« Ma cliente était venue pour une liposuccion. Elle est repartie tout de suite. Dans sa voiture, elle a eu une hémorragie. Elle était sous des doses massives de Valium. Les voitures en face lui faisaient des appels de phare. Elle aurait pu avoir un accident. Se tuer ou tuer quelqu'un d'autre. Elle a failli littéralement en crever ! Le docteur Maure ! Sa place est à l'Académie des sciences. Mais dans un bocal. »*

C'est toujours pareil avec le docteur Maure. Valium. Repartis tout de suite. Hémorragies. Failli littéralement en crever. Et aussi *« la petite fatigue »*. Les prises de sang. D'où lui venait-elle sa *« petite fatigue »*, à Mme Gottero qui est *« partie au ciel »* ?

Comme Jacques Gottero, Mina a de l'humour. Elle est pétillante, sympathique, vive, chaleureuse, gaie. Elle est très jolie. Elle a trente-neuf ans. Elle aussi habite une cité des quartiers nord. Son mari est peintre en bâtiment. Peintre en bâtiment *« intérimaire »*. Elle est *« tombée »* sur le docteur Maure *« à cause de choses intimes dont on a du mal à parler »*.

« J'avais trop de poitrine. Un 130 B »

Mina a subi une première opération de chirurgie esthétique, une réduction mammaire. *« J'avais trop de poitrine. Un 130 B. »* Sur un corps très svelte. C'était en 1988, à l'hôpital Laveran, un hôpital militaire de Marseille. *« Ensuite, j'ai eu mes jumeaux. Après leur naissance, je me suis sentie mal dans ma peau. Avant, j'avais trop de poitrine. Après mes jumeaux, je n'avais plus de seins du tout. Mon 130 B, c'était devenu comme deux petites choses molles qui pendaient. Je ne pouvais même pas allaiter. »* Cette hypertrophie mammaire réduite à cette poitrine qui ne peut même plus allaiter, c'était *« une dégradation »*.

C'est par sa nièce qu'elle s'est retrouvée chez le docteur Maure : *« Il lui avait posé des prothèses mammaires. Ma nièce était très contente du résultat. Ça en fait au moins une ! Elle ne m'a parlé de rien. Ni de la clinique. Ni des souffrances par lesquelles il vous faisait passer. Elle ne m'a RIEN dit. Je lui en ai voulu après. Je ne lui en veux plus maintenant. C'est une ignorante. Avant d'aller voir le docteur Maure, elle n'avait jamais été opérée. Elle n'avait jamais été anesthésiée. Elle ne savait même pas ce que c'était une anesthésie. Elle croyait que souffrir comme ça c'était normal. Depuis, elle a été opérée sous anesthésie. Je lui ai dit : "Tu as compris maintenant ce que c'est une anesthésie. On ne souffre pas. On ne sent rien." Elle m'a répondu : "Tu as raison. Je n'ai rien senti. C'est le jour et la nuit." »*

> « J'étais sur la table d'opération. J'avais mon jean, mon pull, mes chaussures. J'ai dit au docteur Maure : "Mais vous n'allez pas m'opérer comme ça." Alors, il a dit à Assia : "Donnez-lui votre pantalon." »

Comme Jacques, Mina a été saisie quand elle a vu le docteur Maure la première fois. Elle l'a trouvé *« ridicule »*. Mais aussi *« louche, inquiétant »*. *« D'abord, sa tête. Sa perruque. Toute son allure. J'ai trouvé qu'il avait un genre gangster. En plus, il était sale. Tout est sale avec lui. Mais lui-même, il est cracra. Il avait le col de chemise sale. Il était "pelliculé". Il avait des pellicules sur son costume. J'ai dit à ma nièce : "Tu es sûre qu'il est chirurgien plasticien ?" En plus, il était horrible. Comme chirurgien esthétique, il aurait dû commencer par lui. »*

« Son nom, Maure, m'a fait penser à ça. Mort »

Mina l'appelle *Le docteur Mort* : *« Son nom, Maure, m'a fait penser à ça. Mort. »* Elle redemande à sa nièce : *« Tu es bien sûre de ton docteur Mort ? »* Sa nièce lui répond : *« Tu es méchante. Tu te moques. C'est le résultat qui compte. »* Mina : *« Au début, c'est moi qui me suis moquée de lui. Mais après, c'est lui qui s'est bien moqué de moi. »* Au bout du compte, sa nièce lui fait une si belle promotion du docteur qu'elle se laisse convaincre.

Pour la première consultation, le docteur Maure lui demande 700 euros, en liquide. *« Il m'a dit : "Vous revenez dans une semaine." C'était un de ses arguments. Vous êtes vite opérée. Après, vous rentrez chez vous tout de suite. Le jour de l'opération, mon mari m'a accompagnée à la clinique. Là, je trouve Assia, sa compagne, qui faisait femme de ménage, secrétaire et plus ! Il y avait aussi une autre femme, une blonde décolorée. »*

« Assia est venue me dire : "Tu parles arabe avec elle ?" J'ai répondu : "Oui." La blonde était originaire d'un bled que je connaissais. Un village tout près du mien. Toutes deux me tutoyaient. Nous avons la même origine. Elles me parlaient. Intimement, familièrement. Comme des "sœurs". Elles m'ont fait asseoir dans la salle d'attente. Sur la salle d'attente, je n'ai rien à dire. C'était une salle plausible. »

« Ensuite, le docteur Maure m'a emmenée dans son bureau. Il m'a fait signer des papiers, si vite que je n'ai même pas eu le temps de voir ce que je signais. Et là, je me retrouve dans la salle d'opération. Avec Assia et la blonde. Quand j'ai vu cette salle lugubre, sale, je me suis dit : "Mais ce n'est pas là-dedans qu'on va m'opérer !" J'étais sur la table d'opération. J'avais

mon jean, mon pull, mes chaussures. J'ai dit au docteur Maure : "Mais vous n'allez pas m'opérer comme ça." Alors, il a dit à Assia : "Vous avez la même taille que madame. Donnez-lui votre pantalon." Elle a retiré son pantalon pour me le donner. Elle avait un pantalon blanc. »

« Comme le serpent et le cobra qui me font dormir »

« Je n'en revenais pas. C'est là que j'aurais dû fichre le camp. Mais ils étaient comme le serpent et le cobra qui me font dormir. Il me fait entrer une seringue intraveineuse. Il a fermé une porte grillée avec un cadenas. J'ai dit : "Mais vous me cadenassez ? Qu'est-ce qui se passe ?" J'étais cadenassée. Les deux femmes me tenaient les bras, attachée. »

« Et là, ça a été la torture. Il m'a arrachée, la peau à vif. Il m'a fait comme chez nous, les musulmans, quand on arrache la peau du mouton. Mais nous, avant, on tue le mouton pour qu'il ne souffre pas. Lui, il a tout fait à vif. On sent sa peau se décoller à vif. Je hurlais. C'est un sadique. Il avait de la satisfaction. J'ai hurlé : "Docteur, je ne veux pas mourir." Je criais : "Stop ! Stop ! Arrêtez !" Et lui, à Assia : "Du Valium ! Du Valium !" Assia me caressait les joues. Elle me disait : "Tu vas voir. Tu vas être belle." J'avais très froid. Je n'arrivais plus à bouger. J'ai compris pourquoi il avait dit à mon mari de partir. Il m'aurait entendue hurler. »

« Il y a une chose que je regrette, c'est de ne pas avoir demandé à Maure au tribunal : "Et si j'avais fait un arrêt cardiaque, de mon cadavre, vous auriez fait quoi ? Vous l'auriez mis dans un lit de votre clinique ?" C'est la seule question que j'aurais aimé lui poser : "De mon cadavre, vous en auriez fait quoi ?" »

Ensuite, le docteur a apporté à Mina un soutien-gorge de maintien *« qui s'ouvre par devant, tout sale, tout pourri ». « Je lui ai dit : "Je ne mets pas ça !" Il m'a répondu : "C'est obligatoire." »*

Il y a toujours un petit plus avec le docteur Maure. Le soutien-gorge sale. La couverture sale qu'il vous jette. Les compresses sales. Une de ses *« assistantes »* reconnaîtra : *« Avec lui, l'hygiène, c'était pas ça. »*

« J'aurais dû fichre le camp. Je n'ai pas pu »

Les suites de *« l'opération »* sont si douloureuses, Mina a si mal, qu'elle ne peut plus dormir. Elle ne peut même plus lever les bras. Mina revient voir le docteur Maure pour lui dire qu'il n'est pas possible qu'elle ait aussi mal. Il lui répond : *« Mais vous devriez être contente. Vous avez un 90 D. Vous avez une belle poitrine. Vous êtes magnifique. »* Elle se plaint de souffrir la torture. Lui : *« Mais c'est normal que vous ayez mal. On ne voulait pas trop anesthésier. »*

Elle n'endure pas *« une torture pour rien »*. Du côté gauche, le docteur Maure lui a cousu la peau du sein directement à la prothèse !

Lors de leur expertise sur le corps de Mina, les experts vont constater les cicatrices affreuses *« en échelles de perroquet »*. Conséquences de l'opération *« du docteur »* : *« L'intervention a entraîné une globalisation du sein gauche qui se retrouve, de ce fait, placé plus haut que le droit avec une dépression sous-mammaire. »* La réaction fibreuse qu'elle a eue ensuite est qualifiée pudiquement *« d'assez inesthétique »*. Il l'a littéralement massacrée.

Mina : *« On a honte. On a honte de ce qu'on vous a fait. On n'ose ni en parler ni le montrer. Et puis on est honteux de soi-même. On se demande : "Mais comment ai-je pu me laisser manipuler comme ça ?" Quand on n'a pas de moyens, on voit les choses, bien entendu. Mais on prend le plus pourri parce que c'est le moins cher. On se dit : "Tu ne peux pas demander mieux." Les gens qui disent que ces femmes, elles sont folles, ils ne l'avaient pas vue cette clinique. J'aurais dit pareil, moi avant. Il y avait la salle d'attente qui était plausible. Du monde qui attendait. Mais ce bloc, lugubre, sale, infect, je l'ai vu ! C'est là que j'aurais dû fichre le camp. Je n'ai pas pu. »*

« C'était un film d'épouvante. Vous connaissez Freddy Kruger ? C'est un monstrueux personnage de film d'horreur. Il porte des gants de métal hérissé

« On a honte de ce qu'on vous a fait. On se dit : "Mais comment ai-je pu me laisser manipuler comme ça ?" Quand on n'a pas de moyens, on voit les choses, bien entendu. Mais on prend le plus pourri parce que c'est le moins cher. »

Mina

de lames de couteaux et poursuit ses victimes jusque dans leurs cauchemars pour les faire mourir de terreur. Hé bien, Freddy Kruger, c'est lui. »

« Le docteur te propose de venir chez toi pour te réparer »

Vingt jours après son *« opération »*, son mari est venu la réveiller, en lui disant : *« Viens voir qui passe à la télévision ! »* C'était le docteur Maure sur LCI. *« On disait qu'il avait fait des tas de victimes, charcuté des gens, et qu'il utilisait des produits périmés. »*

« Assia m'a appelée. Elle m'a dit : "Ecoute, ne crois pas ce qu'on dit sur le docteur. Ce n'est pas vrai. Ce sont des rumeurs." Elle a ajouté : "Le docteur te propose de venir chez toi pour te réparer." »

« Regardez le terme "réparer". Chez moi, j'ai une machine à laver. Si elle est en panne, j'appelle le réparateur pour la réparer. Je lui ai répondu : "Ecoute, Assia, je ne suis pas une machine à laver. Je ne veux pas qu'il vienne chez moi. Je ne veux plus en entendre parler. Si j'en parle à quelqu'un maintenant, c'est à la justice." » XXI

Michel Maure, ses sociétés

Michel Maure, le 6 juin 2008.
AFP / MICHEL GANGNE

Sarl Diffusion Automobiles (commerce de véhicules automobiles). Création en 1984. Liquidation en 1994.

SNC Les Fontaines (maisons de retraite). Création en 1987. Liquidation en 1996.
Pour avoir mis gravement en danger la vie des personnes âgées dans ces deux maisons de retraite, qu'il dirigeait, Michel Maure est condamné en 1995 à deux ans de prison avec sursis.

International More Cars and Yachts (commerce de véhicules automobiles). Création en 1989. Liquidation en 1994.

S.A. Toyon (accueil de personnes âgées). Création en 1990. Liquidation en 1996.

Clinique Saint-Bernard. Liquidation en 1995.

Les sanctions disciplinaires à son encontre

Outre ses condamnations judiciaires, le docteur Maure a été l'objet de nombreuses sanctions disciplinaires au cours de sa *« carrière »*.

1985 : Il est interdit de soins pendant quinze jours pour avoir attesté des actes d'anesthésie-réanimation qu'il n'a pas pratiqués.

1990 : Il est interdit d'exercice pendant un mois.

1996 : Pour avoir mis gravement en danger la vie des pensionnaires des deux maisons de retraite, il est radié de l'ordre de médecins.

1998 : Sa radiation est ramenée à deux ans d'interdiction d'exercice.

1998 : Il est interdit de soins pendant six mois.

1998 : Il reçoit un blâme du conseil de l'ordre des médecins.

2004 : Nouveau blâme. Puis avertissement du conseil de l'ordre pour s'être inscrit dans l'annuaire en tant que chirurgien esthétique. Et un an d'interdiction d'exercice.

2005 : Nouvel avertissement du conseil de l'ordre. Et trois ans d'interdiction d'exercice.

2007 : Il est définitivement radié de l'ordre des médecins.

Son parcours judiciaire

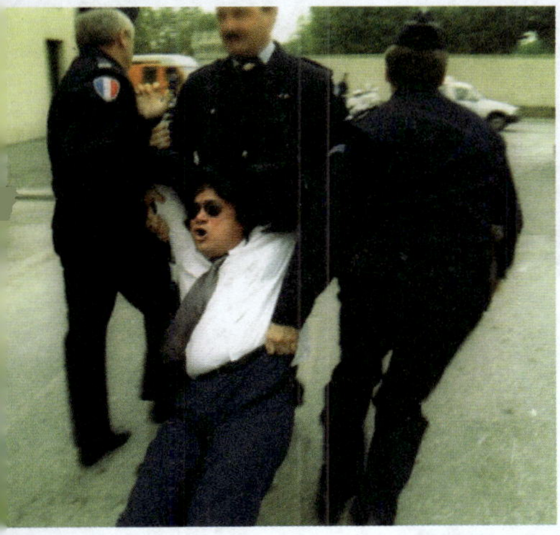

De haut en bas : la Clinique Saint-Bernard; Le yacht du docteur Maure; une interpellation musclée; maître Victor Gioia, avocat des victimes.

1995
Le 4 juillet, pour *« non-conformité aux règles sanitaires et de sécurité »*, un arrêté préfectoral retire l'agrément à la Clinique Saint-Bernard. Michel Maure continue d'y exercer.

2003
En février, premier dépôt de plainte de deux victimes de sa *« chirurgie esthétique »*. Cette plainte déclenche l'enquête judiciaire.

2004
En avril, perquisition de la Clinique Saint-Bernard. Pour les enquêteurs, Michel Maure met en danger la vie de ses patients : risques hémorragiques, risques infectieux, risques d'arrêt cardiaque et de comas.

Rattrapé par la justice, il est mis en examen pour *« publicité mensongère, tromperie aggravée, mise en danger de la vie d'autrui et blessures involontaires »*.

Placé sous contrôle judiciaire et interdit de pratique de la médecine, Michel Maure continue néanmoins d'exercer son activité de *« chirurgien esthétique »* dans un vieil appartement qu'il a appelé *« cabinet médical »*, au 150, avenue des Chartreux, dans le 4e arrondissement de Marseille.

Sa boîte aux lettres est toujours recouverte aujourd'hui d'étiquettes portant le nom de deux de ses sociétés de location de biens immobiliers (SCI Les Fontaines, créée en 1992, et SCI IMCY, créée en 1990). La CSI CSB (Clinique Saint-Bernard), créée en décembre 2003, a également son siège au 150, avenue des Chartreux. Cette dernière société gère la propriété de la Clinique Saint-Bernard.

Michel Maure fait paraître de trompeuses annonces de location vantant *« des T2 et T3, en résidence »*. Ces *« T2 et T3 »* sont, en fait, des réduits dans la Clinique Saint-Bernard, celle-là même qui fait l'objet d'une mise en demeure pour insalubrité et dangerosité.

2007
Escroqués par Michel Maure, les locataires, tous en situation de très grande difficulté, lui intentent un procès.

Michel Maure est mis en détention provisoire aux Baumettes.

2008
Le 20 janvier, pendant le procès, une des locataires de Michel Maure, Madame Briot, décède dans la clinique, où il n'y a ni chauffage ni électricité. Madame Briot a toujours vécu en hôtel. Malade et handicapée, elle était âgée de 75 ans.

En février, Michel Maure est condamné pour *« escroquerie, fraude à l'habitation, manœuvres, menaces, voies de faits et contraintes »*. Pour « dompter » ses locataires récalcitrants, il a multiplié menaces et intimidation. Il leur a également coupé l'eau.

En juin, ouverture du procès du *« chirurgien esthétique »*. Michel Maure se présente comme un *« homme ruiné »*. Avocat au barreau de Marseille, maître Victor Gioia, qui défend les victimes, prouve que Michel Maure possède, entre autres biens, un yacht de 18 mètres, *The Pearl of the Sea More,* deux luxueuses résidences sur la Costa del Sol et deux comptes en banque *« très bien approvisionnés »* en Espagne. Pour l'avocat, Michel Maure a, durant des années, procédé à *« une véritable captation de fortune »*. Il le soupçonne de vouloir prendre la fuite après avoir organisé son insolvabilité

Bien qu'étant placé sous contrôle judiciaire avec interdiction de quitter les Bouches-du-Rhône, Michel Maure disparaît.

Des détectives engagés par maître Victor Gioia le retrouvent sur son yacht, dans un port espagnol. Casquette vissée sur le crâne, il s'apprête à appareiller.

Le 19 août, la police espagnole l'interpelle dans une de ses deux résidences espagnoles. Sa cavale a duré deux mois.

En septembre 2008, le docteur Maure est condamné à trois ans de prison et à 75 000 euros d'amende. Il doit indemniser ses victimes.

La Clinique Saint Bernard était condamnée à la fermeture par la Direction des affaires sanitaires depuis 1995.

AFGHANISTAN
LA VALLÉE

Longue d'une petite dizaine de kilomètres, la vallée de Korengal est située dans le nord-est de l'Afghanistan, dans la région du Kunar. Passage stratégique entre l'Afghanistan et le Pakistan, la vallée compte parmi les terrains les plus dangereux au monde. Depuis 2005, les troupes américaines s'efforcent de la tenir. Récit photo de Balazs Gardi/VII

Après des mois d'apprentissage du terrain, de reconnaissances, de contrôles des villages, les soldats de la *Battle Company* (« Compagnie de combat ») du 2e bataillon du 503e régiment d'infanterie, dépendant de la 173e brigade de combat aéroportée, vont être engagés dans l'opération *Rock Avalanche*.
Commandés par le capitaine Daniel Kearney, ces jeunes soldats de la première armée du monde tueront, brûleront, blesseront, détruiront. Ils seront tués aussi. Par des hommes qu'ils ne voient jamais, qu'ils ne comprennent pas et qui restent invisibles. Leur ennemi.

L'opération *Rock Avalanche* s'est déroulée du 19 au 25 octobre 2007. Tout du long, le photographe Balazs Gardi est aux côtés des soldats. Ses images sont incroyables : elles racontent la guerre à la manière d'un Robert Capa. Pour ce travail photo, Balazs Gardi a reçu en 2008 le prix Bayeux des correspondants de guerre.
Présente depuis des semaines aux côtés de la *Battle Company*, la journaliste Elizabeth Rubin l'accompagne pendant cette opération. Son reportage est publié en février 2008 dans le *New York Times Magazine*. Il a également été couronné par le prix Bayeux des correspondants de guerre.

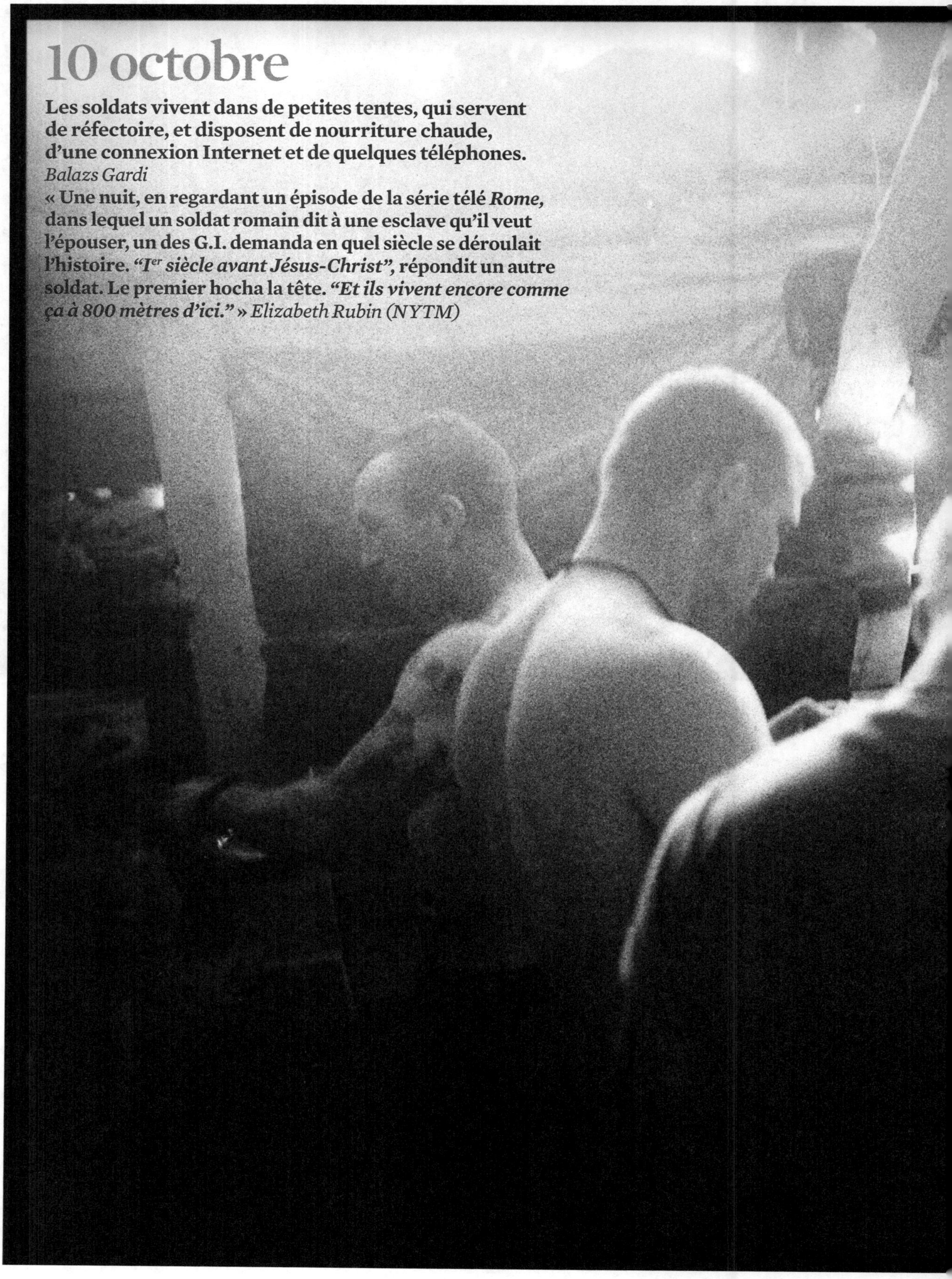

10 octobre

Les soldats vivent dans de petites tentes, qui servent de réfectoire, et disposent de nourriture chaude, d'une connexion Internet et de quelques téléphones.
Balazs Gardi

« Une nuit, en regardant un épisode de la série télé *Rome*, dans lequel un soldat romain dit à une esclave qu'il veut l'épouser, un des G.I. demanda en quel siècle se déroulait l'histoire. *"Ier siècle avant Jésus-Christ"*, répondit un autre soldat. Le premier hocha la tête. *"Et ils vivent encore comme ça à 800 mètres d'ici."* » *Elizabeth Rubin (NYTM)*

Premier jour

Tous les jours, les hommes du capitaine Kearney partent patrouiller et reconnaître la vallée. *Balazs Gardi*

« Après cinq mois de difficiles patrouilles à pied à travers les montagnes, après des rencontres sans résultat avec des anciens qui sourient le matin et donnent l'hospitalité aux insurgés le soir, et après avoir perdu des amis sous le feu ennemi, les hommes du capitaine Kearney pouvaient ressentir la rage aveugle et sourde de leurs prédécesseurs de la 10e division de montagne. Beaucoup se demandaient ce qu'ils faisaient là. » *Elizabeth Rubin (NYTM).*

Cinquième jour

Quatre jours avant le déclenchement de l'opération *Rock Avalanche,* les soldats de la *Battle Company* rassemblent les hommes d'un village de la vallée de Korengal pour les interroger. *Balazs Gardi*
« D'un côté, il y avait [les soldats américains] avec leurs adjoints et interprètes, tous habillés de leurs tenues futuristes. De l'autre se tenaient les anciens de la tribu des Korengali, l'air de sortir directement du *Seigneur des anneaux* avec leurs cannes noueuses, leurs barbes teintes en rouge et leurs yeux bleus soulignés de khôl. » *Elizabeth Rubin (NYTM).*

Septième jour

Préparation de l'opération *Rock Avalanche* au TOC, le *Tactical Operation Center* du *Korengal Outpost,* bâti en 2006 sur l'emplacement d'une ancienne scierie. *Balazs Gardi*
Cette opération, « c'était beaucoup demander à de jeunes soldats : jouer aux tueurs, aux ethnologues, gagner "les cœurs et les esprits", et puis redevenir des tueurs. C'est pourquoi, quelques heures à peine avant le début de la mission, certains soldats s'étaient dessiné des peintures de guerre vertes et noires sur le visage. Ils furent repris par leur sergent : *"Effacez-moi ça ! Tout de suite !"* Pourquoi ? Pour ne pas effrayer les villageois. » *Elizabeth Rubin (NYTM).*

Huitième jour

Au *Korengal Outpost*, les soldats se préparent. L'opération *Rock Avalanche* a été dessinée sur une maquette en terre. De petits soldats en plastique marquent les endroits « suspects ». *Balazs Gardi*

« Kearney [...] expliquait à ses visiteurs, généraux ou équipes de reconstruction, que son pan de campagne était clair, même s'il était modeste : *"C'est comme le saut d'île en île pendant la guerre du Pacifique, on retourne un village à la fois."* En cinq mois, il avait environ gagné 400 mètres. Et quand des généraux et des colonels revinrent pour une visite rapide et que Kearney leur montra le morceau de terrain, un officier dit à un autre : *"Je ne sais même pas ce qu'on fout là."* » *Elizabeth Rubin (NYTM).*

Dixième jour

Au deuxième jour de l'opération *Rock Avalanche*, après un premier bombardement de nuit, des soldats afghans inspectent une maison touchée dans le village de Yaka China. Les occupants ont fui. L'eau du thé est encore chaude. *Balazs Gardi*

« A l'aube, un Kearney épuisé, cédant à un humour macabre, à l'adrénaline et à la fatigue, dit : *"Ok, j'ai fait mes morts de la semaine. Je peux rentrer à la maison."* Kearney estima avoir tué environ vingt personnes, ajoutant : *"Je ne vais pas mentir. Certains étaient probablement des civils."* » *Elizabeth Rubin (NYTM).*

Dixième jour

Village de Yaka China, un vieil homme et des enfants blessés durant les bombardements nocturnes. *Balazs Gardi*
« En moins d'une heure, le lieutenant Matt Piosa, un diplômé de West Point âgé de 24 ans, arriva avec sa patrouille à Yaka China. Ils signalèrent par radio que les anciens du village demandaient d'enterrer leurs morts. Ils rassemblèrent aussi les civils blessés. Le total était épouvantablement élevé – cinq morts et onze blessés, tous des femmes et des enfants, filles et garçons. » *Elizabeth Rubin (NYTM).*

Onzième jour

Le capitaine Daniel Kearney se rend au village de Yaka China pour discuter avec les villageois. *Balazs Gardi*
« Kearney s'assit sur ses talons, et expliqua aux Korengalis que lors de son arrivée dans la région, il espérait pouvoir venir dans le village de Yaka China pour se renseigner sur les besoins des villageois. Au lieu de ça, il avait découvert une cinquantaine d'insurgés dans et autour du village. Il leur montra les preuves – des batteries de radios militaires, des jumelles, des roquettes, un vieux pistolet, un petit livre intitulé *Comment tuer* en arabe et un autre en pachtou, *Les Vertus du djihad*. Ce n'était pas un butin bien convaincant, et tous le savaient. » *Elizabeth Rubin (NYTM).*

ISAF

Treizième jour

Le soldat Rougle a été tué la veille lors d'un combat très violent, le soldat Rice – son meilleur ami – a été gravement blessé. Les hélicoptères d'assaut Apache et les F-15 interviennent dans la nuit du 22. *Balazs Gardi*

« Le jour suivant eut lieu un autre bref engagement, et les éclaireurs de Rougle reprirent leurs marques. Ils disaient qu'ils sentaient qu'il [Rougle] les regardait avec fierté. Il y eut encore des bombes, et des refus de larguer des bombes, et puis, Becky, la pilote d'Apache, que tout le monde adorait, entra en scène. Elle offrait non seulement la voix réconfortante d'une femme qui coulait directement dans leurs oreilles, mais était aussi l'une des tireuses les plus agressives. » *Elizabeth Rubin (NYTM).*

Treizième jour

A la mi-journée, un homme de la *Battle Company* est tué par un « ennemi » invisible. *Balazs Gardi*

« Kearney regardait un oiseau qui volait au-dessus de nous : *"Les taliban ont raison,* dit-il. *Comme ils l'ont dit hier, suivons les oiseaux, ils suivent les Américains. Je voudrais être aussi dur qu'Hadji – le surnom qu'ils donnent aux insurgés. Il fallait en avoir pour faire ce qu'ils ont fait. Et vous savez quoi ? Je ne vais pas mentir. Ils ont gagné."* » *Elizabeth Rubin (NYTM).*

Quatorzième jour

Un soldat de l'armée afghane sur la montagne d'Abis Ghar. Au loin, la poussière des combats de la journée. *Balazs Gardi*

« Comme nous attendions le crépuscule pour retourner au KOP, nous savions tous que les insurgés étaient proches, les yeux braqués sur Kearney, les yeux braqués sur les soldats en bas dans la vallée. Même la tombée de la nuit n'apportait aucun réconfort, parce que la pleine lune inondait de lumière le Korengal. » *Elizabeth Rubin (NYTM).*

Quinzième jour

Pour les soldats, ce fut un cauchemar. En plus de son équipement, Jones a porté seul sa mitrailleuse lourde et toutes ses munitions. *Balazs Gardi*

« Quitter la vallée de Korengal, comme l'avait suggéré le colonel, et laisser une autre compagnie s'en occuper ? Pas question. Il [Kearney] avait passé cinq mois à apprendre la vallée, à s'y impliquer ; il ne pouvait pas se retirer comme ça. »
Elizabeth Rubin (NYTM).

Quinzième jour

Fin de l'opération *Rock Avalanche.* *Balazs Gardi*

« Le colonel Ostlund et ses officiers, et le gouverneur de Kunar et ses officiels tinrent une réunion pendant toute une journée avec les anciens de Korengal. Les anciens voulaient parler de *Rock Avalanche,* et de la dévastation qui s'était abattue sur eux. Le colonel Ostlund leur dit : *"Si quoi que ce soit arrive au capitaine Kearney, la douleur et la misère vont frapper à beaucoup de portes à Korengal."* Il leur donna dix jours pour choisir leur camp : les insurgés ou le gouvernement. »

« Dix jours plus tard, les insurgés tendirent une nouvelle embuscade à une section de la 173e. Tous les membres de la patrouille furent blessés ou tués. » *Elizabeth Rubin (NYTM).*

JOURS TRANQUILLES À PATAGONIA

Patagonia, son coffee shop, sa station-service et ses huit cent cinquante habitants, dans l'Etat de l'Arizona, en bordure du Mexique. Le paysage sauvage attire les écrivains. Les passeurs d'immigrants et de drogue aussi. En cette terre de western, l'Histoire s'écrit sous les yeux des habitants. Mais ils regardent ailleurs.

Par Jean-Paul Mari

JOURS TRANQUILLES À PATAGONIA

Le monde est plongé dans l'obscurité et Chuck parle à la nuit. D'une voix incroyablement basse, grave, matelassée par le vin et le tabac, quasiment inaudible. Il m'avait indiqué le chemin par téléphone : *« A deux miles et demi au sud de Patagonia, après le creek, avant la gorge, un chemin de terre caché, la maison au bord de la rivière. C'est la seule. »*

Chuck Bowden vit à Tucson, Arizona, une banlieue enroulée en forme de ville, qu'il fuit dès qu'il le peut. Chuck achète une bouteille de vin et des cigarettes sans filtre, prend l'I-10 vers l'est puis la 82 vers le sud, roule une heure et demie et vient s'installer à Patagonia, au bord du creek, caché à l'ombre de la montagne.

Le jour, il écrit dans cette maison que lui confie souvent son ami l'écrivain Jim Harrisson. Le soir, il s'assied sur la véranda et regarde l'orage frapper la terre. Il a la soixantaine, une belle gueule et un corps fatigué d'avoir trop roulé le long de la frontière entre l'Amérique et le Mexique.

Chuck parle depuis des heures, de l'Arizona, du désert, des montagnes, de la frontière, de l'immigration, de la drogue, de tout ce qui traverse, de la presse locale qui refuse de voir ce qui se passe à trois cents mètres d'elle, de l'autre côté du poste-frontière. Vingt quartiers entiers de Ciudad Juárez évacués après une inondation meurtrière et pas un mot dans le journal d'El Paso.

La nuit est étoilée, le ciel truffé de diamants à pointe dure, coupants, détachés sur la voûte obscure, compacte. Puis tout s'éteint, l'orage approche et, avec lui, la pesanteur enveloppe le monde. La montagne d'en face disparaît. Sous les pieds, le sol craque, gronde, le tremblement sous terre monte, gagne le ciel. Tout est suspendu. Les oiseaux se taisent, les animaux sauvages cherchent un refuge et les chauves-souris viennent se coller au plafond de la véranda.

Chuck, qui enrage

Chuck parle de la misère d'en face, des morts qui s'accumulent, d'une société sans contrôle où les policiers et l'armée sont aussi dangereux que les tueurs des cartels de drogue, de villes où, à chaque coin de rue, les vendeurs de journaux distribuent des doses de cocaïne, un colt 45 à portée de main, où on tue pour un téléphone portable, un bout de trottoir, un regard de travers.

Maintenant, le ciel se déchire, fracturé par les éclairs. De haut en bas, de bas en haut, d'est en ouest, dans tous les sens, en même temps, une toile d'araignée électrique.

Le ciel de Patagonia détient le record américain de fréquence des éclairs. Ce soir, ils s'écrasent comme des bombes, explosent autour de nous. La nuit est effacée, le sol brille, la maison est transformée en accident de centrale nucléaire. Les ampoules s'allument et s'éteignent, le compteur disjoncte. Il fait noir dedans et l'extérieur est électrique.

Puis la lumière revient dans le salon et le monde extérieur se retrouve plongé dans les ténèbres. Sous la véranda, transformée en alternateur, l'air sent la poudre, l'électricité, la terre qui brûle, la mousson du désert. La pluie tombe avec la force d'une mitrailleuse et lâche des rafales de gouttes, grosses comme des balles qui ricochent sur le sol surchauffé.

Chuck parle de la vie et de la mort ici, du creek qui, gonflé par le déluge, peut monter d'un coup et emporter cette maison qu'il adore : *« Le creek vaut mieux que la maison. C'est lui qui a la force, la raison et la légitimité. S'il meurt, nous mourrons tous. »*

Depuis plus d'une heure, Patagonia est matraqué par l'orage et la température tombe brutalement à 55° Fahrenheit. Il fait froid en plein été.

Chuck boit, fume et parle avec la voix de gorge brisée de ces petits hommes, immigrants clandestins ou passeurs de drogue, qui marchent la nuit dans la montagne. La pluie froide qui glace le corps, le choc thermique à peine supportable, quand on est trempé de sueur, déshydraté et épuisé par des journées de marathon dans le désert torride de Sonora. *« En ce moment, dans un rayon de vingt miles, il y a des hommes abattus par la pluie qui sont en train de mourir. »*

A l'âge de 30 ans, fort comme un taureau à longues cornes, Chuck est parti avec des immigrants, pour une traversée de quarante-cinq miles, de nuit, à travers le désert de la frontière. Après dix-huit heures de marche au pas de course, il s'est effondré, à l'approche d'une ville, sur le plancher d'un bar de campagne, avant de boire tout ce qui tenait sur les étagères. Avec l'envie de pleurer.

Dehors, ses compagnons mexicains, illégaux, ne pouvaient pas entrer. Chuck a mis huit heures avant de pouvoir repartir. A l'extérieur, les autres luttaient pour ne pas crever dans les buissons à chercher l'ombre et un peu d'eau. L'expérience l'a convaincu de la brutalité du calvaire des clandestins même s'il croit qu'ouvrir grand le pays mènerait à la catastrophe et gronde contre *« ces humanistes en col blanc qui ne connaissent rien à la frontière »*.

Il vient de terminer un livre intitulé *Exodus*, écrit à l'attention des fils d'immigrants mexicains installés aux Etats-Unis. Il veut qu'ils *« sachent ce*

Ce soir, les éclairs s'écrasent comme des bombes, explosent autour de nous. La nuit est effacée, le sol brille, la maison est transformée en accident de centrale nucléaire.

que leurs parents ont vécu ». Lui préférerait que le peuple du Mexique *« fasse sauter son gouvernement pourri jusqu'à la moelle »*. Il enrage de voir ce que cette nation compte de plus courageux et intelligent, des paysans certes illettrés mais avec des tripes et du sang vif, *« la chair vivante du Mexique »*, risquer leur vie à travers montagnes et déserts, pour devenir vendeurs de pizzas chez les gringos.

Oui, il enrage de savoir cet autre côté de la frontière, à vingt miles à peine de Patagonia, sombrer dans le chaos, le sang et la mort. Et la violence, la corruption gagner le pays, s'infiltrer par les pores de la frontière comme une maladie infectieuse.

Patagonia comme un clin d'œil du désert

Chuck croit que la région est le laboratoire d'un futur qu'il imagine fait de grandes villes incontrôlables, de ghettos et de clôtures, d'armes plein les rues, de flics pourris, de militaires contre le peuple, de politiques en carton-pâte, irresponsables et véreux, de clandestins surexploités et de trafiquants de came, de cités sans cesse secouées par des émeutes et des batailles de gangs à l'arme automatique. Un pays où plus rien n'est sous contrôle, plus personne capable d'arrêter cette apocalypse au quotidien. Comme cet orage qui n'en finit pas d'exploser.

Le dernier éclair a frappé à moins de vingt-cinq mètres, au pied de la barrière de l'entrée. Une lumière aveuglante, rouge fluo, un grésillement de ligne haute tension qui se rompt, un coup de fouet sous les pieds et le bruit, énorme, qui gifle les tympans et cogne au fond de la poitrine : *« Quelle force ! Magnifique, non ? J'adore l'orage, ici, à Patagonia ! »*

Au petit matin, la tempête est partie en direction du sud, droit sur la ville frontière de Nogales. La montagne résonne des gouttes d'eau qui s'écrasent des arbres sur la terre détrempée. L'air respire, plus léger, mais les oiseaux ont la voix enrouée et le creek gronde encore, chargé de la boue du désert.

Œufs au plat, jambon, purée de haricots noirs et tortillas de maïs arrosés d'un litre de café brûlant, le petit-déjeuner est solide au Gathering Grounds, le coffee shop de Patagonia. A une allure raisonnable, il faut deux minutes pour faire, en voiture, le tour de ce bourg large comme un clin d'œil du désert.

Patagonia : deux cents habitants en 1900, huit cent vingt-cinq aujourd'hui. Une vallée verte suspendue à quatre mille pieds d'altitude entre le mont Huachuca et Red Mountain, un rectangle de deux cents mètres de long piqué de maisons basses alignées autour d'une place centrale en forme de gare, à l'endroit où s'arrêtait la ligne de chemin de fer.

Les premiers Blancs sont arrivés ici vers 1850. Massacrés par les Apaches de Cochise, ils sont revenus, têtus, en famille et chariots de bois, après le *Homestead Act*, une loi qui permettait à n'importe qui, homme, femme, Américain ou Chinois, de s'octroyer une terre et d'abattre le premier qui franchirait sa clôture.

Ils fuyaient la côte ouest et la fin de la ruée vers l'or, ont transformé les montagnes d'argent et de cuivre de la frontière en gruyère géologique et laissé derrière eux des centaines de cités fantômes : Washington Camp, Duquesne, Harchaw, Mowry, Casablanca, Lochiel... Elles surgissaient, avec saloon, banque et journal local, avant de s'évanouir aussitôt, en laissant quelques ossements et des murs de brique rouge entourés de grands trous.

Jusqu'en 1898, Patagonia n'existait pas. Personne ne sait d'où vient ce nom étrange. Aujourd'hui, la route 82 coupe la ville en deux, les rails ont disparu mais l'ancien dépôt est toujours là. Repeint en jaune citron, le bâtiment de planches est la dernière station avant le désert.

La « Politically Incorrect Gas Station »

D'un côté, le coffee shop, tenu par Sacha et sa femme, enceinte d'un troisième enfant, avec l'aide de Janie, sa mère, devenue serveuse, ancien agent immobilier chassé de Californie par la crise des subprimes. A côté, Mariposa Books, une librairie bien garnie, mais rarement ouverte. A quelques pas, la Mission, tenue par Cécilia l'Equatorienne, un invraisemblable restaurant qui n'a jamais réussi à attirer la clientèle locale, couvert de peintures *new age*, cobras géants et cactus magique. Au bout de la rue, l'hôtel The Stage, toujours ouvert pour le dîner mais triste et affreusement mauvais.

En face, côté ouest, The Market, un supermarché décati, une unique station-service, rebaptisée P.I.G.S. (Politically Incorrect Gas Station) après un obscur conflit entre le patron et les autorités. Et Mercédès, un restaurant latino – tortillas et crevettes de la Mer de Cortez – tenu par Jason, titulaire d'un master d'anthropologie, devenu prof de sciences naturelles au collège local après sept ans d'errance en Baja California, Mexique.

Au bout du village, Wagon Steel : rien à manger, mais beaucoup d'alcool, de base-ball et de *free fight* à la télé, pour les hommes, les vrais.

Entre chaque établissement, sept galeries d'art à quatre sous gérées par d'anciens hippies, un petit théâtre, un jardin potager communautaire, un magasin de nourriture biologique fermé pendant la mousson, une église méthodiste à office hebdomadaire le dimanche à 11 heures.

Pas de boucherie, de boulangerie, de pharmacie mais un centre de soins naturopathe et un Dude Ranch à 200 dollars/jour pour les cravatés du Nord, qui entendent renouer avec leur âme de cow-boy. A la sortie de la ville, une vraie curiosité, The Tree of Life (L'Arbre de la vie), un restaurant strictement végétarien qui entend *« éveiller la conscience, le corps et l'esprit »,* point de ralliement de riches Américains et étrangers, désireux de se régénérer en ruminant des légumes crus sous l'œil d'un gourou souriant.

Au sommet d'une colline, la *gated community* : une vingtaine de résidences bourgeoises, entourées par une clôture et des caméras de surveillance. Toutes inutiles, comme le shérif et ses deux adjoints, consumés par l'ennui. Ici, on dort portes et fenêtres ouvertes, mais tout le monde est armé. En hiver, la ville s'anime un peu au passage de retraités en quête de chaleur et de touristes venus observer la plus grande variété d'oiseaux du continent. Puis, dès l'arrivée de la mousson, tout se tait. Patagonia redevient une île dans le ciel, aux côtes baignées par le désert.

Quand le vieux Chico sent le gibier, un daim, il dresse l'oreille et reprend son chemin. Mais quand son cœur bondit sous la botte du cavalier, quand il pointe droit ses oreilles, souffle comme un démon, c'est qu'il a reconnu au loin l'odeur des trafiquants.

Au bord de la route 82 vers Sonoita, à hauteur de la borne *« Mile 23 »*, une maison de pierre grise fait face à Red Mountain. Ce matin, Dan a un air de voyou mexicain, peau mate, casquette, foulard rouge, jean et colt noir à la ceinture. Il a sellé deux chevaux, Chico et Roh, et lâché son chien, Hoss, un pointeur allemand. De l'autre côté de la route 82, au-delà de la barrière de métal, s'étend un vaste domaine de chasse qui fait frémir les naseaux des chevaux. Cerfs et perdrix, l'hiver ; clandestins et passeurs de drogue, toute l'année.

CHICO, VIEILLE CARNE QUI TIENT SA REVANCHE

Petit-fils de Latino, Dan a grandi au Texas, jeune ouvrier dans une ferme, le King Ranch, grand comme un Etat américain. Comme son arrière-grand-père immigré, son grand-père et son père, tous morts pauvres, lui aussi aimait l'odeur de la terre, le maïs et les gros tracteurs. Pour payer ses études, il a signé pour quatre ans dans l'Air Force et s'est retrouvé au Kurdistan pour l'opération *Provide Comfort*, à larguer des palettes alimentaires de beurre de cacahuète sur des tentes de réfugiés déjà morts de soif.

Ses études terminées, Dan s'est engagé dans la *Border Patrol*, la Patrouille des frontières. Sa passion : s'échapper à pied, à cheval, en tout-terrain, travailler seul, toujours seul et pister, chasser, traquer, capturer. Par tous les temps.

L'été, quand la foudre et les orages transforment le désert en aquarium. L'automne, dans la montagne qui brunit. L'hiver, malgré la tempête et la bise à empaler les oiseaux sur les piques des cactus, dans le froid glacial des hauteurs, enfoncé dans la neige épaisse et fraîche. Au printemps, sur la terre sèche, marron, aride, sans ombre, carbonisée par la chaleur.

Au-dessus de nous, un grand vautour noir aux ailes lourdes plane. La terre est boueuse et pleine d'odeurs fortes. Hoss, le pointeur allemand, court dans tous les sens et la robe des chevaux frissonne d'excitation. Chico est aux aguets. Abandonné par des passeurs de drogue mexicains, il a été retrouvé dans la montagne par la femme de Dan, blanche Allemande née en Corée, amoureuse des chevaux et devenue elle aussi cavalière dans la *Border Patrol*. Chico était rachitique, en sang, couvert de plaies et de marques de coups. Les passeurs chargent les bêtes de cent cinquante kilos de marijuana et serrent les liens pour éviter de perdre le ballot dans les herbes hautes, *« si fort qu'on n'arrive plus à défaire les sangles ».*

Après le grand passage, les montures trop faibles sont laissées aux pumas et aux coyotes. Dan m'avait prévenu : *« Tiens-le bien ! »* Quand le vieux Chico sent le gibier, un daim, il dresse l'oreille et reprend tranquillement son chemin. S'il détecte un couguar, il s'assied sur ses hanches, renâcle de peur, mais ne panique pas et répond à la jambe. Mais quand son cœur bondit sous la botte du cavalier, quand il pointe droit ses oreilles, relève la tête, souffle comme un démon et prend le mors, c'est qu'il a reconnu au loin l'odeur des trafiquants.

DAN, LE TRAQUEUR DE « MULETS »

Alors, il fonce, chasseur furieux, et les retrouve, *« avec une belle envie de leur casser la gueule »*. Chico rattrape toujours la colonne de ses anciens bourreaux. Il bouscule les passeurs, tape du sabot, retrousse les babines, les pousse du museau en essayant d'arracher avec ses dents les sangles des sacs de marijuana sur leurs épaules : l'ancienne carne tient sa revanche. Dan arrête net sa monture, rejette sa casquette en arrière, appuie des deux mains sur le pommeau de la selle et fixe un point au sol... Un caillou retourné, un fil accroché à un épineux, une tige d'herbe couchée, tout fait signe. Dan passe son temps à chercher des traces fraîches. Sur les pistes le long de la frontière, il roule au pas en regardant par la fenêtre, une lampe de poche au bout du bras. Il préfère les heures sombres, la nuit : *« Le grand soleil, trop de lumière est mauvais, c'est l'ombre qui fait la trace. »*

Dan lit les empreintes comme autant de caractères gravés dans la poussière. Un chemin de dix centimètres de large est la marque du passage du bétail. Quarante centimètres d'herbe froissée signent l'espacement nécessaire de deux jambes d'hommes. La trace du sabot d'un cheval, arrondi et manufacturé, est celle d'un cavalier américain mais un bout carré, tordu, forgé à la pince, a été ferré au Mexique. De petites empreintes, serrées, nombreuses, révèlent les pieds d'immigrants clandestins, des talons de paysans et ceux, ronds et plus étroits, des femmes, par groupes de dix à quarante personnes. De grands pas, de larges chaussures, un commando compact de six à huit, marquent le chemin des porteurs de drogue, les *« mulets »*.

La clé d'une chasse à l'homme est le temps. Dan néglige les empreintes vieilles d'un à trois jours. Il recherche les autres, aux bords nets et coupants, *« traces fraîches de trente minutes, une heure au plus »*. Quand il en trouve, il abandonne son véhicule, prend son sac à dos, de l'eau, son colt et entame la course-poursuite dans la montagne. Il affectionne le gibier le plus difficile, les trafiquants de drogue. Ceux-là savent brouiller les traces, marchent à reculons, reviennent sur leurs pas, dessinent de fausses pistes, enroulent des tissus autour de leurs bottes, emportent des sacs de poussière qu'ils répandent derrière eux pour vieillir leurs empreintes.

Ils préfèrent souffrir sous la pluie qui noie les indices, peuvent filer six à dix jours, sans souffler, chargés chacun de vingt-cinq à trente kilos de marijuana. Cagoules, T-shirts, sacs à dos, rations, ils peignent tout en noir pour se camoufler, ne parlent pas, se bourrent de conserves de thon et de sardines pour les protéines, absorbent du Gatorade, une boisson énergétique, et avalent des antibiotiques pour boire l'eau des abreuvoirs à vaches.

Parfois, les hommes en noir sont armés de kalachnikovs. Ce sont les commandos Zetas, des anciens des forces spéciales mexicaines spécialement entraînés dans les camps américains pour... lutter contre la drogue au Mexique. Il leur arrive d'ouvrir le feu.

« Une pression d'enfer »

En 1998, Enrique Comorera, alias K.K., agent infiltré à Mexico par l'autorité américaine de lutte contre le trafic de drogue (la DEA), a été enlevé par les tueurs du cartel Caro Quintero et retrouvé exécuté après avoir été affreusement torturé. Tout ce que la DEA et le FBI comptaient d'agents a débarqué au Mexique : *« Pendant des mois, les fédéraux ont mis une pression d'enfer sur les cartels ! »*

Arrestations, marchés désorganisés, marchandise gâchée, les chefs des cartels ont compris que tuer des agents américains n'était pas une bonne idée. Depuis, ce sont les cartels eux-mêmes qui exécutent les meurtriers novices, les découpent en morceaux et appellent la *Border Patrol* pour lui indiquer où trouver leurs restes.

Quinze jours plus tôt, un matin, dans son bureau de Sonoita, Dan a entendu hurler les témoins des capteurs qu'il disperse sur les hauteurs. Il a foncé chez lui pour prendre son sac, a traversé la route, découvert les traces fraîches de vingt minutes et il est entré de nuit dans la montagne. Dix-huit heures au pas de course, une lampe au poignet. Devant, les autres volaient ! A marche forcée, sans la moindre halte, le colt à la main, Dan s'est accroché jusqu'à rattraper le dernier d'entre eux : *« Un gosse de 17 ans, chargé de trente kilos. Il pleurait d'épuisement. »* Dan n'est pas allé plus loin. Inutile d'abandonner sa prise pour courser les autres, les trafiquants seraient revenus reprendre leur marchandise. En quatre ans, la *Border Patrol* a saisi dix mille tonnes de drogue.

La dernière halte des passeurs

Devant nous, une barrière de barbelés coupe le passage. On attache Chico et Roh pour continuer à pied, cassés en deux, les pieds dans l'eau, en escaladant le lit d'un ruisseau, raide, glissant, barré d'épineux. Deux heures plus tard, Dan montre un arbre bas aux racines couvertes de déchets, sacs plastique, restes de tortilla, boîte de talc et de médicaments : la dernière halte des passeurs.

Arrivés à proximité de la route 82, ils se débarbouillent au torrent, se talquent le corps pour masquer l'odeur sauvage de la marche en forêt, extraient d'une poche hermétique un pantalon, une chemise propre et... attendent.

A l'aube, le chauffeur d'une camionnette s'arrêtera à la hauteur des deux branches croisées ou du minuscule tas de cailloux discrètement déposés au bord de la chaussée. Le temps pour les passeurs de sortir des buissons, de charger la drogue, le véhicule repart et les trafiquants, redevenus anonymes, font du stop pour rentrer chez eux de l'autre côté de la frontière.

Dan en raccompagne parfois un ou deux trouvés sur la route, histoire de leur éviter les vingt miles à pied jusqu'à Nogales, sans rancune, même s'il sourit en notant les marques rouges encore visibles des lanières des sacs à la base du cou. Chaque année, les deux mille agents de la *Border Patrol* arrêtent aussi un million de clandestins, dont la moitié dans le secteur de Tucson, celui de Dan.

Là, il enrage de courir après cette troupe affolée de petits paysans malingres et de femmes trop grosses, en talons dans une montagne qui les tue d'épuisement et de chaleur. Ils partent pour une semaine de voyage à pied, coyote en tête, en emportant un gallon d'eau alors qu'il en faudrait six. Que le plus faible se torde la cheville et le coyote l'abandonne aussitôt. Et quand Dan les course, il se retrouve face à une horde apeurée de cinquante personnes ou une traînarde, une vieille dame au bord du coma.

La canicule le jour, le froid la nuit, la déshydratation, l'épuisement... Quatre cents corps récupérés en un an, séchés dans le désert ou mis en pièces par les bêtes sauvages dans la montagne, pumas, couguars ou ours bruns. *« On les arrête, on les sauve, on les expulse et ils recommencent, une fois, deux fois, dix fois ! Et ils finissent tous par passer un jour. »*

Voilà longtemps que Dan ne prend plus son travail au sérieux. Il sait que le mur construit sur la frontière, les agents, les patrouilles à cheval ou en hélicoptère, les discours de Washington sur la protection du territoire ne sont que de la gesticulation politique.

Ici, huit mille compagnies américaines, exploitations agricoles, restaurants ou usines n'attendent que d'embaucher cette masse de travailleurs au noir. L'Amérique a besoin de main-d'œuvre pas chère : *« Ces gens travaillent dur parce qu'ils ne connaissent pas leurs droits,* a dit, cynique, un chef d'entreprise à Dan, qui a eu envie de l'étrangler. *Et quand on est clandestin, illégal... on n'a pas de droit. »*

Non, Dan ne croit plus à son métier. Mais il continue à chasser, pour le plaisir. Et il cite Hemingway : *« Quand on a chassé des hommes assez longtemps et aimé cela, on ne veut plus rien faire d'autre après. »*

L'AMI GOOSH : IMMENSE, BARBE ROUSSE, CŒUR EN OR

Omelette aux piments rouges, bacon, tortillas de froment et un litre de café, les hommes de Patagonia déjeunent tôt au coffee shop. Dès 7 heures, les vrais rancheros croisent les cow-boys en carton-pâte et les hippies, vétérans du Vietnam, regardent de haut les pâles végétariens *new age*.

Il y a Big Mike, arrivé du Massachusetts voici cinq ans avec sa fiancée et devenu chauffeur de bus scolaire. Lars, massif, la cinquantaine, mais une voix de castrat, un rire impossible, le père Noël des gamins. Dough, ancien forgeron, ancien hippie, qui se bat contre un cancer. Berry et Annie, couple de babas pur sucre, qui tiennent la boutique bio. Frank, ex-magistrat qui a tout laissé tomber pour être jardinier. Michael, le physicien qui a fait fortune en revendant sa boîte d'informatique. Malin, riche et désœuvré, il est venu s'installer ici, au pays des étoiles claires et du plus grand observatoire des Etats-Unis, le Kitt Peak National Observatory, où il a conçu en plein bush un système de gros télescopes automatiques qu'il gère de chez lui par ordinateur.

Et l'ami Goosh, immense, barbe rousse, peau blanche insensible au soleil, cœur en or, un côté pasteur égaré en brousse, qui s'écrie régulièrement *« I'll be damned ! »* (« Que je sois damné ! ») Il a grandi

La clé d'une chasse à l'homme est le temps. Quand Dan trouve des *« traces fraîches »*, il abandonne son véhicule, prend son sac à dos, de l'eau, son colt et entame la course-poursuite dans la montagne. Il affectionne le gibier le plus difficile, les trafiquants de drogue.

dans une ferme, a travaillé vingt-cinq ans à cheval comme cow-boy avant de photographier le désert qu'il connaît comme l'intérieur de son chapeau de paille. Il en a gardé sa chique préférée, le Copenhagen snuff, la chique de tous les cow-boys, une poudre noire et crémeuse qu'il fourre sous la joue avant de cracher en jurant, *« I'll be damned ! »*

Employé six ans comme observateur d'incendies au sommet de Red Mountain, un coup de foudre sur son abri a laissé Goosh à moitié sourd. Il ne vient pas avec ses armes à Patagonia, mais ne se sépare jamais de son calibre 44 et de sa winchester 30-30 quand il se perd dans la montagne ou passe dans la banlieue de Tucson. Goosh adore raconter l'histoire de Tio Pepe et de Chatto, son meilleur ami.

Tio était aimé de tous, Chatto surveillait un ranch. Un jour, Tio a commencé à voler dans les fermes isolées. Il est entré dans celle de Chatto, a raflé trois bricoles, saisi une bouteille de tequila et s'est endormi. A son retour, Chatto l'a vu sortir en titubant. Quand le shérif est arrivé, il a trouvé les deux hommes qui discutaient en vieux complices. Chato tendait une cigarette à Tio, les deux bras et les deux jambes attachés au volet de la fenêtre, le genou gauche déchiqueté par le coup de chevrotines tiré par Chatto... *« I'll be damned ! »* Dans ce pays, les armes font partie de la vie, dit Goosh.

Dans l'édition quotidienne de l'*Arizona Daily Star*, les titres sur la drogue et l'immigration ont remplacé les affaires d'honneur.

« ADN pour identifier les corps des migrants » : un mécène offre 200 000 dollars pour identifier les mille cadavres découverts non identifiés dans le désert.

« Accident de clandestins, dix-neuf morts » : les vans surchargés d'immigrants font régulièrement

des tonneaux sur le highway I-10. Déjà neuf accidents et vingt morts cette année.

« Mer de Cortez, une centrale contre les sous-marins » : un nouveau système de radar a détecté un des mini sous-marins qui passent au ras des côtes d'Oaxaca, bourrés de drogue. Le dernier transportait cinq tonnes de cocaïne.

« Raid dans un abattoir » : l'établissement, casher, employait des clandestins mexicains et guatémaltèques, dès l'âge de 16 ans, dix-sept heures par jour, tous les jours.

« Deux exécutions au Texas » : le premier, Dale Leo Bishop, a dit qu'il aimait sa famille. Le deuxième, Derrick Sonnier, n'a rien demandé. Il a raison. Récemment, avant de passer sur la chaise électrique, un condamné à mort a souhaité fumer une dernière cigarette. On lui a répondu que le bâtiment était non-fumeur.

Heureusement, il y a le magazine sur la vie des animaux. Ce matin, il décline les trente espèces de scorpions en Arizona et décrit les hommes et les enfants qui, piqués, sont pris de convulsions et roulent des yeux. Deux mille sept cent vingt appels en un an au centre antipoison. Pour les serpents, celui à sonnettes est le plus redouté : dix-sept variétés, toutes venimeuses. Restent les araignées. La *« veuve noire »*, dit l'article, résiste même aux pesticides. Pauvres humains perdus dans le désert.

Alice, au fond d'un lac

Dans ce pays, les nuits sont épaisses et les rêves plus lourds que des nuages de mousson. Je me suis réveillé à l'aube avec, en tête, l'image d'une des ardoises d'Alice, une artiste amie de Chuck qui a tenu à me montrer des photos de son travail. Sur des feuilles de pierre recouvertes d'encre, Alice gratte, scarifie, donne de petits coups de scalpel dans la pierre noire, laisse de fines marques blanches, comme des caractères d'imprimerie, une lumière dans l'obscur, une opération chirurgicale à la Dürer, une sorte d'autopsie du monde de la frontière.

L'artiste grave dans le noir des scènes mexicaines de mort, de violence, des armes, des os, des squelettes, des vierges et des saints, entre retables d'église et visions d'apocalypse. Alice aux pays des horreurs vit à cinq heures d'ici, face à Ciudad Juárez la Mexicaine, une ville qui agit comme un aimant pour ceux qui veulent se frotter à l'enfer.

A travers les chaînes des Mustangs, Huachuca, Santa Rita, la route est pourtant douce et d'extraordinaires volumes de nuages transforment la voûte en plafond de la chapelle Sixtine. Le ciel est charnu, anguleux, tout en relief, exact miroir des montagnes de Patagonia, comme une planète, là-haut, peuplée d'habitants qui regarderaient au-dessus d'eux le désert d'Arizona, vert l'été, blanc de neige l'hiver, brûlé au printemps. Au bout de l'autoroute lisse, américaine, un simple pont à traverser conduit à Ciudad Juárez.

D'un côté, des vignes et des écuries de course ; de l'autre, un amas de taudis et des *maquiladoras*, avant-garde de la mondialisation lépreuse. Deux mondes, à bout portant, le feu et la glace.

Alice a la soixantaine, un chignon de prof, des lunettes Versace et sourit en mettant la main devant ses lèvres pour cacher ses dents cassées. Un matin, à Chicago, un grand Black défoncé lui a envoyé un coup de crosse dans la bouche, *« Take some of this, bitch ! »* A l'âge de 7 ans, son frère est mort d'un accident en montagne et ses parents ont interdit de prononcer son nom. A 15 ans, Alice s'est couchée au fond d'un lac, s'est sentie très bien, et elle a regretté que son père l'arrache à la noyade. Aujourd'hui, elle grave cette mort autour d'elle pour rester en vie.

Sous ses yeux, *« Juárez »*, trois millions d'habitants, le royaume des cartels, un abattoir, sept cents assassinats en six mois, le record du Mexique.

Ici, les camions des tueurs viennent ramasser les corps pour les jeter à la décharge. Ici, on achève des gens sur les lits d'hôpitaux et les familles d'otages n'appellent pas la police, responsable d'une partie des enlèvements. Les journalistes qui refusent les enveloppes de dollars sont exécutés et, quand la morgue a voulu rendre cent vingt dépouilles à leurs proches, personne n'a osé les réclamer.

Alice a dessiné une *« death house »* utilisée par les narcotrafiquants : trente-six cadavres mutilés rangés dans la cave, le plancher, les murs. En plein centre-ville, le cartel a fait afficher une longue liste de ceux qui allaient mourir. Avec une mention : *« Merci d'attendre la suite... »*

La frontière flambe et le gouvernement a envoyé vingt mille militaires dans la région. A Ojinaga, la population a applaudi leur arrivée. Les soldats cagoulés ont commencé par enfoncer les portes des maisons et mettre les appartements à sac. A l'irakienne. Hommes ou femmes, coupables ou innocents, tous ont été emmenés, ligotés, bâillonnés, pour être pendus par les pieds et interrogés à coups de matraque et de sachets plastique sur la bouche : *« Où cachez-vous la drogue ? Où ? Où ! »* Certains ont été relâchés, d'autres sont morts sous la torture. Quatre mois plus tard, mille personnes ont manifesté en demandant une protection... contre l'armée nationale.

Le ciel est charnu, anguleux, tout en relief, exact miroir des montagnes de Patagonia.

« Cette nuit, tout est ici »

Alice inscrit, grave, raconte aussi la peur à *« Lomas del Paleo »*, vieille banlieue de Juárez où une compagnie de travaux publics a décidé de construire un pont. En rasant les maisons au bulldozer et en encerclant les résistants avec un grillage. Fusils d'assaut à la main, des gardes ont coupé l'électricité et empêché ceux qui sortaient de revenir chez eux.

Alice cisèle aussi le visage de Miss Sinaloa, reine de beauté invitée à une somptueuse *« party »* du cartel. Droguée, enlevée, séquestrée un mois entier dans une cave, objet de plaisir pour des dizaines de tueurs. Miss Sinaloa a survécu. On l'a retrouvée, errant dans les rues de Juárez, les yeux éteints, l'esprit mort. Le maire de la ville a longuement réfléchi au problème de sa municipalité et il a conclu : *« Le problème à Juárez est... un manque de tranquillité. »*

Heureusement, on a construit une église magnifique à Juárez, avec quatorze baies vitrées précieuses. Entièrement payée par l'argent sale des cartels. *« Narco church »*, *« narco death house »*, *« narco restaurant »*, *« narco town »*, toute la cité baigne dans l'ordure. *« Mes cauchemars intérieurs, mes visions d'apocalypse, tout ce qui m'effraie, tout cela existe. Juárez est là, devant moi, le quotidien de l'enfer »*, dit Alice.

A Patagonia, dans sa maison au bord de l'eau, Chuck a regardé, en fumant, l'orage et ses foudres avancer inexorablement vers la ville frontière de Nogales. Bientôt, le ciel brillera comme au matin du monde, mais la voix de Chuck résonne comme dans une catacombe : *« Un laboratoire de notre futur. Le creek, la montagne, la violence, la drogue et ce monde en fusion... Inutile de chercher ailleurs. Cette nuit, tout est ici. »* XXI

Un bout d'histoire

Dès le début de la guerre de Sécession, l'Arizona est considéré comme une route permettant l'accès au Pacifique. Les hostilités entre les colons et les Indiens chassent les tribus vers les réserves.

Mines, élevages, chemins de fer… le pays est riche. Le 10 mai 1872, le *General Mining Act*, loi fédérale censée réglementer et promouvoir l'activité minière, offre les terres de la région aux entrepreneurs et aux aventuriers à la recherche de métal précieux. C'est la ruée.

Avec la découverte d'or naissent dans la région des villes champignons peuplées de dizaines de milliers de mineurs qui s'en vont une fois les réserves épuisées, laissant derrière eux de grands trous et des villes fantômes.

En 1877, le *Desert Land Act* offre assez de terres aux colons pour attirer des milliers d'entre eux et nourrir une population de plus en plus dense. En 1912, l'Arizona devient le quarante-huitième Etat américain.

Deux livres indispensables

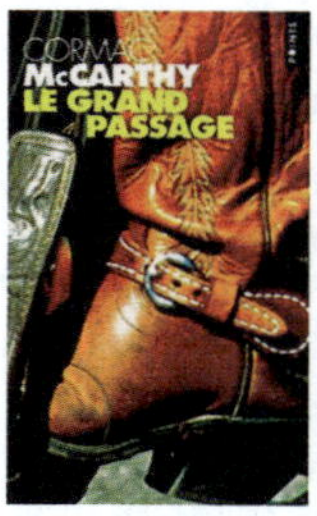

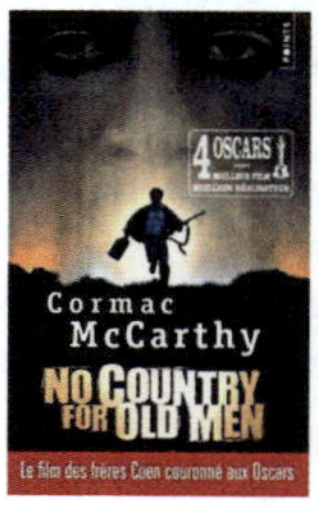

***Le Grand Passage*, de Cormac McCarthy (Points Seuil, 2000).** Né en 1933 dans l'Etat de Rhode Island, Cormac McCarthy, auteur de *La Route*, prix Pulitzer 2007, est l'un des écrivains américains les plus talentueux de sa génération. Extrait : *« De l'Arizona au Mexique, la route est longue et périlleuse. Il faut franchir la frontière, le grand passage, et pénétrer dans un monde de hors-la-loi, où la révolution gronde… Le moment est venu de faire face à la sauvagerie des hommes. »*

***No Country for Old Men* (Points Seuil, 2008), de Cormac McCarthy,** toujours lui…

A lire aussi

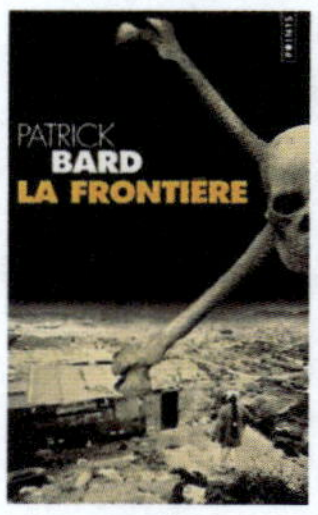

***La Frontière*, de Patrick Bard (Seuil, Points thriller, 2004).** Douce Ciudad Juárez… Les cadavres de jeunes ouvrières sont retrouvés mutilés dans le désert, les grandes firmes mondiales exploitent une main-d'œuvre féminine bon marché, la violence, la drogue, la prostitution et la mort régentent la ville. Tonio Zambudio, journaliste téméraire, va tenter de résoudre l'énigme. Une fiction, bien sûr.

***Le Gang de la clef à molette*, d'Edward Abbey, préface de Robert Redford, (Gallmeister, 2006).** Révoltés de voir le somptueux désert de l'Ouest défiguré par les grandes firmes industrielles, quatre insoumis décident d'entrer en lutte contre la « Machine ». Depuis sa parution au milieu des années 1970, ce classique a été vendu à des millions d'exemplaires. Edward Abbey, pape de l'écologisme radical, emblématique et contestataire, auteur d'une vingtaine de livres, est le plus célèbre des écrivains de l'Ouest américain. Pas toujours pacifique, amoureux du désert et des armes, il fut l'un des premiers représentants d'une prise de conscience écologique aux Etats-Unis. A sa mort, en 1989, il a demandé à être enterré en secret dans le désert.

Les écrivains amoureux de Patagonia

Philip Caputo. Né à Westchester, Illinois, journaliste et écrivain. En 1965, il sert au sud-Vietnam comme lieutenant d'infanterie dans les Marines. Son récit, *A Rumor of War*, est un best-seller. En 1972, Philip Caputo participe à une vaste enquête sur la fraude électorale à Chicago couronnée par le prix Pulitzer. Il partage désormais son temps entre le Connecticut et Patagonia, en Arizona, où il chasse et travaille sur un nouveau roman consacré à la région, *La Vallée*.

Jim Harrison. Montagnes, grands espaces, ours et Indiens... L'œuvre du célèbre écrivain américain, francophile et prolifique, est traduite en vingt-trois langues. De son vrai nom James Harrison, il est né le 11 décembre 1937 à Grayling dans le Michigan. Influencé par William Faulkner, Henry David Thoreau, Emily Brontë et Edward Abbey, rebelle-écologiste des premiers temps, Jim appartient à l'école dite du Montana. Il partage son temps entre le Michigan, les montagnes du Montana et passe ses hivers à Patagonia où il possède *« la maison au bord du creek »*.

Charles Bowden. Journaliste, écrivain, et baroudeur de la frontière, auteur de vingt-deux livres et de centaines d'articles pour les plus grands magazines américains, dont *Harper's*, *National Geographic* et *New York Times Book Review*, avec lesquels il se fâche régulièrement. Solitaire et farouchement indépendant, Charles, dit *« Chuck »*, Bowden, travaille sur l'immigration, la drogue, la violence, la drogue, le désert et la mémoire de la terre. Parmi ses œuvres, en anglais seulement : *Inferno, A Shadow in the City : Confessions of an Undercover Drug Warrior, Blues for Cannibals, Desierto : Memories of the Future*. Amateur de vin, de tabac et de grands espaces, Chuck vit entre Phoenix et Patagonia et vient de publier une énorme histoire de l'immigration clandestine mexicaine aux Etats-Unis, *Exodus*, destinée aux nouveaux citoyens américains, en mémoire de leurs parents immigrés clandestins.

A voir

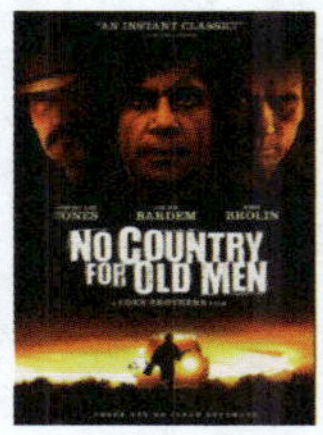

***No Country for Old Men* (2007).** Tiré du roman de Cormac McCarthy, ce film a été adapté à l'écran par les frères **Joel et Ethan Coen,** avec Tommy Lee Jones. Un tueur psychopathe inoubliable, une enquête criminelle époustouflante, la frontière comme une ligne de front.

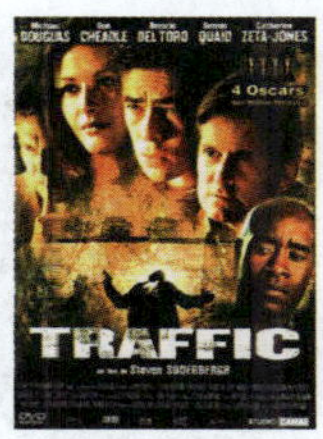

***Traffic* (2000).** Réalisé par **Steven Soderbergh,** ce film mêle des histoires entre Etats-Unis et Mexique, liées au trafic de drogue. S'y croisent Javier Rodriguez, policier à Tijuana, Helena Ayala, femme d'un riche homme d'affaires soudain arrêté, Montel Gordon, policier américain qui essaie de remonter les filières, Robert Wakefield, chargé de la lutte antidrogue... Les rapports entre les deux pays sont disséqués et les problèmes financiers, géopolitiques, politiques et sociaux du trafic de drogue sont explorés.

Trois Enterrements (Los Tres entierros de Melquiades Estrada) est un film franco-américain réalisé par **Tommy Lee Jones** en **2005.** Le corps d'un immigrant mexicain est retrouvé en plein désert texan, où il a été enterré après son assassinat. Son meilleur ami, un Américain, va découvrir le meurtrier et lui faire déterrer le corps pour offrir à son ami défunt un retour vers son Eldorado natal, le Mexique.

Etoiles sur la Toile

Kitt Peak National Observatory. Fabuleux instrument visible à des dizaines de kilomètres à la ronde. Fondé en 1958, l'observatoire astronomique national est installé là où le ciel est le plus clair, à cinquante-six miles au sud-ouest de Tucson, au sommet d'une montagne en plein désert, sur le territoire indien de la réserve des Tohono O'odham.
En attendant de pouvoir le visiter, surfez sur le site : www.noao.edu/kpno/

LE MEILLEUR DES MONDES

C'est une commune maoïste idéale. Elle a sa monnaie et ses règles, qui gouvernent les gestes de chacun jusque dans le moindre détail. Dans la Chine capitaliste, le village de Nanjiecun est maintenu en vie artificielle par le gouvernement. Bienvenue dans le monde rêvé du Parti communiste chinois.

Par Alain Leikowitz

Dans l'immense gare de l'ouest de Pékin, tout le monde parle en même temps. Par milliers, les voyageurs se bousculent, se poussent. Un pondéreux Chinois, Ray-Ban, polo Ralph Lauren et Nike aux pieds, assène une lourde droite sur le visage d'un migrant tandis qu'il gifle sa femme de l'autre main. La police intervient. Mollement. Mon vieux complice chinois, Orange Chen, affiche un sourire fataliste : *« Ici, l'épaisseur de ton portefeuille te donne le droit d'écraser, même physiquement, celui qui ne possède rien. »*

Plateforme 4, voie 12, voiture 5. Une hôtesse à casquette et au chemisier blanc nous demande de placer nos sacs dans les porte-bagages. Rien ne doit dépasser. L'ordre c'est l'ordre. Le D-Train – baptisé Harmonie – va nous conduire à Zhengzhou, capitale de la province du Henan. Vitesse : 200 kilomètres-heure. *« Like a bullet »,* est-il dit en anglais dans le texte de la plaquette disposée sur les sièges. Les haut-parleurs du wagon crachent une musique au tempo révolutionnaire.

S'ensuit un long discours. Orange : *« Ils comparent la politique d'harmonie sociale prônée par le gouvernement de Hu Jintao à la suprématie technologique chinoise. Ils disent que ce train a été inventé en suivant les préceptes de l'harmonie sociale. C'est complètement stupide ! »*

Quand débute le film *Kung Fu Panda* qu'il vient de télécharger sur son ordinateur portable, Orange se tait. L'hôtesse à casquette et au chemisier blanc passe et repasse. Sans se lasser, elle remet en place les sangles de nos bardas sorties de leur compartiment, secouées par les mouvements de notre moyen de transport harmonieux.

Il faut cinq heures au D-Train pour gagner le cœur de la Chine. En gare de Zhengzhou, les coudes sont à nouveau indispensables. Orange est nerveux. Un des membres du bureau des Affaires étrangères de la province du Henan doit nous attendre. Il n'est pas là. Orange téléphone. L'officiel dit être coincé dans les embouteillages. La capitale provinciale grouille. Un groupe de femmes rigole en regardant mes lourds brodequins et ma montre. Elles s'approchent.

« Vous êtes américain ?

– Non, français.

– Et votre montre, elle est française ? »

Ma montre est anglaise, mais je ne sais pas comment le dire : *« Oui, elle est française. »* Une des femmes veut l'échanger contre une breloque *made in China*. Je refuse. Elle sourit.

L'officiel arrive. Une poignée de main rapide. Je lui tends ma carte.

> A l'entrée de Nanjiecun, un Mao Zedong au blanc immaculé surplombé d'un gigantesque arc-en-ciel en plastique éclairé au néon. Mao est mort un 9 septembre. Sa statue mesure donc 9 mètres de haut et la place a une superficie de 90 mètres sur 90 mètres.

Lui, non. Il ne parle qu'à Orange. Un trapu tout rond l'accompagne. On ne connaîtra pas leur nom. Aucune indication sur le rang qu'ils occupent, sur leur statut ou leur fonction. Ils se fichent d'ailleurs bien de ce que nous venons faire dans le Henan. Ils ne savent qu'une chose : un journaliste français se rend dans le village de Nanjiecun, la dernière commune collectiviste de Chine, et ils doivent l'escorter.

Nous grimpons à bord d'une voiture de police. Comme toujours, la foule des curieux commente. Le village de Nanjiecun est à une heure et demie de route. Orange est installé à l'avant avec son GPS. La conversation débute :

« Vous êtes de la police ?

– Non, répond le chauffeur.

– Vous êtes un officiel ?

– Non, je travaille à la haute cour de justice de Nanjiecun.

– Pourquoi utiliser cette voiture de police ? Nous aurions pu prendre le bus...

– Avec cette voiture de la police de Nanjiecun, nous arriverons vite à destination. C'est une demande expresse du bureau des Affaires étrangères de Zhengzhou. »

« Tourisme rouge »

L'autoroute, neuve, est rutilante. N'y circulent que des camions de marchandises et quelques voitures officielles, des allemandes hors de prix. Nous sommes en été, le ciel est bas comme en hiver. Une mélasse grise brouille le ciel, l'air est chargé de poussière de charbon. La province du Henan, une des régions les plus misérables de Chine, détient le record du monde du nombre de mineurs tués chaque année par des explosions de mine.

Je m'adresse au magistrat-chauffeur : *« Vous êtes natif de Nanjiecun ? »* Orange traduit. Le chauffeur refuse de parler pendant qu'il conduit, trop dangereux. Un silence de plomb s'installe, troublé par la seule voix métallique du GPS d'Orange. Nous parcourons cent dix kilomètres au sud de Zhengzhou avant d'arriver dans le comté de Linying. Un panneau touristique indique la direction de Nanjiecun, étape incontournable du *« tourisme rouge »*.

Le concept a été inventé en 2005 par le ministère chinois de la Propagande et Nanjiecun figure au programme des agences de voyage du pays. Comme Shaoshan, le village natal de Mao, la ville fait partie des cent sites visités chaque année par des millions de touristes chinois : écoliers, étudiants, militaires, cadres et membres du Parti...

La voix du GPS d'Orange indique l'arrivée. Une longue, large et déserte rue asphaltée mène à l'entrée de Nanjiecun. A son extrémité, une immense place. En son centre, un Mao Zedong au blanc immaculé surplombé d'un gigantesque arc-en-ciel en plastique éclairé au néon.

Mao est mort un 9 septembre. Sa statue mesure donc 9 mètres de haut et la place a une superficie de 90 mètres sur 90 mètres. Aux quatre coins de cet espace, appelé *« le carré parfait de Nanjiecun »*, des portraits géants de Marx, Engels, Lénine et Staline. Le camarade Lei Feng, la *« vis révolutionnaire qui ne rouille jamais »*, Norman Bethune, un médecin canadien compagnon de Mao dans les années 1930, Zhang, le héros de la guerre antijaponaise, et d'autres personnages emblématiques ne sont pas oubliés. Tout comme Zhou Enlai, Deng Xiaoping, Jiang Zemin et Hu Jintao.

LES PETITS SOLDATS DE MAO

Le magistrat-chauffeur nous dépose devant l'unique hôtel du village, construit dans les années 90 pour accueillir les visiteurs de marque. Le personnel de l'hôtel – exclusivement féminin – s'empresse de nous débarrasser de nos effets. Le patibulaire, lui, s'en va sans mot dire. Sa mission est remplie.

Les vingt jeunes filles employées par l'hôtel portent l'uniforme de l'Armée de libération du peuple (ALP). Orange rigole : *« C'est la première fois de ma vie que je vois des femmes dans cet accoutrement. C'est incroyable ! »* Les femmes nous désignent nos chambres. On ne donne pas de clef : une des filles possède le précieux trousseau sur lequel elles sont toutes accrochées.

Assis dans de lourds fauteuils chinois en bois acajou, nous attendons le responsable de la communication de Nanjiecun. Il est en retard. Une fresque nous surplombe : nimbé du soleil couchant, le visage souriant de Mao illumine un ciel. En lettres jaunes, un poème : *« Le président Mao est un humain. Il n'est pas un dieu, mais son esprit peut renverser celui de Dieu ! »*

Le responsable de la communication arrive. Je lui tends ma carte. Lui, non. Ça devient une habitude ! Son téléphone sonne. Le portrait de Mao s'illumine sur l'écran de son portable. Orange traduit : *« Il est en ligne avec ses chefs qui veulent savoir si vous êtes bien arrivé. »* Il raccroche. J'entame la conversation. Il s'appelle Chen Kang Yu. Vice-président du bureau de la Propagande et de l'Education de Nanjiecun, il fait l'article de son village : *« Ici, nous possédons notre propre station de radio, notre chaîne de télévision, un journal et un site Internet. Nous avons un zoo avec quelques chameaux, une équipe de cricket et un orchestre municipal. Mon travail consiste à gérer les médias du village, mais je suis également chargé de recevoir les journalistes. »*

Sans respirer, il poursuit comme sur un dépliant touristique : *« Avant, le village de Nanjiecun était comme toutes les autres communes rurales, très pauvre. Mais, grâce à notre premier secrétaire du Parti communiste local, nous sommes devenus une commune collectiviste prospère. »*

Je reprends mon souffle, pas lui. *« Nanjiecun est unique. Nous possédons notre propre hymne. Et nous avons réalisé un miracle sur 1,78 kilomètre carré. Trois mille villageois et sept mille migrants travaillent dans les vingt-six entreprises qui appartiennent à la collectivité. Notre capital s'élève à 2,6 milliards de yuans. Le chômage n'existe pas et, chaque année, cinq cent mille personnes viennent visiter notre village. »*

Orange n'en peut plus. Derrière monsieur Chen, l'horloge – ornée d'un portrait de Mao rayonnant – égrène les minutes. Je le coupe : *« Et si on allait se promener ? »* Surpris, il accepte. Mais la marche n'interrompt pas le débit de Chen. En 1981, explique-t-il, les terres sont redistribuées aux paysans : *« Nous formions une unité de production agricole performante. »* Mais, cinq ans plus tard, faute *« de main-d'œuvre pour les champs »*, les habitants de Nanjiecun décident de rendre *« volontairement »* les terres au gouvernement local : *« Nous nous sommes reconvertis en bâtissant des usines qui appartiennent à la collectivité. »* Tout le monde y a gagné, affirme Chen : *« La commune prend en charge les familles du berceau au cercueil. Le cimetière appartient à la collectivité, les urnes du columbarium aussi. Ainsi, même mort, vous continuez votre chemin en collectivité. »*

Je rappelle à monsieur Chen que les vingt-six mille communes populaires, ces unités économiques de production collectives créées dans les années 1950, ont provoqué près de trente millions de morts. Il tique. Pas question de perdre la face :

« Vous savez, en Chine, chaque village peut choisir son mode de développement. Nous avons instauré, à Nanjiecun, un système unique. Les salaires des villageois sont versés pour un tiers en argent, pour deux tiers en avantages sociaux directs : santé, éducation, logement...

– Quel est le salaire moyen ?

– Les résidents comme moi gagnent 250 yuans par mois (28 euros). *Nous recevons en plus 60 yuans* (7 euros) *en faux billets. Nous imprimons tous les mois ces faux billets. Ils nous permettent de faire nos courses dans les trois supermarchés du village. »*

Monsieur Chen est en roue libre. Orange en profite. Il me glisse à l'oreille qu'en Chine le chiffre 250 est synonyme d'« imbécile ». Pour cette raison, Nanjiecun est aussi appelé à l'extérieur *« le village des imbéciles »*. Chen n'a toujours pas repris son souffle : *« Avec cette somme, nous avons suffisamment pour nous nourrir et nous vêtir. »*

PAS DE RESTAURANT, PAS DE BAR, PAS D'ENSEIGNES...

Un détour par l'imprimerie du village nous apprend, par la bouche de son responsable, un géant bien nourri et très bien habillé, que cette utilisation de fausse monnaie incarne *« le passage du socialisme au communisme »*. A terme, le système

monétaire de Nanjiecun devrait être aboli : *« Nous n'aurons plus besoin d'argent et ne percevrons plus de salaire. La communauté fournira tout ce dont nous avons besoin pour vivre. »*

Chen insiste : *« Ceux qui ont le plus de besoins utilisent la part en argent de leur salaire. Ce n'est pas beaucoup mais, en contrepartie, tout est gratuit : logement, eau, gaz, électricité, école, lycée, études supérieures, maison de retraite et santé. Au final, tout le monde s'y retrouve. Même les non-résidents. Les sept mille travailleurs migrants, qui ne bénéficient pas de ces avantages, gagnent entre 600 et 1200 yuans par mois* (entre 67 et 135 euros). *Mais attention, on les soigne : ils vivent dans des dortoirs climatisés à huit par chambre, chaque chambre possède un téléphone. »*

A l'usine de faux cheveux – une *« joint venture »* qui exporte sa production en Europe, au Japon, en Afrique du Sud et aux Etats-Unis –, les inégalités sont criantes. Le directeur de l'usine, Chang Pin Jun, nous affirme le contraire, parce qu'à Nanjiecun, tout le monde il est beau, tout le monde il est gentil. Tellement beau et tellement gentil que le directeur Chang a décidé de troquer sa vie de patron prospère pour devenir membre de la communauté villageoise : *« Le collectivisme de Nanjiecun est une bonne expérience. Ici, je vais gagner moins d'argent qu'avant, c'est sûr, mais je n'aurai plus de souci à me faire pour mon avenir. »* Une ouvrière originaire de Nanjiecun coiffe, à quelques pas, une perruque rose bonbon. A 47 ans, elle a travaillé dans sept usines différentes : *« Je n'ai jamais cherché du travail ailleurs. De toute façon, on n'en trouve pas ! »*

Dans les rues désertes, pas un papier gras ne traîne. Sommes-nous vraiment en Chine ? Oui, les caméras de surveillance disposées un peu partout nous le rappellent. Mais Nanjiecun ressemble moins à un village qu'à une cité, un parfait mélange de casernes et de lotissements

HLM désœuvrés. Quelques voitures officielles, de rares deux-roues et d'étranges engins hybrides – dignes des petites voitures de la série *Le Prisonnier* – voués à promener les visiteurs. A l'exception de boutiques consacrées au culte de Mao, où l'on trouve des DVD à la gloire de Nanjiecun, aucun commerce : pas de restaurant, pas de bar, pas de station-service, pas d'enseigne lumineuse... Juste une salle de ping-pong et une agence bancaire, celle d'Agriculture de Chine au distributeur en panne.

« Dans quelle main, la boulette ? »

Monsieur Chen marche devant nous. Les usines se succèdent, puis les dortoirs collectifs pour travailleurs migrants et les barres d'habitations.

« Sur votre droite, la célèbre usine de Fan Mien Mien (les nouilles chinoises). *Sur votre gauche, la brasserie de Nanjie. Là, une manufacture de statues de Mao en bois précieux. Ici, l'imprimerie et, un peu plus loin, la fabrique de farine. Les fleurons de notre commune.*

– Dites-moi, monsieur Chen, il n'y a pas de lieu de débauche ici ? »

Il sourit : *« Ce n'est pas utile. Les gens travaillent toute la journée. Ils se lèvent tôt et se couchent tôt. Les moments libres, ils préfèrent les passer en famille. Ils ont la télé, Internet, ils font du sport dans le cadre de leur unité de travail.*

– Et vous, monsieur Chen, vous avez des loisirs, vous voyagez ?

– Je suis allé une fois à Pékin, plusieurs fois par an à Zhengzhou. J'ai beaucoup de travail ici. »

La nuit tombe. Il est 18 heures. Monsieur Chen nous emmène dans une des deux cantines collectives du village. Nous sommes seuls dans une salle de près de trois cents tables. Une paire de baguettes et un bol en métal sont posés sur la table : *« C'est le bol de riz en fer, comme on dit en Chine ? »* Monsieur Chen n'apprécie pas le rappel historique. Il préfère jouer à : *« Dans quelle main se trouve la boulette de papier ? »* Le perdant boit cul sec un verre de bière. Le jeu s'éternise. Chen est hilare. Il se fend d'une question :

« C'est votre premier voyage en Chine ?

– Non, j'y viens depuis près de dix ans. »

Sans réagir, Chen reprend : *« Alors, dans quelle main est la boulette ? »* Il perd, avale cul sec sa bière.

Nous sommes habités par d'étranges interrogations. Nanjiecun semble fonctionner comme une grande entreprise qui permettrait à trois mille villageois de bénéficier d'avantages sociaux financés par le labeur de sept mille travailleurs migrants sous-payés. Les habitants sont les actionnaires, le premier secrétaire du Parti, l'actionnaire majoritaire. Serait-ce ça le socialisme ? A Pékin, un officiel m'a, un jour, affirmé que *« le socialisme est à la base de toute entreprise capitaliste »*. Il faut que je relise Marx.

Pour Orange, né en Chine, le mystère de Nanjiecun n'en est pas vraiment un : *« On a fait, à Pékin, la réforme du logement. Moralité, si tu n'as pas d'argent, tu ne peux pas te loger. On a fait la réforme de l'éducation. Résultat, si tu n'as pas d'argent, tu ne peux pas envoyer ton enfant à l'école. On a fait la réforme du travail et le nombre de chômeurs a considérablement augmenté. On a réformé la santé aussi. Aujourd'hui, si tu es malade et pauvre, tu meurs tout seul chez toi. C'est ça la Chine des réformes. Alors pour ces gens qui viennent des régions rurales, Nanjiecun, c'est le paradis ! »*

Faute de mieux, nous terminons la journée dans le hall de l'hôtel. Les jeunes filles nous proposent des verres d'eau chaude, nous n'en voulons pas. Elles nous servent quand même. L'une passe la serpillière sur le marbre impeccable du sol. Une autre époussette une immense statue de bois sculpté qui n'a jamais connu la poussière. Les dernières font mine de s'affairer derrière la réception vide.

J'achète un paquet de cigarettes dans la petite boutique du lobby. En rayon : des souvenirs Mao, des cartes postales, un savon, des culottes et un peigne en plastique. Quelques bouteilles de Coca-Cola nous rappellent qu'on est en 2008. Je paye. La vendeuse me remet deux tickets aux tampons de l'hôtel. Elle en garde deux autres pour sa comptabilité et se met à faire l'inventaire de la boutique.

Pourquoi diable nettoyer des choses propres ? Orange : *« Si elles ne le font pas, alors que c'est ce qu'on leur demande, ou si elles prennent l'initiative de le faire uniquement quand c'est sale, ça veut dire qu'elles ne sont pas dignes de confiance. Donc elles nettoient. Même si c'est propre. Plusieurs fois par jour, sept jours sur sept. »*

J'en questionne une. Elle s'appelle Chang, elle a 27 ans, est née à Nanjiecun mais s'est mariée avec un étranger au village. Tradition oblige, elle vit désormais hors de Nanjiecun,

« Les résidents comme moi gagnent 250 yuans par mois. » Orange me glisse à l'oreille qu'en Chine le chiffre 250 est synonyme d'« imbécile ». Pour cette raison, Nanjiecun est aussi appelé à l'extérieur « le village des imbéciles ».

dans sa belle-famille, et ne bénéficie donc plus des avantages sociaux. Elle gagne 60 euros par mois. Une aubaine. Dans cette région sinistrée, les chômeurs sont légion. Dans la chambre, j'allume la télé : Nanjiecun-TV propose une émission de cuisine, je m'endors.

« Moi qui suis le patron, je ne gagne que 500 yuans par mois. Moins que mes ouvriers. C'est normal : leur travail est plus physique que le mien. Notre premier secrétaire, lui, ne gagne que 250 yuans par mois. » Enfin du vrai socialisme.

« On chante quoi maintenant ? »

6 heures, sur le carré parfait. Disposés dans tout le village, les haut-parleurs annoncent le début de la journée. L'hymne du Parti communiste chinois, *L'Orient est rouge*, retentit. Suit une séance d'éducation politique et un bulletin d'informations locales. Un vieil homme s'approche. Il semble en colère, hausse le ton : *« L'ancien maire, le numéro 2, était un pourri. Il avait beaucoup de concubines et était corrompu. A sa mort, on a trouvé beaucoup d'argent dans son coffre-fort. Ses secondes femmes sont venues pour exiger d'appartenir au village. Mais ça leur a été refusé. Le premier secrétaire a bien veillé au grain. »* L'homme vient d'un village voisin : *« Ils ont de la chance ici. Ils ont de bons leaders. Ailleurs, ils sont tous corrompus. Ils ont oublié les enseignements de Mao. C'est pour cela que tous les villages de la région sont pauvres. »*

Chen arrive, frais comme un gardon. Le vieil homme file, discrètement. Nous petit-déjeunons dans une des deux cantines collectives. Des ouvriers migrants sont attablés, d'autres font la queue devant des comptoirs démesurés. Le brouhaha est assourdissant. Au menu, nouilles, tofu et pains farcis aux légumes et à la viande. Pas de café. On nous prend, comme au bon vieux temps, pour des amis d'Union soviétique. Même pas de Russie. Chen nous met à l'aise : *« Vous êtes libres de faire ce que bon vous semble. »* Puis passe quelques coups de fils. Direction la fabrique de nouilles, la plus ancienne des usines locales. Une banderole est tendue à l'entrée : *« Vivre heureux, c'est vivre en sécurité ! »*

Plantées au beau milieu de la cour, une cinquantaine d'ouvrières en blouse blanche et calot blanc. Pas une tête ne dépasse. Mains croisées dans le dos, elles entonnent a cappella des chansons à la gloire de leur usine et de Nanjiecun : *« Nous sommes les ouvrières de Nanjiecun et nous travaillons pour la prospérité du village. »* La première chanson s'achève. Une contremaître se tourne vers le maître des lieux :

« On chante quoi maintenant ?

– Je ne sais pas. Mais, bon sang, chantez quelque chose ! N'importe quoi ! »

Le directeur de la fabrique de nouilles, le camarade Zhang, ne nous salue pas. Je l'interpelle : *« Alors, heureux, monsieur Zhang, du succès de votre entreprise ? »* Il ne regarde pas, ne répond pas. Monsieur Chen intervient : *« Oui, cette entreprise est la première de Nanjiecun. Nos nouilles sont connues dans toute la Chine et nous exportons en Russie et au Japon. Nous avons des filières dans trois provinces et produisons quatre cents tonnes de nouilles par jour. »*

Un millier d'ouvriers travaillent dans la fabrique de nouilles. A 80 %, ils habitent dans les villages alentour. Le directeur Zhang se décide enfin à l'ouvrir : *« Ils viennent ici parce que les conditions sont meilleures qu'ailleurs. Et puis, ils espèrent devenir un jour des habitants de Nanjiecun. Les ouvriers de l'extérieur gagnent 900 yuans. »* Soit 100 euros par mois pour se loger, se nourrir, se vêtir, payer la scolarité des enfants et se soigner. *« Moi qui suis le patron, je ne gagne que 500 yuans par mois. Moins que mes ouvriers. C'est normal : leur travail est plus physique que le mien. Notre premier secrétaire, lui, ne gagne que 250 yuans par mois. »* Enfin du vrai socialisme.

Nous entrons dans l'usine. Je demande au directeur Zhang de me parler de Nanjiecun. Il n'a rien à dire et conseille d'aller au musée du village. Orange : *« Il ne veut plus te parler. Il a peur de dire n'importe quoi. Ce n'est qu'un officiel de second rang. »*

A la pépinière Mao

Curieux, nous suivons son conseil. A l'entrée du musée, l'emblème de la ville : un engrenage, rouge, frappé d'un épi de blé, rouge, s'élevant d'un champ, rouge, illuminé par le soleil de l'Orient, rouge. En quelques minutes, nous défilons devant une centaine de photos. Omniprésent et toujours en illustre compagnie : le premier secrétaire, monsieur Bin. Les tirages sont grossièrement retouchés. Pas un mot sur l'histoire du village. Dans une salle de cinéma, un unique film : un plan fixe sur monsieur Bin qui, en trente minutes de logorrhée, explique le miracle.

Dehors, les ouvrières chantent toujours : « *Pas de Chine nouvelle sans Parti communiste.* » J'en prends une par le bras. « *Non ! Pas elle !* » Le directeur Zhang m'en désigne une autre. Qui souhaite, dit-elle, devenir citoyenne du village. Mais ne sait ni pourquoi ni comment. Le directeur Zhang écoute avec attention. Orange complète : « *On leur promet qu'un jour ils pourront devenir membres de la communauté villageoise s'ils sont dociles et obéissants et que le comité d'évaluation de leur travail juge qu'ils sont de bons ouvriers.* »

« *Directeur Zhang, pourriez-vous expliquer à cette ouvrière comment devenir un jour membre à part entière de Nanjiecun ?*

– Elle ne peut pas, elle n'est pas mariée. Les candidats doivent être mariés et travailler à Nanjiecun depuis six ans. Beaucoup de gens veulent venir ici. Nous ne pouvons pas accueillir les célibataires, à moins que leur famille ne soit là et qu'ils soient d'excellents éléments. Quand la situation économique sera meilleure, nous ouvrirons nos portes à plus de monde. »

La jeune ouvrière est déconfite. Zhang lui conseille de se trouver un petit gars du cru avant le 1er octobre, jour des mariages collectifs.

Le téléphone de Chen sonne. « *Nous sommes à l'usine de nouilles. Ils posent encore quelques questions et ensuite je les emmène à la pépinière.* » Il raccroche. Une pépinière ? Je ne veux pas y aller. Orange me demande de faire plaisir à Chen : « *Son job, c'est de vous montrer les grandes réussites de Nanjiecun.* » J'accepte.

Nous grimpons dans un minibus électrique décoré de petites dentelles rouges et arrivons à la perle de Nanjiecun : 25 millions de yuans consacrés à l'érection d'un « *Scenery spot* », une sorte de Disneyland sans attractions où l'on a consciencieusement bâti les répliques en miniature de hauts lieux chers à Mao. Le « *Scenery spot* » est installé au milieu du jardin botanique de la ville.

L'endroit est désert. Quelques cantonniers nettoient sans conviction la grande serre tropicale tout en fixant, avec perplexité, le dinosaure géant en carton-pâte installé au milieu des bananiers, le faux hippopotame et le grossier caïman. Un caméraman officiel de Nanjiecun-TV filme. Il prépare son sujet de la semaine prochaine. Ne pose aucune question. Sur Nanjiecun-TV, il n'y a jamais d'entretien. Juste des images, des commentaires et la voix du maître des lieux, le premier secrétaire Bin.

Tandis que Chen tente de nous expliquer que la Chine est socialiste et que Nanjiecun doit être un modèle pour tous, son téléphone sonne à nouveau. C'est la police. Chen assure qu'il a la situation bien en main. Nous devons néanmoins fournir une photocopie de nos passeports. Orange chuchote : « *Le gouvernement local est nerveux. Nous sommes à Nanjiecun, mais personne ne les a prévenus. Il y a eu une faille dans la chaîne de transmission des informations. Quelqu'un va se faire taper sur les doigts. Ça veut dire que nous ne sommes pas libres de sortir du village et que la police va nous surveiller.* »

Nous quittons les lieux. Les rues sont toujours vides, la chaleur écrasante. Le village dispose de trois écoles. Le directeur de l'une d'elles veut nous saluer et présenter son établissement modèle : « *Sentez-vous libre de poser toutes les questions que vous voulez.* » Debout dans la cour, les enfants écoutent un chant révolutionnaire tout en se frottant étrangement les yeux en rythme : « *Ils apprennent la gymnastique des yeux. Comme ça, ils sont plus attentifs en classe* », explique le directeur, qui vante les mérites de sa méthode : l'éducation révolutionnaire. Travailler dur et bâtir le futur.

« *Certains de nos enfants partent dans les grandes villes pour suivre un enseignement supérieur, mais la vie est si dure à l'extérieur qu'ils reviennent aider la communauté. Ils préfèrent travailler dans les usines du village. Ici, nous préparons la nouvelle génération d'habitants en nous référant à l'esprit de Lei Feng.*

– Lei Feng ?... Celui que l'on appelle aussi "L'imbécile heureux" ?

– Si servir le peuple, se dévouer aux autres et obéir à son chef sans poser de question, c'est être un imbécile, alors oui : nous sommes des imbéciles et fiers de l'être ! »

De l'autre côté de la muraille, la Chine

Un groupe d'officiels vient d'arriver sur la place du carré parfait. Chen doit les accueillir. Nous en profitons pour échapper à toute surveillance et quitter le village. La porte de sortie s'élève devant nous. On l'appelle la porte de Shaoyang, « *celle qui regarde au sud* ». D'ailleurs, Nanjiecun veut dire « *le village qui est de l'autre côté de la route du sud* ». De part et d'autre s'étendent les hautes murailles grises qui entourent la

> « On leur promet qu'un jour ils pourront devenir membres de la communauté villageoise s'ils sont dociles et obéissants et que le comité d'évaluation de leur travail juge qu'ils sont de bons ouvriers. »

« Dites, directeur Lu, elles sont hors de prix vos statues. Ça rapporte Mao ? – Oui, c'est cher mais, quand on aime le président Mao, on ne compte pas. Bien sûr, nos clients sont très riches ! »

quasi-totalité du village. *« C'est le premier secrétaire du Parti qui a voulu construire ce mur tout autour du village pour l'isoler du reste du monde. Mais ils n'ont pas eu suffisamment d'argent pour le terminer »*, nous confie un vendeur ambulant. De l'autre côté, la Chine !

Nous passons sous le porche, en haut duquel Sun Yat-sen, le père de la République, semble regarder sévèrement ses ouailles. Enfin du bruit, des détritus, de la poussière, des boutiques, des gens qui crachent, qui braillent, qui discutent, qui arguent, qui pestent et rigolent à gorge déployée dans un concert de klaxons. La vie ! Je m'adresse au premier commerçant venu. Il vend un peu de tout, des cigarettes, des stylos, des gadgets en tout genre.

« Nanjiecun, c'est très bien. Les habitants possèdent de beaux appartements et ils mènent la belle vie. J'aurais bien aimé y vivre. Là-bas, tu ne t'inquiètes de rien, tu as tout et tout est gratuit. Ils aiment leur vie et leur leader ne gagne que 250 yuans par mois. Enfin, c'est ce qu'on dit...

– Ah bon, il n'y a pas d'affaires de corruption ?

– Non, je n'ai pas entendu parler de grosses affaires de corruption. »

L'homme est soudain fébrile, comme brutalement débordé. Orange : *« Il a peur. Il peut avoir des ennuis s'il parle de tout ça. »*

Un vieil homme longe, côté extérieur, la grande muraille. Il ne retient pas sa colère : *« J'ai 70 ans et j'ai vécu la période durant laquelle Mao nous a imposé de vivre en collectivité. Ça ne marche pas. C'est une catastrophe. A l'époque, nous, les paysans, on n'avait rien à manger et nos salaires étaient misérables. On ne devait penser qu'à la lutte des classes. »* Et Nanjiecun ? *« Aujourd'hui, les habitants de Nanjiecun travaillent dans les usines, mais la vérité c'est qu'ils ne gagnent pas plus d'argent. Ils ont des avantages, mais ils vivent comme en prison. On les exploite. »* Il a des sanglots dans la voix : *« Tous ces gens qui rêvent de vivre dans ce village sont des imbéciles. Tout le monde sait que Nanjiecun s'est enrichi uniquement grâce à l'argent de l'Etat. »*

Une voiture de police passe lentement. Affolée, la dizaine de curieux venus écouter notre interlocuteur disparaît. La voiture de police repasse. Le téléphone d'Orange sonne. C'est Chen : *« Où êtes-vous ? Vous devez rentrer immédiatement à Nanjiecun. En dehors, vous n'êtes plus protégés. S'il vous arrive quelque chose, je ne peux rien pour vous ! »*

« OÙ ÊTES-VOUS ? »

Chen a du mal à dissimuler sa colère devant notre escapade. Durant le déjeuner, il se détend. *« Alors, dans quelle main est la boulette ? »* La conductrice du minibus électrique « Lei Feng » nous conduit à la fabrique de statues de Mao. Elle porte l'uniforme réglementaire, a 19 ans et paraît figée.

« Vous n'aimeriez pas sortir de Nanjiecun pour découvrir autre chose ?

– Oh si ! J'aimerais voyager. J'aimerais me rendre dans le village natal du président Mao.

– Et à l'étranger : plutôt en Amérique ou en Corée du Nord ?

– Je ne sais pas. Quel pays est le mieux ? »

Orange me donne une tape sur l'épaule, comme pour me consoler : *« C'est normal. Ils sont éduqués comme ça depuis leur plus jeune âge et ne connaissent rien d'autre. Ils ne comprennent même pas ce que tu leur dis. »*

Le directeur de la fabrique de statues Mao vient à notre rencontre. Lui, il se présente : Lu Chen Qa. Il ne doit pas être de la région. Chaque année, des dizaines de milliers de statues de Mao sortent de son usine. Le coût de production d'une unité ? *« Secret commercial. »* Rentrer dans l'usine ? Le directeur Lu est formel : *« Nous n'autorisons pas les étrangers à voir le processus de production des statues.*

– Secret commercial également ?

– Non, question de respect pour notre président Mao. Vous ne croyez pas en lui. Voir son visage imparfait serait lui manquer de considération et l'offenser. Seuls les ouvriers qui croient en lui sont autorisés à travailler ici. Nous pouvons, par contre, vous montrer les produits finis. »

Le directeur Lu ressemble moins à un dévot qu'à un homme d'affaires. Originaire de la province du Hubei, il s'est installé à Nanjiecun grâce à son ami, le premier secrétaire Bin. L'usine Mao fabrique toutes les tailles, sur commande. Direction le show-room. Les prix varient de 8 800 yuans (990 euros) à 300 000 yuans (34 000 euros).

« Dites-moi, directeur Lu, elles sont hors de prix vos statues. Ça rapporte Mao ?

– Oui, c'est cher mais, quand on aime le président Mao, on ne compte pas. Bien sûr, nos clients sont très riches ! »

Et très puissants. L'ancien Premier ministre Li Peng en est, tout comme bon nombre de chefs de provinces ou d'hommes d'affaires influents. Dernièrement, le directeur du temple de Shaolin a acheté une statue.

« Gros bénéfice cette année ?

– Revenez l'année prochaine, je vous dirai ! »

Monsieur Lu a une devise : plus le client paye, plus il montre sa dévotion à Mao.

Ce soir, pas de : *« Dans quelle main est la boulette ? »* Nous décidons de dîner hors de la ville. Direction Linying city. Première halte : un cybercafé. Orange trouve un forum de discussion sur lequel une jeune fille de Nanjiecun est branchée. Nous discutons. Elle est professeur de mathématiques et explique faire sur ce forum de nouvelles rencontres qui lui permettent de s'évader. Soudain, elle disparaît. Orange lui a simplement demandé de nous dire ce qui n'allait pas à Nanjiecun...

A quelques mètres, les bruits d'un marché de nuit nous attirent. Des tables surpeuplées, des néons jaunes, verts, rouges... Le téléphone d'Orange sonne. A nouveau Chen. Vraiment en colère. *« Où êtes-vous ? »* On ne sait pas. Orange demande à un voisin de table. Dix minutes plus tard, Chen déboule. Il a déjà mangé, mais recommence. Il nous sermonne : *« Je dois vous accompagner partout. »* La bouteille de bière qui trône sur la table lui rappelle son jeu favori :

« Dans quelle main, la boulette ?

– Non, pas ce soir, Chen. »

Les dix étoiles du village

Retour à l'hôtel. Dans le hall, on brique, on frotte, on sert des verres d'eau chaude, on fait l'inventaire, on rebrique, on refrotte, on resserre des verres d'eau chaude et on refait l'inventaire. Un groupe d'étudiants pékinois débarque. Ils sont unanimes : *« Nanjiecun est un horizon pour la Chine de demain. »* Ils insistent : *« La Chine n'a jamais été communiste. Le communisme est un rêve que nous voulons réaliser. Ici, ce sont des idéalistes, des purs. Nous voulons leur ressembler. »*

« On a une méthode d'évaluation de la population, "Le Règlement standard du foyer civilisé de dix étoiles du village". Sur dix étoiles, chacune correspond à un avantage social. Si vous perdez une étoile, vous perdez l'avantage et ainsi de suite. »

Enfin. Le premier secrétaire, monsieur Bin, accepte de nous rencontrer. Véritable chef de ce petit royaume doté d'une armée – certes sans armes – de plusieurs centaines d'hommes, il n'a jamais été élu. A 58 ans, l'enfant du pays occupe ses fonctions depuis 1977.

Nous sommes aux abords du carré parfait. Surnommé *« le petit président Mao »*, le premier secrétaire Bin se porte à notre rencontre. Une cigarette à la bouche, une autre à la main, il marche seul, en chemisette blanche, pantalon de toile bleue et chaussons de feutre noir. Comme Mao, lentement, les mains croisées dans le dos, il nous guide vers son quartier général, une immense pièce où de larges fauteuils club semblent flotter. Nanjiecun-TV est là. Trois photographes aussi. Des bouteilles d'eau sont distribuées. L'entretien peut commencer.

« Vous avez des opposants ici, à Nanjiecun ?

– 90 % des habitants sont satisfaits. Vous savez, le peuple aime obéir au chef.

– Les habitants gagnent 250 yuans. Pourquoi si peu ?

– C'est leur choix. Ils sont nés ici, ils ont grandi ici, ils aiment leur village.

– Vous voulez abolir le système monétaire ?

– Oui, mais pas à pas. Comme la construction du communisme.

– Il y a de la corruption ici ?

– Comme partout, mais c'est de la petite corruption. Nous avons mis en place une méthode d'évaluation de la population. Cette méthode s'appelle "Le Règlement standard du foyer civilisé de dix étoiles du village".

– Qu'est-ce que c'est ? Une sorte de permis à points ?

– Oui. Sur dix étoiles, chacune correspond à un avantage social de la ville. Si vous perdez une étoile, vous perdez l'avantage et ainsi de suite.

– Qu'est-ce qui, par exemple, pourrait me faire perdre une étoile si j'habitais le village ?

– Si votre femme se dispute avec votre mère, c'est une mauvaise chose et donc vous perdez une étoile. »

Je reste bouche bée. Un tiers des habitants ont aujourd'hui leurs dix étoiles, un autre tiers, neuf étoiles, le dernier tiers huit. En dessous, c'est intenable, à la limite de la survie.

Le premier secrétaire Bin veut me rassurer : *« Vous pouvez regagner les étoiles que vous avez perdues, si vous montrez de la bonne volonté et que vous travaillez dur.*

– Qui est chargé de l'évaluation ? Vous ?

– Nous avons mis en place un comité d'évaluation.

– Et les membres de ce comité sont élus par les habitants du village ?

– Non, ils sont nommés. Par le Parti et moi-même. Si vous commettez une faute, on va faire en sorte que vous répariez cette erreur par des séances d'éducation politique. Si ça ne marche pas, on vous enlève une autre étoile. »

Il faut lui tirer les vers du nez.

« Qu'est-ce que ça veut dire "éducation politique" ?

– On relit les écrits du président Mao. On apprend aux fautifs qu'il faut aider les autres et ne pas être égoïste. On leur fait comprendre qu'ils ont beaucoup d'avantages mais, qu'en contrepartie, ils doivent travailler dur.

– Et si rien ne marche, si la personne perd ses étoiles, qu'est-ce qui se passe : elle est bannie ? »

– Oui. »

GRAND HOMME, GRAND MAIRE, UNIQUE PROPRIÉTAIRE

Un photographe tire le portait du premier secrétaire Bin planté, dans son bureau, entre les bustes et les statues du Grand Timonier :

« Nous sommes la fierté du gouvernement central de Pékin. Nous incarnons parfaitement l'idée du développement scientifique.

– C'est pour cela qu'on a l'impression que les habitants ont peur du monde extérieur ? »

Faussement rigolard, Bin esquive : *« Ceux qui ont été chassés du village se sont, très vite, très très vite, rendu compte que la vie à Nanjiecun était douce et harmonieuse. »*

Le premier secrétaire Bin nous conduit au petit cimetière du village. Devant une urne funéraire, face aux cendres de feu l'ancien maire, Wang Jin Jong, qui fut accusé par la presse chinoise de corruption, d'abus de biens sociaux et d'adultère, monsieur Bin vibre : *« Monsieur Wang était un grand homme. Il a tout donné pour la réalisation de notre communauté collectiviste. Ce n'est qu'après sa mort que certains ont commencé à le critiquer. »*

Monsieur Bin explique : *« Nous sommes tous propriétaires des usines. Mais comme le village ne pouvait pas être considéré comme une personne physique, il a bien fallu désigner une personne. Nous avons choisi monsieur Wang. Tous les titres de propriété portent son nom. »* Le problème est apparu à la mort de monsieur Wang : *« On a dit avoir trouvé dans son coffre 20 millions de yuans. On a parlé de ses onze concubines qui seraient venues réclamer leur dû. Tout ça, ce sont des rumeurs. »* Bien sûr. *« Et puis, monsieur Wang est mort aujourd'hui. A quoi cela servirait-il de faire une enquête ?... »*

Fin de l'entretien. Le téléphone de Chen sonne. Mao s'illumine. Une équipe de la télévision nationale chinoise (la CCTV) est là : Nanjiecun vient, à nouveau, de recevoir une récompense des autorités centrales. Cette fois-ci, c'est le *« One billion star village price »* attribué au village le plus idéologique du pays.

Pour l'occasion, lors du dîner, Chen a mis les petits plats dans les grands. Salle de réception privée, serveuses à foison et, au menu, estomacs de poissons, salade de scorpions... Chen s'apprête à demander : *« Dans quelle main, la boulette ? »* Mais ce soir on joue à la courte paille. Il ne connaît pas. Ça l'amuse. Nous, non.

Nous voulons rencontrer une famille de Nanjiecun. Chen accepte et sourit. Nous nous y rendons immédiatement. Surprise : le caméraman, son chef et une journaliste de la presse locale sont déjà là. Nous entrons dans un appartement cossu de 92 mètres carrés. Trois générations sont présentes. Le grand-père a 77 ans. Tous gagnent 250 yuans par mois. La famille est créditée de dix étoiles. Le *Règlement standard du foyer civilisé* est affiché sur la porte d'une chambre. La grand-mère est membre du comité d'évaluation. Elle ne craint pas de perdre une étoile :

« Nous sommes des gens bien. Nous ne faisons jamais d'erreur.

– Quelle erreur pourrait vous coûter une étoile ?

– Par exemple, si une fille se dispute avec sa belle-mère. »

L'ombre du premier secrétaire Bin plane. Orange m'explique que la grand-mère n'en dira pas plus : *« Elle n'est pas très haut placée dans la hiérarchie. Elle ne te dira donc rien. Seuls les leaders sont habilités à répondre. »*

« Ici, c'est le paradis »

Nous accompagnons la grand-mère au supermarché. Elle nous chante *L'Orient est rouge*. Le tiroir-caisse est rempli de fausse monnaie. Dans les rayons, uniquement des produits fabriqués à Nanjiecun :

« Vous voyez, c'est le bonheur. C'est le paradis ici.

– Oui, vous vivez au paradis. Et l'extérieur, c'est l'enfer ?

– Oui.

– Que dites-vous à ceux qui vous qualifient d'imbéciles parce que vous ne gagnez que 250 yuans par mois ?

– Nous admirons l'esprit des imbéciles et nous ne changerons pas.

– Mais si vous deviez émettre une critique ?

– Nous n'avons pas de critique à faire. »

Au supermarché, la grand-mère dépense en fausse monnaie l'équivalent de 100 yuans (11 euros) pour trois litres d'huile et quelques biscuits. Tout ça pour la photo et Nanjiecun-TV qui nous a suivis. Rentrée chez elle, elle allume comme tous les soirs le portrait de Mao qui trône sur le téléviseur : *« Il rayonne pour toute la famille. Si notre leader a fait de bonnes choses ici, c'est parce qu'il a été inspiré par Mao Zedong. »*

Nous nous retirons poliment pour arpenter les rues du village. Elles nous semblent soudain animées. Les ouvriers quittent leurs usines. Chen souhaite nous présenter *« l'historien »* du village. Il s'appelle Wang et réunit, depuis trois ans, les éléments de *« l'aventure extraordinaire »* du village de Nanjiecun. *« Pourquoi, alors que le collectivisme imposé par Mao a été un échec, vouloir rééduquer les gens dans une Chine aujourd'hui plutôt tournée vers le libéralisme ? »* L'historien Wang est embarrassé. Il répète la question, gagne du temps, réfléchit, finit par répondre. Orange soupire : *« Nous n'avons rien à faire ici. »* Puis il traduit : *« Tout le monde doit apprendre auprès de Mao, qui a su développer le marxisme en Chine. Ça devrait répondre à votre question, non ? »*

J'insiste. Monsieur Wang s'échauffe : *« Vous ne comprenez rien à la Chine, vous ne la connaissez pas. Il y a des restrictions dans tous les pays, toutes les entreprises et toutes les familles. Dans votre pays, je suis sûr que c'est la même chose. Et puis, le marxisme est un système qui a toujours existé. Les gens en ont besoin. »*

Sur le bureau de monsieur Wang, deux ordinateurs sont connectés à Internet afin de suivre en temps réel les fluctuations des marchés boursiers. Un peu gêné, un peu confus aussi, monsieur Wang explique : *« Avant la collectivisation, certains au village avaient beaucoup d'argent. Ils continuent à boursicoter. C'est pour ça qu'on est attentif à l'évolution des marchés... »* XXI

Sur le bureau de monsieur Wang, deux ordinateurs sont connectés à Internet afin de suivre en temps réel les fluctuations des marchés boursiers. Monsieur Wang est un peu gêné, un peu confus aussi.

Le Règlement standard du foyer civilisé de dix étoiles

Nettoyage d'une statue de Mao à Chengdu, en septembre 2008. AFP CHINA PHOTOS

✪ L'étoile communiste

Etre fidèle aux dirigeants du Parti communiste, étudier sérieusement le marxisme-léninisme, la pensée de Mao Zedong et la théorie de Deng Xiaoping.

✪ L'étoile de la responsabilité

Avoir un esprit qui aime son poste et respecte son activité. Obéir aux désignations de l'organisation, travailler en groupe, exceller en groupe. Développer courageusement la critique et l'autocritique.

✪ L'étoile de l'effort

Œuvrer pour la cause de Nanjiecun sans avoir peur de l'effort, sans avoir peur des difficultés, sans avoir peur de se sacrifier. Réaliser, chaque mois, des actions non intéressées.

✪ L'étoile culturelle

Etudier avec effort les connaissances culturelles, entretenir une atmosphère saine où chacun aime la culture. Se préoccuper des affaires nationales. Ne pas participer à des activités absolument malsaines.

✪ L'étoile du respect de la discipline

Pouvoir accepter en toute conscience une éducation au système juridique. Respecter consciencieusement toutes les institutions et règlements. Ne pas enfreindre le contrôle des naissances, ni *« les règlements de sanction et de gestion de l'ordre public »*.

✪ L'étoile du nouvel esprit

Ne pas avoir d'activités superstitieuses, ni donner argent ou objets. Organiser sobrement mariages et funérailles. Ne pas privilégier les liens familiaux, ne pas évoquer les filiations claniques, vivre en harmonie avec ses voisins.

✪ L'étoile technique

Etudier activement les connaissances techniques. Les travailleurs en poste doivent être compétents et ne pas arrêter de progresser. La technique doit servir la société, servir Nanjiecun et sa diffusion doit être facilitée.

✪ L'étoile de la diligence et de l'économie

Etre extrêmement méticuleux dans ses comptes, régler ses dépenses sur ses revenus, ne pas rivaliser dans la vie. Réaliser *« le labeur comme racine »*, *« la parcimonie comme gloire »*. N'oublier jamais les durs combats.

✪ L'étoile de la bonté et de la piété

Se montrer bienveillant avec ses parents. Etre attentif et s'occuper de ses enfants, mais ne pas les mettre à l'abri de la critique. Exiger de ses enfants qu'ils aient de riches connaissances scientifiques et culturelles. Faire régner une bonne entente dans la famille.

✪ L'étoile de l'hygiène

Préserver l'environnement. Ne pas jeter les déchets à son gré, ne pas cracher par terre, ne pas répandre de l'eau polluée. Porter attention à son hygiène personnelle, se laver souvent, changer de vêtements souvent, se coiffer souvent, se couper souvent les ongles.

Nanjiecun en bref

La province du Henan, où se trouve Nanjiecun, compte 100 millions d'habitants. Elle est grande comme les deux tiers de la France. La densité et la promiscuité y sont étouffantes.

Les derniers paysans. Il ne reste aujourd'hui à Nanjiecun qu'une poignée de paysans travaillant la terre de la collectivité. Sur quelques centaines d'hectares, trente-cinq cultivateurs fonctionnaires produisent suffisamment pour fournir les 40 kilos de grains mensuels promis à chaque ancien propriétaire de parcelle. Cette production ne suffit toutefois pas à nourrir toute la population du village.

Les bases économiques du village de Mao. Chaque année, le village dépense près de 20 millions de yuans (2 millions d'euros) pour subvenir aux besoins de sa population et à la modernisation des infrastructures. Une broutille, si l'on compare ce chiffre au 1,4 milliard de yuans (150 millions d'euros) de recettes réalisées par les industries de Nanjiecun.

Le village a eu les honneurs de la une du *South China Morning Post*, un journal incisif et impertinent. La corruption de l'ancien maire de la commune maoïste y était dénoncée.

Dans les trois écoles du village, cinq mille enfants sont scolarisés.

L'heure de connexion Internet, à Linying, une ville proche, coûte l'équivalent de 10 centimes d'euros.

Une bibliographie

***Chemins de poussière rouge*, de Ma Jian (L'Aube, 2005).** Au début des années 80, la Chine tente de se remettre du cataclysme provoqué par la Révolution culturelle et par la mort de Mao. Ma Jian est journaliste au service de la propagande des syndicats chinois. En 1983, il devient pourtant la cible des meneurs de la politique de lutte contre la pollution intellectuelle.

***Beijing Coma*, de Ma Jian (Flammarion, 2008).** 4 juin 1989 : des milliers d'étudiants occupent depuis un mois la place Tianan men. Parmi eux, Dai Wei. Quand un soldat lui tire une balle dans la tête, son corps devient sa prison, mais son âme se souvient. Lorsque Dai Wei sortira du coma une décennie plus tard, se reconnaîtra-t-il ? Un chef-d'œuvre que Ma Jian a mis dix ans à écrire.

***Beaux Seins, belles fesses*, de Mo Yan (Seuil, 2004).** Chronique, entre grotesque et drame, d'un siècle d'histoire chinoise, observée d'un village de la province du Shandong. Né en 1956, Guan Moye, fils de paysan, a commencé à écrire en 1981. En 1985, il prend le pseudonyme de Mo Yan, « celui qui ne parle pas ».

***Brothers*, de Yu Hua (Actes Sud, 2008).** Yu Hua est d'abord dentiste avant de devenir écrivain. *Brothers* est son chef-d'œuvre.

***A la recherche d'une ombre chinoise. Le mouvement pour la démocratie en Chine (1919-2004)*, de Jean-Philippe Béja (Seuil, 2004).** Du mouvement du 4 mai 1919 aux événements de la place Tianan men en 1989, de la naissance des murs de la démocratie (1978-1979) aux formes renouvelées de la protestation collective aujourd'hui, Jean-Philippe Béja dresse le tableau complexe d'une dissidence qui a fait de la lutte contre l'autoritarisme son combat.

***Ecrits édifiants et curieux sur la Chine du XXI*e *siècle. Voyage à travers la pensée chinoise contemporaine*, de Chen Yan et Marie Holzman (L'Aube, 2003).** Cet ouvrage regroupe une douzaine de contributions dont les auteurs sont tous chinois, à l'exception d'un texte de l'Américain Perry Link, considéré comme *« le plus chinois des sinologues »*.

Une filmographie

***Blind Shaft*, de Li Yang (2003).** Par une claire matinée d'hiver dans le nord de la Chine, Song et Tang ont une rude journée devant eux, dans l'une des nombreuses mines de charbon de la région.

***A l'ouest des rails*, de Wang Bing (2002).** Un chef-d'œuvre de neuf heures où un homme seul, le cinéaste Wang Bing armé d'une caméra DV, rend compte de la dissolution d'un complexe industriel dans le Shenyang (nord-est de la Chine). Une plongée fascinante dans la fin d'un monde.

***The World*, de Jia Zhang Ke (2004).** D'une grande ambition, *The World* est à la fois document sur une dictature s'ouvrant à l'étranger et à ses capitaux, peinture d'une vie moderne où la technologie se mêle à l'émotion, et réflexion sur le pouvoir des illusions.

Une revue

Perspectives chinoises Trimestrielle, cette revue propose un regard scientifique sur les évolutions actuelles de la Chine.

DOCUMENTAIRE

L'HÔTEL FANTÔME DE LA PLACE ROUGE

Sous le communisme, l'hôtel *Rossia* était la fierté du régime. Un immense édifice à deux pas de la place Rouge et du Kremlin, où séjournaient les délégations étrangères et les célébrités. Trois mille chambres et des kilomètres de couloirs...

Devenu Président, Vladimir Poutine a décidé de détruire le *Rossia*. Sans savoir par quoi le remplacer. Ne reste aujourd'hui qu'un terrain vague, en plein cœur de Moscou. Anne Abitbol a, des mois durant, suivi pas à pas la destruction de ce mythe. *XXI* a eu un coup de cœur pour ce documentaire – qui, exceptionnellement, sera rediffusé en février sur la chaîne Histoire. Sur fond d'images d'archives, de scènes de la vie moscovite et de témoignages surprenants, *Rossia* est une allégorie de la Russie entre deux mondes. Aperçu en dix plans choisis par le dessinateur Jean-François Martin et commentés par Anne Abitbol.

Le claquement de leurs bottes sur le sol, la nuit

Dans les années 60, les opérateurs cinéma de Mosfilm avaient pour consigne de toujours filmer le mausolée par en dessous. Il fallait en imposer.

Trente-huit plus tard, en ce 1er janvier 2006, un garde solitaire grelotte sous la neige. Il ne fait les cent pas que pour se réchauffer.

En fait, le mausolée n'est ni très grand ni très haut. Derrière les lourdes portes en fonte et les murs épais de marbre rouge, Lénine n'est qu'un mort en chair et en os, embaumé, lavé et habillé deux fois par an. Dans la presse, on parle de l'enterrer. Un ami russe me dit qu'ils ne l'enterreront que lorsque qu'ils lui auront pardonné.

En attendant, de l'autre côté de la place, l'hôtel *Rossia* vient de clore ses portes pour toujours. Les fenêtres sont éteintes, les marteaux-piqueurs résonnent au premier étage.

Symbole de modernité et de grandeur à l'époque soviétique, l'hôtel dérange aujourd'hui les occupants du Kremlin. *« Pas assez moderne, pas assez luxueux »*, entend-on. Le maire de Moscou, Iouri Loujkov, le dit anachronique ou archaïque, selon les jours. Il veut reconstruire à l'identique, dit-il. À l'identique de quoi ? À l'identique d'avant le communisme ?

Place Rouge côté « bobo fashion »

L'hiver, à Moscou, entre le Kremlin, le mausolée de Lénine, la cathédrale Saint-Basile et le chantier de l'hôtel *Rossia*, on peut faire du patin à glace sur la place Rouge. La patinoire est parrainée par les grandes marques de luxe installées dans le Goum. Cet ancien marché couvert, transformé en magasin d'Etat par les Soviets, est aujourd'hui un *mall* où se croisent les jolies femmes de Moscou. Certaines font leurs courses chez Dior, Prada et Gucci. D'autres déambulent en rêvant.

Dernièrement, un nouveau magasin a été inauguré : le Gastronome n° 1. Dans un mouvement très *« bobo fashion »*, la fête a été organisée tout comme à l'époque. L'élite moscovite s'est pressée à la soirée pour danser sur les musiques des années 70, déguster des *zakouski* de hareng et de pain noir. Au très chic Gastronome n° 1, les vendeuses sont parées d'uniformes cintrés dignes des femmes de ménage soviétiques de l'hôtel *Rossia*.

Tatiana, au sourire figé

Des mois durant, j'ai regardé des mètres et des mètres d'archives à Krasnogorsk. Frappées de la faucille et du marteau, les bobines me sont apportées boîte après boîte par Nadejda, une petite dame sans âge à la hanche vacillante qui travaille là depuis toujours.

Bobinot n° 67243 : *« Congrès international du pétrole »* (1971). Le congrès se tient au *Rossia*. Une dame brune, au tailleur rouge et chignon lourd, conduit un représentant américain et sa femme à leur suite. Elle leur détaille les équipements de la chambre, du frigidaire à l'air conditionné tellement *« moderne »*.

Bobinot n° 25476 : *« Nous ouvrons notre cœur à nos amis »* (1968). Des étrangers beaux, béats et conquis rencontrent des Soviétiques beaux, beats et conquis. Tous les étrangers logent au *Rossia*. De nouveau, la même femme brune, tailleur rouge, chignon lourd et sourire figé, montre les chambres.

J'ai photographié le visage de cette femme et j'ai erré dans le *Rossia* à moitié détruit pour le montrer aux derniers travailleurs. Un nom est revenu : Tatiana Markovna Priakhina.

Je l'ai appelée, elle m'a reçue. Elle a 81 ans. Les cheveux sont toujours noirs, le chignon est toujours lourd, elle passe son temps à le remettre en place. Elle avait préparé un texte : l'histoire modèle d'une travailleuse modèle.

Un dépeçage en règle

C'est au chalumeau et au marteau que le plus grand hôtel du monde est détruit. Le « planning » prévoyait douze mois de travaux, ils dureront deux ans. Dans les étages, on vide les chambres. Le plafond de la « salle d'or » est fracassé à coups de masse par des ouvriers kirghizs. L'un se penche sur les débris et me dit qu'ils récupèrent les douilles.

Du temps de sa splendeur, le plafond doré était couvert de centaines de lampes illuminant les visiteurs de la salle de réception. Deux semaines de travail seront nécessaires pour, simplement, récupérer les douilles.

Tout au long des travaux, j'ai ressenti l'absurdité. Fenêtre par fenêtre, morceau d'acier par morceau d'acier, carrelage par carrelage, clou par clou : l'hôtel a été dépecé. Ils ont dépecé l'hôtel, en expliquant que tout allait être réutilisé.

Deux ans plus tard, des milliers de fenêtres, des milliers de portes, des milliers de murs de béton attendent inertes dans des entrepôts de banlieue qu'on leur redonne une nouvelle vie. Personne n'y croit vraiment, mais on a fait le travail. Réflexe de fourmi.

Pourquoi ne l'ont-ils pas fait sauter, cet hôtel ?

Au grand bazar

Au *Rossia*, maintenant, on peut tout acheter et tout emporter. La chambre à coucher coûte 300 roubles, soit 9 euros, les rideaux à passementerie 80 roubles, la lampe 50 roubles et la fougère 20 roubles. On vend jusqu'aux plantes. Ces plantes que pendant quarante ans on a fait pousser sous lumière artificielle sur le toit.

Les fleurs servaient à décorer les chambres et les couloirs, mais aussi à participer aux concours annuels de la plus belle composition florale, organisés dans le hall de la réception. Ces concours ont disparu avec l'Union soviétique.

Fleuristes de l'hôtel depuis vingt-quatre et vingt-neuf ans, Ludmila et Natalia accueillent les acheteurs. Chaque plante coûte moins d'un euro. Ludmila tient les comptes. Le directeur appelle, mécontent : tout devait être vendu sans les pots. Natalia grogne : *« Impossible »,* dit-elle.

Le trottoir ressemble à un immense vide-greniers. De jeunes couples, de vieilles babouchka, des prêtres ou des responsables d'orphelinat s'y croisent. Quand les plantes seront vendues, Natalia prendra sa retraite. Ludmila cherche du travail.

Ce jour-là, les ouvriers attaquaient le douzième étage

Poutine n'en a rien à faire du *Rossia*, vraiment rien à faire. Alors, bien sûr, il ne nous a pas accordé d'interview. On a feinté et profité d'une interview accordée à une grande chaîne française.

Poutine est arrivé avec son labrador, Koni. La question sur le *Rossia* a été posée entre une sur l'Ukraine et une autre sur la Géorgie. Une fraction de seconde, Poutine a eu l'air étonné, puis il a dit : *« Ce que je veux, c'est toujours faire ce qui est le mieux. »* Il a poursuivi : cet hôtel, *« personne ne le regrette »*.

Ce jour-là, à l'hôtel, les ouvriers attaquent le douzième étage. Suspendus à une grue de 120 mètres, les murs des chambres 12120, 12121, 12122 descendent l'un après l'autre.

Le patron de la société en charge de la destruction de l'hôtel m'a dit : *« Il faut se débarrasser de certaines choses pour pouvoir construire l'avenir. »* Il m'a aussi dit : *« Quand j'ai appris qu'on allait détruire le* Rossia, *j'ai pris une chambre pour ma famille. Nous sommes venus passer quatre jours, parce que je voulais que mes enfants aient un souvenir de cet endroit. »* Il ne semble voir aucune contradiction dans tout cela.

La grue descend à présent les murs de la chambre 12135.

En fanfare, la valse des lettres

Une fanfare a joué tout l'après-midi. Elle a joué des valses et puis des valses et encore des valses. J'ai pensé à la première scène de *E La Nave Va,* de Fellini, où une fanfare ubuesque fait sonner les cuivres pour fêter le départ du navire. La musique était alors emportée par la tempête.

Ici, à Moscou, c'est Sophia Loren que l'on fête, et la musique se perd dans le bruit des marteaux-piqueurs. La Loren est venue en robe rouge et décolleté forcément sublime. Elle est marraine d'un gala de charité donné dans la salle de concert encore ouverte du *Rossia*. Rostropovitch est là.

Au-dessus de leurs têtes, à plus de 60 mètres de hauteur, les lettres de l'enseigne de l'hôtel sont décrochées une à une. Pour que la poussière ne retombe pas sur les hôtes prestigieux, des ouvriers harnachés ont déployé une bâche sur la façade mitée. Et la fanfare continue à jouer ses valses à tous temps.

Tout le monde fait comme si de rien n'était. La Loren joue à la Loren, le *Rossia* accueille le tout-Moscou.

La nuit tombe, les lettres sont par terre, la fanfare part, la Loren aussi. C'est la dernière fête au *Rossia*.

La broyeuse de façade

À l'automne, de drôles de machines sont arrivées. Montés sur chenilles, ces dinosaures ont arraché ce qui subsistait de la façade. Englouti par les mâchoires de fer, ce qui reste de l'hôtel disparaît rapidement.

De l'autre côté de la rue, dans un hall d'exposition, se tient le congrès de Russie unie, le parti de Vladimir Poutine et Dmitri Medvedev. Poutine annonce qu'il sera le Premier ministre de Dmitri Medvedev. La ville se couvre de banderoles bleu, rouge, blanc, qui, toutes, annoncent *« le plan Poutine »* et *« la victoire de la Russie »*.

Au *Rossia*, je demande aux ouvriers s'ils vont voter. Beaucoup me disent que non. Ceux qui iront voteront pour Poutine, enfin pour Medvedev. Un feu d'artifice retentit au-dessus de la Moskova. On fête quoi ? Je ne sais pas.

L'incroyable maquette de Moscou

J'ai rencontré un type formidable, un type improbable. Un personnage issu des années soviétiques et oublié à la maison de l'architecture de Moscou. Il s'appelle Casimir et a été dans sa jeunesse cameraman à Mosfilm. Depuis trente ans, il filme tout ce que l'on construit et détruit dans la ville. De la première à la dernière pierre. Sous tous les angles. Puis il range ses cassettes dans une boîte, met la boîte dans un placard et tout le monde oublie.

Un jour, il m'a emmenée dans un hall fermé où repose de tout son long une maquette géante de Moscou. Voici quarante ans, on a reconstruit en miniature la ville sur 1 000 m². Chaque immeuble, chaque rue, chaque impasse, chaque courette avec ses arbres est reproduit. Quand un bâtiment disparaît, on l'enlève et le remplace par le nouveau. Les plus vieux immeubles sont reconnaissables, le bois a noirci. Les nouveaux sautent aux yeux par leur blancheur.

Je suis venu le jour où le *Rossia* a été enlevé de la maquette. Un trou béant est apparu au cœur de Moscou. On ne sait toujours pas ce qu'il y aura à la place du *Rossia*.

Lui, c'est Vassili Kouznetzov. Il est à l'hôtel depuis quarante ans. Après avoir été ingénieur, puis représentant du Parti communiste et enfin vice-directeur du *Rossia*, il est responsable de sa liquidation.

Jour après jour, mois après mois, il a assisté à la destruction de l'endroit où il avait travaillé toute sa vie. Incrédule, il a passé son temps à regarder par la fenêtre de son bureau. Il regardait la façade s'émietter. Puis, un jour, son bureau a été attaqué. Alors il est parti, mais pas tout à fait.

Il s'est installé sur le chantier, dans un bureau en préfabriqué. Son contrat était fini, il n'avait plus besoin de venir, mais il n'arrivait pas à partir. Il venait, s'asseyait, lisait les journaux, parlait au téléphone et, la journée terminée, il partait se promener sur le chantier, son appareil photo en main. Quand les préfabriqués ont disparu, alors il a fallu partir, vraiment.

« Oh ma vie ne fut-elle qu'un rêve ? »

Je l'ai revu quelque mois plus tard. Il avait maigri. Il m'a récité un poème d'Essénine : *« Oh ma vie ne fut-elle qu'un rêve ? »* Il m'a dit : *« Si on m'affirme que l'hôtel* Rossia *n'a jamais existé, je ne pourrais que me retourner et demander : "Où ai-je passé toute ma vie alors ?" »* Je l'ai laissé partir. Et puis je lui ai envoyé le film. Pour qu'on ne puisse pas lui dire qu'il avait rêvé. XXI

L'incroyable vie du *« petit Arkadi »* tient en six chapitres d'un roman noir ▩ Tous écrits sous le signe de l'argent et du pouvoir ▩ Pour conquérir la mairie de Jérusalem, il déverse des millions de dollars ▩ A la fête de l'Indépendance, il rassemble 150 000 personnes dans un parc de Tel-Aviv ▩ Dans un restaurant, il remâche ses rancœurs : *« Chirac, ce grand salopard », « Courroye, ce juge manipulateur »* ▩ Il rencontre Pierre Falcone, l'autre principal accusé de l'Angolagate ▩ En 1996, dans sa résidence du cap d'Antibes, il rassemble ses amis : Pierre Falcone, Paul-Loup Sulitzer... ▩ Se place au service de la DST ▩ Identifié comme « relais de la mafia russe » en France, il est récompensé par Pasqua et Chirac ▩ Pour Paris, le seigneur de la guerre devient incontournable ▩ Avec Olivier Dassault, le fils de Serge, il monte un business de traduction ▩ Crée en solo des dizaines de sociétés commerciales et financières à travers le monde ▩ Avec Falcone, il pille les

ENQUÊTE SUR ARKADI GAYDAMAK
LE SEIGNEUR DE LA GUERRE FRANÇAIS

arsenaux russes et le Trésor angolais ▩ Jusqu'au coup de maître : un demi-milliard de dollars en cash ▩ Mais la chute est proche ▩ Un banquier : *« Il a cru que le Betar, l'équipe de foot de Jérusalem, c'était Israël. Comme il a cru que Pasqua et ses amis étaient la France. Même erreur. »* ▩ Par Jean-Pierre Perrin

АРКАДИЙ ГАЙДАМАК
ARCADI GAYDAMAK
ARKADY
ארקדי
גאידמק

1

La mairie de Jérusalem

Sa mégalomanie et sa paranoïa n'ont pas complètement tué sa nostalgie. Sa mégalomanie fait ronfler ses phrases, gonfle ses copieuses invectives lancées contre ses ennemis et maille ses réflexions. Sa paranoïa le conduit à se présenter comme la victime d'un complot ourdi par Jacques Chirac et Dominique de Villepin, avec la DGSE en embuscade. Sa nostalgie, elle, perce fugitivement, alors qu'on ne l'attend pas. Quand, sans véritable raison, il demande au détour d'une question :

« Connaissez-vous le restaurant en face de la gare de Chalon-sur-Saône, celui qui est sur la gauche ?

– Non.

– Non ! Alors, c'est que vous n'êtes pas vraiment Bourguignon... Et la crème de cassis de Dijon, ça au moins vous connaissez ? »

Dans son français parfait, Arkadi Gaydamak exprime alors presque de la mélancolie. Celle d'avoir dû quitter, il y a déjà huit ans, les Champs-Elysées, Deauville, la Côte d'Azur... Et de ne pouvoir y revenir. Du moins sans menottes aux poignets.

Mais, déjà, il se ressaisit, s'étire sur sa chaise. *« La France vous manque-t-elle ? »*, demande-t-on. Le voici aussitôt contracté à la manière d'un chat sauvage qui s'apprêterait à bondir, toutes griffes sorties. *« Continuez... Allez au bout de votre question... Non, non, elle n'est pas finie... Il y a une deuxième partie... Vous voulez savoir si je regrette la France pour m'entraîner sur le terrain qui vous intéresse : l'Angolagate* [l'autre nom de l'affaire Falcone, un énorme trafic d'armes que l'on juge jusqu'en mars à Paris, ndlr]. »

Il a raison, bien sûr. Son regard glacial, et pourtant magnétique comme un éclat de diamant, se réchauffe d'un mince sourire. Il vient de vous prouver que, dans une partie d'échecs comme dans un échange verbal, il a toujours un coup d'avance. Qu'il peut à tout moment vous deviner, vous débusquer.

C'est à ce genre de détail que l'on reconnaît les grands mégalomanes ou les grands paranoïaques. Arkadi Gaydamak est assurément l'un et l'autre.

Est-ce si étonnant pour un personnage que certains ont auréolé de la réputation la plus sulfureuse – celle d'avoir servi de modèle au trafiquant d'armes incarné par Nicolas Cage dans le film *Lord of War* –, quand d'autres, au contraire, l'ont consacré philanthrope absolu, *« l'ange d'Israël »*, pour reprendre le titre sur deux pages du quotidien *Le Monde*, en référence à la manne de bienfaits qu'il a déversée sur ce pays ? Et quand ses fidèles, qui sont dans une autre dimension, celle de la prophétie, l'imaginent en prochain roi de Jérusalem.

Pour le moment, le *« roi »*, l'*« ange »*, le *« seigneur de guerre »*, ou l'homme d'affaires qui pèserait un milliard d'euros, en termine avec sa nostalgie : *« La France me manque beaucoup, mais j'ai continué mon chemin. »* Il se prépare à signer le livre d'or d'un bon restaurant à Abou Ghosh, paisible ville arabe aux portes de Jérusalem. Assis à sa droite, un Juif d'origine syrienne prétend être en communication avec Dieu ; cela ne l'empêche pas de déjeuner copieusement. Assise à sa gauche, sa fille Katia, une beauté célibataire de 27 ans, séductrice en diable dans un ensemble noir moulant.

Née à Paris, comme les deux autres enfants du milliardaire, elle a étudié au lycée Janson-de-Sailly, parle quatre langues, fabrique des bijoux et ne cesse de trouver son père *« génial »*. Elle est en Israël pour l'aider dans sa campagne aux élections municipales.

Le roi entre dans la bagarre politique

Si, aujourd'hui, le milliardaire déjeune à Abou Ghosh, c'est pour soutenir le candidat du parti qu'il a fondé en 2007 : Justice sociale. Un nom qui claque comme un coup de fusil. Mais un programme à peine plus consistant qu'une sonnerie de clairon. Et des candidats dans soixante-dix localités. Le *« roi »*, *«l'ange »*, le *« seigneur de guerre »* est entré dans la bagarre politique. Il veut à tout prix prendre Jérusalem. Et ne ménage ni ses efforts ni ses millions. Cela nous donne un étrange paradoxe.

En Israël, Arkadi Gaydamak est en lice pour conquérir la première ville du pays – une *« simple formalité administrative »*, disait-il. En France, le même Arkadi Gaydamak est recherché au titre d'acteur clé de l'Angolagate, le dernier grand scandale des années Mitterrand.

Proscrit, sous le coup de deux mandats Interpol, il figure en bonne compagnie : Jean-Charles Marchiani, Charles Pasqua, Jean-Christophe Mitterrand, Paul-Loup Sulitzer, Jacques Attali... En tout, quarante-deux prévenus pour un procès pas comme les autres : sur fond d'immixtions politiques, le trafic d'armes avec

> Certains l'ont auréolé de la réputation la plus sulfureuse – celle d'avoir servi de modèle au trafiquant d'armes incarné par Nicolas Cage dans le film *Lord of War*. Quand d'autres, au contraire, l'ont consacré philanthrope absolu, *« l'ange d'Israël »*.

> **Il doit répondre de « commerce illicite d'armes et de munitions, blanchiment d'argent, blanchiment aggravé, abus de biens sociaux, abus de confiance, fraude fiscale... » Ne voulant pas être arrêté, il ne viendra pas au procès.**

l'Angola porte sur des centaines de millions de dollars.

Arkadi Gaydamak est l'un des deux principaux accusés. Il doit répondre de *« commerce illicite d'armes et de munitions, blanchiment d'argent, blanchiment aggravé, abus de biens sociaux, abus de confiance, fraude fiscale... »* Ne voulant pas être arrêté, il ne viendra pas au procès.

De la France ou d'Israël, Gaydamak parle volontiers. Mais il est plus discret en ce qui concerne un troisième pays : la Russie. Il y séjourne pourtant deux semaines par mois. Et c'est là que prospèrent nombre de ses affaires, dont la production d'œufs – il serait le numéro un du marché. Il y dirige aussi le Congrès des organisations et des communautés religieuses juives de Russie (Keroor), l'une des deux organisations de défense des juifs religieux russes. Et y bénéficie toujours d'importants *« protecteurs »*.

Pour le moment, la ville trois fois sainte est au centre de tous ses soucis. *« Etre maire de Jérusalem, c'est le poste le plus important du monde. Si les gens ne s'en rendent pas compte, c'est à cause des anciens maires : ils ont négligé la ville. Mais quand je serai élu, ils verront que c'est la ville la plus importante du monde. Elle est le symbole matériel de toutes les religions du Livre. »*

La singularité de Jérusalem, c'est qu'elle compte trois grandes communautés qui se font la guerre : les ultra-orthodoxes, les laïcs et les Arabes. Chacune représente environ un tiers des 750 000 habitants. Les *haredim* (« craignant-Dieu ») ont un candidat, évidemment un religieux. Les laïcs en ont un aussi, milliardaire comme lui. Les Arabes, eux, n'ont personne : pour ne pas entériner l'*« occupation »* israélienne, ils se refusent à voter et leur participation aux municipales ne dépasse pas 5 %. Gaydamak, c'est son originalité, veut prendre des voix à chaque camp. Sa stratégie est claire : *« Je suis populaire dans les trois communautés. »*

Pour séduire les *haredim*, il est devenu très orthodoxe. Sur certaines affiches, on le voit, lui le mégalo, en arrière-plan du gros chanteur Ben Elbaz, la vedette du principal parti intégriste sépharade (le Shas). En 2007, il a offert 50 millions de dollars à l'Agence juive pour l'aider à l'intégration de nouveaux immigrants. Il a même tenté de racheter la grande chaîne d'alimentation non casher Tiv Taam, promettant de la *« cashériser »*, ce qui lui a valu la première page des journaux israéliens ainsi que la colère de la communauté russe, dans l'ensemble peu religieuse. Ces initiatives ne lèvent pas un grave handicap : son hébreu est médiocre.

SUR SON PASSAGE, ON ENTEND : « SHEKELS, SHEKELS »

Avant le déjeuner, Gaydamak était à Mea Shearim, le quartier des *« hommes en noir »* à Jérusalem. En costume sombre et kippa, il s'est glissé dans les rues de cette ville hors la ville, pauvre, surpeuplée, corsetée par un intégrisme qui exige que les femmes mariées se voilent ou portent des perruques. Enveloppé par une marée de chapeaux noirs qui cherchent à l'approcher, il est resté froid comme un vent sibérien. Il cherche pourtant à leur plaire. Au point de ne plus nous connaître : *« Ne vous approchez pas trop près de moi. On voit que vous n'êtes pas orthodoxes. »* L'un de ses plus proches conseillers, Israël Goldsmith, un rabbin suisse qui habite à Moscou, nous avait promis : *« Vous allez voir ce phénomène incroyable, les gens viennent le toucher, il est reçu comme le nouveau Messie. »*

Ici, la foule semble surtout curieuse et intéressée. On entend sur son passage *« millionnaire »* ou *« shekels, shekels »*. Un peu plus tard, une rapide altercation : *« Tu ne parles pas hébreu »*, crie une voix. Lui de répliquer : *« Quand tu prends mon argent, tu me demandes si je parle hébreu ? »*

David Knaffo, un jeune *haredim*, traduit le sentiment général : *« Bien sûr, il a fait beaucoup pour les religieux. Mais ce n'est pas un religieux. Les gens ne voteront pas pour lui. »*

A TOUS, IL A BEAUCOUP PROMIS

Priorité ensuite aux Arabes, un électorat que nul ne sollicite. Il a couru les mosquées. Il a rencontré, secrètement, le grand mufti de Jérusalem. A tous, comme aux *haredim*, il a beaucoup promis. Et leur a tenu un discours jamais entendu chez les autres politiciens. Contre la ségrégation. Contre la destruction des maisons arabes, décrétées *« illégales »*. *« Personne ne veut leur donner des permis de construire alors les Arabes n'ont pas d'autre choix. Dès que je serai maire, ils en auront. Si les constructions sont trop importantes, on pourra envisager des taxes. Mais il n'y aura plus aucune destruction : elles ne font qu'aggraver le fossé entre Juifs et Arabes. »*

Dans le restaurant, Gaydamak libère sa colère. Comme d'habitude, il en veut à la terre entière, en particulier aux dirigeants israéliens, accusés d'intriguer auprès des responsables arabes afin de dissuader les électeurs d'aller voter pour lui. *« Depuis trois jours, ils tiennent des discussions au plus haut niveau pour créer une situation qui fera que les Arabes n'iront pas aux urnes. J'ai vu hier des* mokhtars [des responsables de quartier ou de village, ndlr]. *Ils m'ont confié que ce qui s'est passé à Silwan* [un quartier arabe

où des demeures ont été rasées, ndlr] *a été décidé par les autorités israéliennes dans le but de faire monter la haine des Arabes contre les Juifs. »*

L'entrée en politique de Gaydamak inquiète tout le monde. Le camp arabe : les mosquées ont exhorté les fidèles à déserter les urnes. Les partis politiques israéliens : pendant la courte période où elle fut Premier ministre, Tzipi Livni a insisté pour qu'aucune alliance ne soit passée avec lui. Il feint de s'en féliciter : *« La seule déclaration politique qu'elle a faite en deux semaines, c'était contre moi. La preuve qu'ils ont tous une trouille noire. Ils me considèrent comme la force publique la plus dangereuse. »* Sa fille Katia renchérit : *« Tzipi Livni, une femme vide, méchante, mauvaise. »*

Si la classe politique israélienne se sent en danger, c'est parce qu'il a su s'engouffrer dans un vide. *« Il a remplacé l'Etat lorsque ce dernier était incapable de donner aux gens ce dont ils avaient besoin »*, résume une journaliste israélienne.

Presque le roi d'Israël

Les responsables israéliens ont pris conscience de l'ampleur du phénomène Gaydamak pendant la guerre de l'été 2006. En riposte aux bombardements sur le Liban, le Hezbollah déverse une pluie de roquettes sur le nord d'Israël, 3 800 engins tirés en trente-trois jours. Le Premier ministre, Ehud Olmert, est dépassé. Il n'a rien prévu pour le demi-million de personnes qui veulent gagner des régions moins exposées.

Surgit le milliardaire. En quelques jours, Gaydamak fait édifier à ses frais une extraordinaire ville de tentes près de Nitzanim, au sud de Tel-Aviv. Adjoint au maire de Jérusalem et ancien bras droit d'Olmert, Yigal Amedi se souvient : *« Les gens arrivaient au rythme de 6 000 par jour. Ils trouvaient tout ce dont ils avaient besoin : des tentes, des lits, des couvertures, de la nourriture et des jeux pour les enfants. J'ai pensé que l'homme qui avait mis cela en œuvre était celui dont avait besoin Jérusalem. »* Journaliste israélien, Michaël Blum a été frappé par le spectacle du camp de tentes :

« Nombre de personnes étaient encore hébétées par des jours et des nuits passés dans leurs caves. Et elles se retrouvaient dans ce camp où tout avait été préparé, même des baby-sitters. Il y avait, chaque soir, des spectacles où les chanteurs se succédaient. Le Coca-Cola coulait à volonté. » Coût estimé de l'opération : 15 millions d'euros.

En novembre 2006, Gaydamak récidive en volant au secours de Sderot, une ville proche de Gaza, cible des roquettes du Hamas. Nouveau camp de toile. Et nouvelle idée : un millier de personnes se voient offrir des week-ends à la station balnéaire d'Eilat.

« Il y a deux ans, il était presque devenu le roi d'Israël », souligne Avi Kostelitz, un sioniste religieux, qui dirigea pendant vingt-cinq ans le Shin Bet, les services de sécurité intérieur. S'il a rallié Gaydamak – il est en deuxième position sur sa liste –, c'est à cause du rachat du vieil hôpital Bikour-Holim : *« Il l'a sauvé de la fermeture et évité que des centaines d'employés soient jetés au chômage. Personne n'avait été payé depuis trois ans et demi. Il a injecté 32 millions de dollars et, depuis un an, tous les employés reçoivent un salaire. »*

Il a beaucoup acheté : des hommes, des sociétés...

Comme partout où il s'est installé, le milliardaire a noué des liens étroits avec l'appareil sécuritaire. En Israël, il s'est rapproché de Danny Yatom, l'ancien numéro un du Mossad, et d'Avi Dagan, son chef des renseignements. Avec eux, il a monté une société de mercenaires, le Strategic Consulting Group, qui, incidemment, protège les intérêts diamantifères du patron en Angola. Et il a beaucoup acheté : des hommes, des sociétés, des fondations caritatives. Beaucoup organisé de bien coûteuses fêtes. Celle du 30 décembre 2005 à Tel-Aviv a accueilli le gratin de la politique israélienne : Olmert, le fils d'Ariel Sharon, le chef du parti travailliste... Coût : 250 000 euros. L'année suivante, pour Hanoukka, la fête des Lumières, 1 200 couverts et, en vedette, le chanteur Enrique Iglesias. En 2007, pour la fête de l'Indépendance, 150 000 personnes dans un parc de Tel-Aviv.

Comme le sport fait battre le cœur des Israéliens, il s'offre aussi des clubs. Son plus beau trophée est le Betar Jérusalem, une équipe de foot acquise à l'été 2005 grâce à une caution bancaire de 11 millions d'euros. Véritable institution, le club était moribond, il le ressuscite avec son chéquier. Gaydamak fait venir l'entraîneur Luis Fernandez pour 600 000 euros annuel et l'international Michael Zandberg pour 360 000 euros. Les victoires deviennent des formalités : le Championnat d'Israël en 2007, la Coupe en 2008.

A de multiples reprises, la Fédération israélienne de football condamne et sanctionne la violence et le racisme extrême des fans du club. Affronter le Betar devient, pour les joueurs arabes israéliens, un cauchemar. Le stade Teddy est surnommé *« l'enfer »*. Les supporters hurlent *« mort aux Arabes »*, déferlent parfois sur le terrain. *« Le vrai peuple »*, dit un admirateur. Celui qui réunit les petits vendeurs de quatre saisons du marché Mahane Yahouda aux gros richards à cigares, et qui prend le temps d'aller prier sur les tombes de ses rabbins préférés avant de se déchaîner pendant les matchs. Ces outrances, le milliardaire les condamne. Sans s'interdire de menacer de la colère des supporters les journalistes dont les articles lui déplaisent.

Pour jouer sur tous les fronts, il achète l'équipe de basket d'Hapoël Jérusalem, un club *« rouge »* cette fois. Et il subventionne le foot arabe de Sakhnin, une équipe de première division haïe par les supporters du Betar.

Pour le moment, Gaydamak déjeune. Et s'abîme dans ses rancoeurs : *« Chirac, ce grand salopard »*, *« le juge Courroye, ce manipulateur »*... S'abîme, jusqu'à ce qu'apparaisse, brusquement, une nouvelle faille : le voici menaçant de porter toutes ses médailles face à ses détracteurs. L'israélienne : *« Je suis le seul civil israélien décoré d'une médaille militaire avec l'autorisation de la porter. »* Les françaises, dont la médaille du Mérite : *« C'est la moindre des choses quand on a sauvé la vie de deux pilotes et de quatre officiers de la DGSE. La France aurait dû me traiter en héros au lieu de faire de moi un paria. »*

Pourquoi *Lord of War* éprouve-t-il cette impérieuse nécessité d'invoquer ses breloques ? Par besoin de reconnaissance, son souci permanent. L'histoire de la médaille du Mérite nous ramène dix ans en arrière, le 14 juillet 1996.

2

Au service de la France

En ce jour de fête nationale, une cérémonie est organisée à la préfecture de Toulon. Elle se poursuit par une réception au cap d'Antibes, à la villa L'Islette, l'une des résidences secondaires en France du milliardaire. En cette année 1996, lui remettre la distinction peut ne pas sembler indécent. Mais un innocent qui se rendrait à la fête remarquerait sans doute que tout y semble bizarre.

Bizarre, la gigantesque villa, chemin de la Mosquée (il n'y a jamais eu de mosquée dans le coin), construite sans permis, et objet depuis trois ans à la fois d'une hypothèque et d'une menace de démolition. Elle a depuis été détruite.

Bizarre, ce préfet hautain qui officie avec un accent corse prononcé, Jean-Charles Marchiani. Homme de l'ombre toujours à la recherche de la lumière, il se revendique *« sauveur »* des otages français du Liban.

Bizarres, ces invités dont on cherche ce qui les réunit : Pierre Falcone, l'homme de l'Angolagate, Paul-Loup Sulitzer, l'écrivain d'influence, Gilbert Salomon, marchand de viande et précédent propriétaire des lieux.

Bizarre, aussi, l'absence de Charles Pasqua : c'est lui qui a sollicité la distinction en sa qualité de président du conseil général des Hauts-de-Seine.

Bizarre, toujours : la médaille a été prise sur la réserve personnelle du président de la République, Jacques Chirac.

Tous les ingrédients d'une ténébreuse affaire sont là. Pour la comprendre, il faut remonter le temps et partir pour les Balkans. Le 30 août 1995, deux pilotes français, Frédéric Chiffot et José Souvignet, tombent entre les griffes du commandant des Serbes de Bosnie, le général Ratko Mladic, aujourd'hui inculpé de *« crimes contre l'humanité »* et toujours en fuite. Le *Mirage 2000* est abattu alors qu'il pilonnait des positions serbes, Paris est sans nouvelles d'eux.

Persuadée que les deux pilotes ont été fusillés, la Direction générale de la sécurité extérieure (DGSE) rédige un rapport en ce sens. Jacques Chirac est inquiet : il fait appel à son ministre de l'Intérieur, Charles Pasqua. Lequel délègue l'affaire à Jean-Charles Marchiani et à la Direction de la surveillance du territoire (DST). On est alors en pleine guerre des services : DST contre DGSE.

L'ami des politiques français

La DST prend contact avec Moscou : la Russie est l'allié historique de la Serbie, et Jacques Chirac a demandé, lors d'un sommet, l'aide de son homologue, Boris Eltsine. Services russes et français se mettent à travailler ensemble.

D'un côté, le général Victor Zorin, chef du service antiterroriste du FSB (ex-KGB). De l'autre, Raymond Nart, le numéro deux de la DST. De son chapeau, Nart tire immédiatement son ami Gaydamak. Depuis une quinzaine d'années, Gaydamak est « traité » par ses services, puis par lui-même, en direct. Lié au général Zorin, Gaydamak est ravi : il a déjà besoin de redorer son blason.

« La question qu'il faut se poser, c'est celle-ci : pourquoi a-t-on décoré quelqu'un qui faisait l'objet d'aussi nombreuses enquêtes de notoriété, avec des conclusions aussi négatives ? »

Il se place totalement au service de la DST et de Marchiani. En compagnie du préfet, il se rend à Moscou et à Belgrade. *« Il n'a pourtant,* note un ancien des services, *aucun réseau dans la région et a fortiori aucun accès au premier cercle décisionnel serbe et bosno-serbe. »*

Exact, mais Gaydamak est « piloté » par les services russes et, dès lors, aidé par des officiers spécialisés. Cela, il l'admet lui-même : *« J'ai travaillé avec le colonel du FSB Vladimir Koulitch, le colonel des services extérieurs de renseignements Oudinstev Valery et le général Zaïtsev, le chef des renseignements militaires à l'ambassade russe à Belgrade. »* Il assure : *« Deux jours plus tard, ils m'ont informé qu'ils avaient trouvé les pilotes, qu'ils étaient sous contrôle d'un groupe de Serbes de Bosnie. »*

Le préfet Marchiani affirmera aux enquêteurs que c'est bien le milliardaire qui a *« débloqué la mise en œuvre sur le terrain de deux services russes, le FSB et le SVR »*, les homologues de la DST et de la DGSE. Il précisera : *« L'aide qu'il m'a apportée dans la recherche, la localisation et la libération des pilotes a été capitale. »* Gaydamak déclare : *« J'ai dépensé 500 000 dollars dans cette histoire. »* Marchiani et Pasqua confirment.

Mais la DST double son agent. Le service fait appel au député Yves Bonnet, qui, quelques années plus tôt, était le patron de Nart. Proserbe engagé, Yves Bonnet a un bon réseau et bénéficie de contacts au plus haut niveau avec les personnalités les plus infréquentables. C'est à l'Assemblée nationale que Raymond Nart contacte le député. Un ancien des services précise : *« La DST a ainsi pu activer des Français proches de Jovica Stanisic, qui s'est révélé décisif dans cette affaire. »* Aujourd'hui inculpé comme criminel de guerre, Jovica Stanisic était alors le tout-puissant patron des services secrets de Belgrade.

Le député Yves Bonnet va aussi organiser la mission sur place du général Pierre-Marie Gallois, autre militant proserbe. En décembre, les deux otages sont libérés. Le chef d'état-major interarmes, le général Jean-Philippe Douin, les ramène à Paris.

Mais pas question pour le général Gallois, le général Douin et le député Yves Bonnet de reconnaître le rôle joué par Gaydamak. Ils l'accablent donc. Aux enquêteurs, le général Gallois affirmera : *« Je n'ai jamais rencontré MM. Marchiani et Gaydamak. Je pense que leur intervention ultérieure a failli faire échouer toute l'entreprise car Mladic* [le général bosno-serbe, ndlr] *a cru que les propositions qu'il m'avait faites ne tenaient plus. Et dès lors, il n'était plus engagé par ce qu'il m'avait dit. »* Yves Bonnet est encore plus sévère. Il décrira Marchiani comme un *« escroc aux renseignements »*, un *« affabulateur »* et un *« opportuniste »*.

De Chirac à Pasqua

Dans ses *Carnets intimes*, publiés en 2003, Raymond Nart s'indignera de tant d'ingratitude envers Gaydamak : *« Cet homme a travaillé pour la DST. Lui demander des comptes sur ses affaires passe encore. S'acharner sur lui pour des services qu'il nous a rendus risque de compliquer considérablement la tâche du contre-espionnage. »*

Sur quoi s'est jouée la libération des deux officiers ? Fort probablement grâce à l'intervention des Russes. *« Gaydamak a joué un rôle soit actif, soit de compréhension du sujet mais, même là, il a tapé à un très haut niveau »*, note un ancien des services. Gaydamak serait donc dans le coup. Comme prix de son aide, le milliardaire a exigé que la Légion d'honneur lui soit remise. Comment faire puisque tous les protagonistes s'attribuent le mérite de l'opération et contestent son rôle ?

Un tour de passe-passe est imaginé. Pasqua et Chirac décident de lui décerner l'ordre du Mérite, pour services rendus dans l'exportation de... viande bovine en Russie. Quelque 40 000 tonnes, précise le mémoire de proposition signé par Philippe Vasseur, alors ministre de l'Agriculture et ancien journaliste au *Figaro*. Reste l'enquête de moralité, obligatoire. Elle figurera au dossier, impeccable et certifiée par Philippe Vasseur.

« Un relais de la mafia russe sur notre territoire »

A quoi servent donc les Renseignements généraux ? A la direction centrale des RG, Gaydamak est bien connu. Mais pas comme « agent » de la DST, comme *« l'un des relais de la mafia russe sur notre territoire »*, selon une note du 7 août 1995. Quatre autres notes, toutes rédigées entre 1994 et 1996, font état des activités suspectes du milliardaire dans *« la criminalité organisée en provenance des pays de l'Est »*.

Ce n'est pas tout. La cellule anti-blanchiment Tracfin du ministère des Finances et l'Office central pour la répression de la grande délinquance financière (OCRGDF) ont mené, respectivement en 1994 et 1995, des enquêtes sur lui. Gaydamak était loin d'être inconnu de la police judiciaire.

Pour *« services rendus sur le marché de la viande »*, la médaille de chevalier de l'ordre du Mérite est, toutefois, épinglée à son veston le 14 juillet 1996. *« C'est la consécration de ma vie »*, confie-t-il à Sulitzer. Peu après, il recevra l'ordre du Mérite agricole. De ces deux distinctions, il fera bon usage pour forcer les portes qui lui résistent. D'autant qu'il les maquille volontiers en Légion d'honneur dans ses courriers. Une source proche de l'enquête : *« La question qu'il faut se poser, c'est celle-ci : pourquoi a-t-on décoré quelqu'un qui faisait l'objet d'aussi nombreuses enquêtes de notoriété, avec des conclusions aussi négatives ? »*

La réponse figure, sans doute, dans le dossier de l'Angolagate. Charles Pasqua y est accusé d'avoir perçu, pour son intervention auprès de Jacques Chirac, la somme de 1 500 000 francs (près de 230 000 euros). Cet argent a été viré sur le compte de l'association France Afrique Orient, paravent de Demain la France, le mouvement politique présidé par Pasqua.

L'ancien ministre de l'Intérieur a aussi perçu plus de 800 000 francs (125 500 euros) pour des frais de transport aérien. De son côté, le préfet Marchiani a au moins touché 902 378,50 francs (137 566,71 euros), également au titre des frais de transport.

Plus qu'un atout précieux, *Lord of War* est devenu incontournable pour la DST. L'année suivante, Raymond Nart et Zorin, le chef du service antiterroriste du FSB, réactivent Gaydamak. Il s'agit de libérer quatre otages français, membres de l'ONG Equilibre et capturés au Daghestan, une République russe proche de la Tchétchénie. Raymond Nart, numéro deux du contre-espionnage français, révélera plus tard que deux des otages – les quatre, selon Gaydamak – étaient des agents de... la DGSE. Dans la guerre des services, tous les coups bas sont permis.

3

L'incroyable ascension

Lorsqu'il arrive en France, en 1972, Arkadi Gaydamak a tout juste 20 ans. Il ne vient pas de Russie, mais d'Israël. Il est l'un des premiers Soviétiques à avoir pu y immigrer. Son nom est d'origine moldave, mais ses parents s'appellent Gershuni. De cette partie de sa vie, qu'il a gommée, on sait simplement qu'il est né à Moscou, le 8 avril 1952, et que son père dirigeait un hôpital dans la capitale russe. Ses études ? *« Il n'en a sans doute pas fait beaucoup. Sinon, il s'en vanterait »*, indique un homme d'affaires qui fut en relation avec lui. A-t-il dirigé un cirque comme il le prétend ? Ou été simple gardien ? Le futur milliardaire n'est pas que glacial et taciturne : il cultive le secret comme une orchidée rare.

Montée en puissance

Son séjour en Israël dure six mois. Il est docker à Haïfa et vit dans un kibboutz. Une telle vie ne lui convient pas. Il parvient à embarquer sur un cargo comme matelot. C'est en clandestin qu'il débarque à Marseille. Des petits boulots, d'abord. Une vie plutôt précaire, sans doute du côté de Malakoff ou de Vanves. Il aurait même vécu d'*« expédients »*, selon un enquêteur. On l'interroge. *« Quand je dormais sur un banc des Tuileries, on ne me demandait pas si j'étais colonel du KGB »*, nous répond-il. Un possible emploi d'électricien – il a un CAP. Puis, le voici traducteur, bientôt introduit au cœur des discussions portant sur de fabuleux contrats que veulent nouer les plus grandes entreprises françaises et russes.

Les RG s'interrogent sur une telle montée en puissance. La DST, elle, le recrute. Elle veut savoir ce qui se trame lors des négociations. En 1980, Gaydamak ouvre avec Olivier, le fils de Serge Dassault, sa propre boîte de traduction, la Sotradoc. De nombreuses autres sociétés vont être créées dans la foulée : à Paris, la Compagnie internationale de technologie et d'investissements, chargée d'intermédiation avec l'Est; à Jersey, la société IMG Venture Sport ; à Moscou, la Bank Moskva, une banque commerciale ; au Kazakhstan, la société Ventura, spécialisée dans l'exportation de charbon...

A ces structures commerciales s'ajoutent des dizaines de sociétés financières : la Kent et CO, domiciliée à Londres mais titulaire de comptes à Genève ; les sociétés néerlandaises Reminvest BV et Extrainvest BV, avec des comptes en Suisse ; la société EDSACO, titulaire de comptes à la Cantrade Private Bank Channel Island de Jersey...

« Pour empêcher que l'on remonte jusqu'à lui, Gaydamak procède toujours ainsi : il crée une société de gestion, qui gère un trust, qui, à son tour, gère plusieurs sociétés », explique une source judiciaire. Ses comptes sont éparpillés dans le monde : Israël, les Bahamas, Gibraltar, le Luxembourg, la Russie, les îles de Man, de Jersey et des Caïmans... Bientôt, il va se lancer dans l'agroalimentaire. Et devenir l'un des fournisseurs attitrés du grand hôtel Métropole à Moscou, le coeur du business russe de haute volée. Sans doute sa première grosse affaire.

La nationalité française grâce à la DST

Avec l'appui de la DST, il obtient en 1986 la nationalité française. Il bénéficie déjà de la nationalité israélienne. Il a aussi obtenu la nationalité canadienne après y être parti en 1981, alors qu'il craignait la prise du pouvoir en France par les communistes.

Au début des années 90, il fait la connaissance de Pierre Falcone, l'un des acteurs clés de l'Angolagate. Pierre Falcone est alors conseiller pour l'Amérique du Sud et l'Afrique australe de la Société française d'exportation de matériels, systèmes et services (Sofremi). La Sofremi relève du ministère de l'Intérieur. Un homme d'affaires togolais, Georges Kentzler, ami de Jean-Christophe Mitterrand, qui sera responsable Afrique à l'Elysée, les a présentés.

Arkadi Gaydamak place ses pas dans ceux de Pierre Falcone. Il devient son ombre. Ensemble, les deux hommes vont, dès 1993, mettre au point l'incroyable trafic d'armes qui va défrayer la chronique : l'Angolagate. Il faudra huit ans d'enquête à la justice pour en dénouer les fils. A lui seul, le dossier pèse une tonne et demie. Plus de 50 000 documents ont été saisis.

Pour comprendre l'enjeu de l'Angolagate, il faut remonter à la guerre, d'une cruauté extrême, qui oppose les forces du président angolais José Eduardo Dos Santos aux rebelles de l'Unita de Jonas Savimbi. Le régime angolais a besoin d'armes. Les Nations unies ont décrété un embargo. Pour venir en aide à des autorités aux abois, Pierre Falcone crée la société Brenco International. Son siège ? L'île de Man. Son bureau ? Avenue Marceau.

Les rôles sont répartis. Pierre Falcone gère les relations avec les dirigeants angolais. Gaydamak achète les armes. *Lord of War* puise dans les arsenaux de l'Est : depuis l'effondrement du bloc soviétique, ils dégorgent de surplus. Ses contacts avec la hiérarchie militaire, il les obtient grâce à ses exportations de produits alimentaires, qui lui ont permis de devenir proche du maréchal Vladimir Semenov, un ancien d'Afghanistan promu chef d'état-major de l'armée de terre avant de devenir gouverneur de la république de Karatchaievo-Tcherkessie.

L'armée russe vénère le cognac français. Gaydamak en devient fournisseur. *« Le flacon coûtait plus cher que le liquide »*, confiera Semonov à un interlocuteur français. *« Petit Arkadi »*, comme l'appelle le maréchal, devient grand. En 1997, les deux hommes créent un fonds de pension qui permet aux officiers russes de toucher une retraite.

Représentant officiel du gouvernement angolais, il fréquente les dirigeants de Rosoboronexport, l'agence fédérale russe d'exportation d'armes. En 1997, il est nommé conseiller du président Dos Santos, obtient la nationalité angolaise et, l'année suivante, un passeport diplomatique.

L'Angola, quasi aux pieds de l'ancien électricien

Le trafic d'armes prend de l'ampleur. Le matériel est à ce point vétuste qu'il part parfois directement à la casse. En tout, selon l'ordonnance de renvoi de l'Angolagate, les achats d'armes représentent 790 millions de dollars. Et un bénéfice de 397 millions de dollars *« pour acheter l'influence de diverses personnalités du monde politique, économique et des médias »*.

Sur le papier, c'est une société slovaque – mais à capitaux russes –, ZTS-Osos, qui apparaît comme le fournisseur. En réalité, ZTS-Osos est une *« coquille vide »* : Falcone et Gaydamak utilisent essentiellement son papier à en-tête.

A présent, l'Angola est quasi aux pieds de l'ancien électricien. Il y facilite l'implantation de sociétés françaises : Compagnie générale des eaux, Alcatel, Bouygues, Thomson, Compagnie des signaux... *Lord of War* s'occupe de la protection des plates-formes de forage en mer, participe à l'exploitation de la mine de diamants Katoka, cinquième gisement mondial....

Ce ne sont là, pourtant, que petits profits. En duo avec Pierre Falcone, *« petit Arkadi »* va réussir un coup de maître. Les deux hommes vont renégocier un accord sur la dette contractée par Luanda envers Moscou. Cette escroquerie de génie laissera pantois les banquiers suisses, qui en ont pourtant vu bien d'autres.

> Les rôles sont répartis. Pierre Falcone gère les relations avec les dirigeants angolais. Gaydamak achète les armes. *Lord of War* puise dans les arsenaux de l'Est, qui dégorgent de surplus.

ministre. Dans une lettre datée du 3 décembre 2003, l'expert désigné par le juge d'instruction suisse Daniel Devaud estime que l'escroquerie a coûté près d'un demi-milliard de dollars à Moscou.

4

Le Trésor angolais

L'accord est signé le 20 novembre 1996. Ce jour-là, il est convenu qu'une société offshore, Abalone, propriété de Falcone, de Gaydamak et d'un troisième larron, Vitaly Malkin, intervienne comme structure de paiement de la dette. En contrepartie, il est également convenu qu'Abalone reçoive l'argent qui permettra le remboursement de la dette via la société pétrolière angolaise Sonangol.

De 5,5 milliards de dollars, la dette angolaise vis-à-vis de la Russie est déjà tombée à 1,5 milliard dans le cadre de la renégociation où les deux compères ont été actifs. Les versements débutent. Une première tranche de 750 millions de dollars est versée. Seuls 161 millions parviennent aux caisses de Unicombank de Moscou. Curieusement, quelques semaines plus tard, la même Unicombank fait... faillite.

Le 23 août 1999, le solde de la première tranche fait l'objet d'un accord complémentaire. Il sera réglé au moyen de « papiers valeur » – des *prin's* et des *yan's* dans la terminologie des banques, l'équivalent de bons d'escompte. Sur le marché, ces papiers se négocient, à peine, à 6,5 % de leur valeur nominale. Abalone les rachète. Puis les revend plein pot au Trésor russe. Bénéfice net de l'ensemble de l'opération : 93,5% de 750 millions de dollars.

Dorment aussi, quelque part, plus de 750 millions de dollars, représentant la seconde tranche du paiement de la dette russe. De cette somme, on ne sait rien. Elle serait théoriquement bloquée par la justice suisse. Mais, Luanda multipliant les pressions, rien n'est moins sûr.

Qui a pu entériner un tel accord ? Côté russe, une bonne relation de Gaydamak : le vice-ministre des Finances, Mikhaïl Kassianov, surnommé *« Micha 2 % »*, ce qui ne l'empêchera pas de devenir plus tard Premier ministre.

De fabuleuses commissions

L'Angola, dont les dirigeants ont touché de fabuleuses commissions, se fâche contre le juge Daniel Devaud et menace Genève. La Cour des comptes russe exige l'annulation de toutes les actions de justice. Faute de la moindre plainte, le parquet suisse doit se résoudre à classer l'enquête. Gaydamak, lui, triomphe : il est nommé en juillet 2000 président du Conseil de surveillance de la Rossiiskii Kredit Bank, la cinquième banque russe. Il a alors pour adjoint... Vitaly Malkin, le troisième homme d'Abalone.

Mieux encore : avant que les comptes d'Abalone ne soient bloqués, il parvient à vider les siens et, semble-t-il, une partie de ceux de Pierre Falcone, fâché depuis. *« Ce coup-là, c'est le summum ! Celui qui permet à Gaydamak de jouer dans le cour des grands, de se hisser au niveau des Abramovitch et autres oligarques, de s'acheter des entreprises, des équipes de foot... »*, résume un ancien conseiller du président Dos Santos.

5

Connexions moscovites

A Moscou, *« petit Arkadi »* a maintenant pénétré le cœur de l'oligarchie. Il fréquente Roman Abramovitch, l'ancien banquier de la famille Eltsine. Il invite à dîner, chez lui à Paris, Igor Ivanov, le ministre des Affaires étrangères. Il noue des relations financières privilégiées avec un autre oligarque : Mikhaïl Khodorkovski, patron du groupe pétrolier Ioukos – actuellement au bagne pour avoir défié Poutine. Il s'attaque aussi au Kazakhstan, où il a des entreprises sidérurgiques et d'engrais. Et est nommé conseiller spécial du président Noursoultan

Nazarbaïev. Comme toujours, Gaydamak entretient des relations privées avec les « services ». En l'occurrence, selon la DGSE, avec Rakhat Aliev, un dirigeant du KNB local, l'équivalent du KGB.

Des méthodes un peu rudes

Mais sa rapide ascension, soudaine et stupéfiante, n'est pas sans danger. Une note rédigée en 2000 par la DGSE en rend compte : *« A la suite d'un différend l'opposant en 1994 à d'anciens associés de la banque Moskva, Gaydamak n'a jamais caché qu'il avait été contraint de solliciter la protection de Viatcheslav Ivankov, alias le Japonais, considéré comme le parrain de la mafia russe aux Etats-Unis, condamné en 1996 par la justice américaine pour extorsion de fonds. »* Plus loin, toujours dans la note : *« De même, dans la gestion de l'approvisionnement de l'hôtel Métropole, il s'était retrouvé associé à Alimjan Tokhtakhounov, alias le Taïwanais, membre important de la mafia russe résidant à Paris depuis 1993. »* Une précédente note, du 23 juillet 1998, accusait *« le Taïwanais »* de *« kidnapper des réfugiés russes en Allemagne et de racket »*.

Un examen des comptes bancaires du milliardaire montre qu'il versait chaque mois dans les années 90, via la banque UEB de Genève, des sommes importantes sur le compte Barclays de *Taïwantchik* – le « petit Taïwanais », en russe –, actuellement inculpé par la justice américaine pour avoir truqué les épreuves de patinage aux Jeux olympiques de Salt Lake City, en 2002.

Mais Gaydamak a plutôt ses amitiés dans la pègre ouzbeke, bien présente en Russie depuis Leonid Brejnev. « Plutôt », car sa stratégie est, en réalité, de mettre un pied partout : chez les dirigeants, les oligarques, les services secrets, l'establishment militaire, le crime organisé... D'où des méthodes un peu rudes.

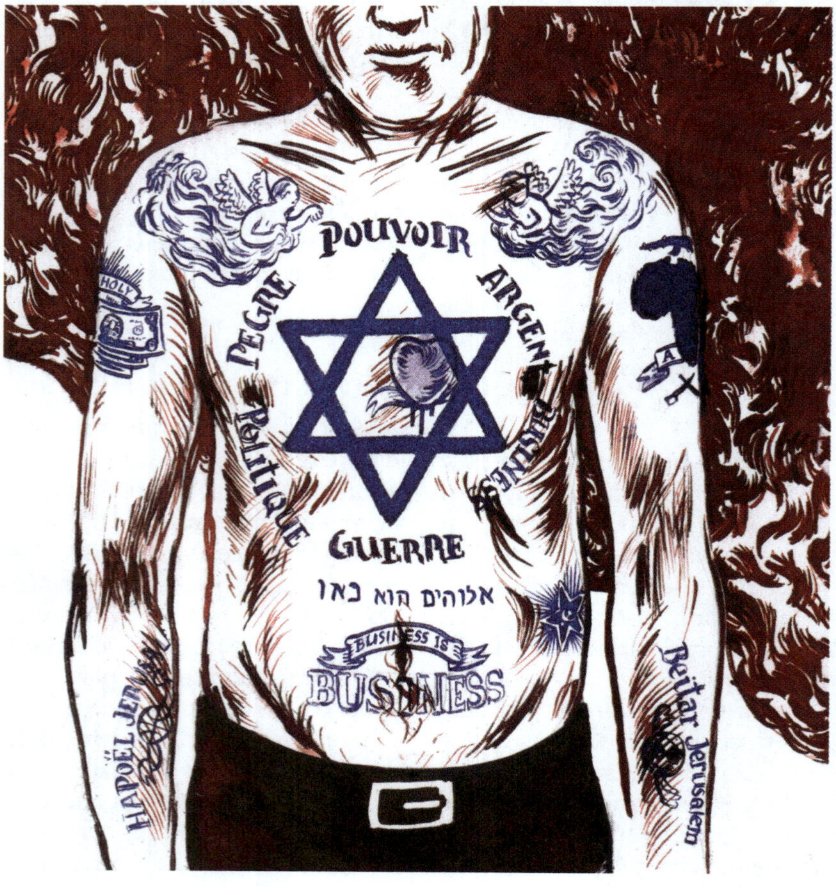

Les parrains corses

Sollicité pour faire visiter Genève au maréchal Semonov, un homme d'affaires suisse raconte que *« petit Arkadi »*, en bon paranoïaque, a cru qu'il piétinait son territoire : *« Avant que le malentendu ne soit dissipé, on m'a fait savoir à plusieurs reprises que Gaydamak n'était pas content. On m'a dit que l'on connaissait le chemin pris par mon fils pour aller à l'école et on m'a menacé des frères Charles et Robert Feliciaggi »*, deux « parrains » corses.

Décidément, on ne quitte pas l'Angola. Charles Feliciaggi a été l'homme des imports-exports confidentiels du président Dos Santos : il a assuré l'approvisionnement de la garde présidentielle. Robert, son frère, *« empereur »* des casinos en Afrique et ancien conseiller régional en France, fut un ami de Charles Pasqua. Il dirigea localement le RPF, créé par l'ex-ministre de l'Intérieur.

C'était avant qu'il ne soit tué – de deux balles de 38 Special tirées dans la tempe et la nuque – dans sa BMW noire garée sur le parking de l'aéroport d'Ajaccio, le 11 mars 2006.

6

La chute annoncée

A Jérusalem, ce 11 novembre, l'heure du jugement des électeurs a sonné. Les Arabes ne sont pas allés voter. Les *haredim* l'ont ignoré. Gaydamak est battu par K.-O. Il ne recueille que 3,6 % des suffrages. Ses conseillers annoncent qu'il ne viendra pas à son Q.G., en raison d'une *« forte fièvre »*.

« Comme il n'a rien compris à la société israélienne, il a commis toutes les erreurs stratégiques. Quand on vient ici en fugitif, on est protégé, mais il y a une contrepartie : ne pas faire de bruit. Et puis, on ne peut tenter de coaliser la carpe et le lapin. Si Gaydamak voulait que les supporters du Betar votent pour lui, il fallait leur dire d'aller tuer tous les

Comment Paris – Edouard Balladur est alors Premier ministre – a pu ne pas être au courant d'un tel trafic d'armes, qui comprenait la livraison d'hélicoptères de combat, de blindés et qui impliquait une quarantaine de personnalités françaises ?

Arabes plutôt que d'aller pêcher leurs voix. Il a cru que le Betar, c'était Israël. Comme il a cru que Pasqua et ses amis, c'était la France. Même erreur », souligne un banquier israélien qui suit de très près les affaires de *Lord of War*.

La justice israélienne est, aujourd'hui et à son tour, à ses trousses. Pour blanchiment d'argent. Encore. Le 4 novembre, un tribunal israélien a fixé à 5 millions de dollars la caution que « *petit Arkadi* » doit déposer chaque fois qu'il quitte le pays. Motif : il y a « *de grandes chances qu'il s'échappe* ».

Son passeport diplomatique lui a été retiré

Ce n'est pas le seul revers de fortune. Les affaires sont mauvaises. Gaydamak aurait perdu près de 280 millions d'euros en Israël l'année dernière, selon le quotidien *Haaretz*, qui a fait le calcul. Partout, on lui fait des procès, on lui réclame de l'argent. Jusqu'à une société offshore des îles Vierges, où il avait déposé une partie de l'argent de l'Angola. Celle-ci a fait saisir 49 millions de dollars sur un compte de *Lord of War* dans une banque chypriote. La raison invoquée ? Il n'avait pas payé les frais de transferts financiers.

Même l'Angola, l'autre terre promise, celle du fric ramassé à la pelle, lui en veut. Son passeport diplomatique lui a été retiré. Il n'y est plus le bienvenu. Pourquoi ? Falcone, bien sûr. L'homme d'affaire, nommé par le régime angolais ambassadeur auprès de l'Unesco, est resté très proche des dirigeants de Luanda, qui lui ont accordé leur protection. Et Falcone n'a guère apprécié que Gaydamak lui fasse les poches à Genève.

Reste la Russie. Lui qui fut de l'entourage d'Eltsine, peut-être même un des banquiers de la « *famille* », a dû se rapprocher de Vladimir Poutine. Il a racheté les *Nouvelles de Moscou*, un hebdo qui fut celui de la perestroïka et de l'intelligentsia. Et qui n'est plus qu'un triste support de propagande.

Aujourd'hui encore, même redevenu « *petit Arkadi* », il ne manque pas de protecteurs. « *Chaque fois que l'on apprend qu'il est à Moscou, nous rappelons aux autorités russes qu'il est sous le coup d'un mandat international. Sans résultat* », indique un magistrat. De temps en temps, les juges en charge de l'Angolagate ont la surprise de l'avoir au téléphone : « *Pour des menaces. Le juge Courroye a même reçu un petit cercueil.* » A chaque fois, un procès-verbal est dressé.

Sans cesse à la recherche de ces carrefours invisibles où se croisent politique et trafics juteux (armes, diamants, pétrole), oligarques et pègre, mondes officiel et souterrain, Gaydamak est un prototype, un *Lord of War* pour de vrai.

Aurait-il pu suivre une telle trajectoire sans la protection de ces services de l'ombre qui jalonnent sa route, qu'ils soient russes, israéliens, kazakhs, angolais ou français ?

Comment Paris – Edouard Balladur est alors Premier ministre – a pu ne pas être au courant d'un tel trafic d'armes, qui comprenait la livraison d'hélicoptères de combat, de six bateaux de guerre, de blindés, et qui impliquait une quarantaine de personnalités françaises ?

Gaydamak assure lui-même que c'est impossible. Parce que l'homme, qui menace aujourd'hui les juges, travaillait à cette époque main dans la main avec la DST ?

« *Si les activités ou prétendus liens de Gaydamak avec la mafia russe avaient reçu le moindre début de confirmation, j'aurais été tenu d'en tirer aussitôt les conséquences. Bien au contraire, c'est l'unanimité tant en France qu'à l'étranger qui a été établie* », déclarait, le 24 juillet 2000, Raymond Nart à la journaliste de *Libération* Patricia Tourancheau.

« Je ne m'occupe pas de ce que pensent les autres, j'agis »

L'ancien numéro deux de la DST ira si loin dans la défense du trafiquant qu'il relancera, par ses affirmations au *Parisien* du 24 mars 2001, la guerre entre services. Et obligera le patron du contre-espionnage, Jean-Jacques Pascal, à présenter des excuses à son homologue de la DGSE, Jean-Claude Cousseran.

Mais il y a une vie après la DST. Parti à la retraite en 1998, Raymond Nart est devenu le responsable des relations internationales de Communications et Système, l'ancienne Compagnie des signaux. Un pur hasard, bien sûr. Introduite en Angola par Gaydamak, cette entreprise spécialisée dans l'électronique de défense a fourni au président Dos Santos le matériel ultrasophistiqué Menta qui lui a permis de localiser et de tuer, le 22 février 2002, son ennemi juré, Jonas Savimbi.

Du temps de la guerre froide, Paris avait « vendu » à l'opinion publique Savimbi comme un « *combattant de la liberté* ». Pour Raymond Nart et son golem, Arkadi Gaydamak, qu'importe. Il n'y a de morale ni en affaires ni en politique.

« *Je ne m'occupe pas de ce que pensent les autres, j'agis* », nous dit le milliardaire. Reste à gérer la nostalgie. « *Vous êtes bien sûr que Chaumont, ce n'est pas en Bourgogne ?* » XXI

(Les acteurs de l'Angolagate sont en cours de jugement. Ils bénéficient de la présomption d'innocence, ndlr.)

Les arcanes de l'enquête

L'investigation sur Arkadi Gaydamak nous a conduit de Paris à Jérusalem en passant par Genève. Outre l'intéressé, nous avons rencontré :
- **sa fille Katia ;**
- **son avocat français**, maître William Goldnadel ;
- **deux de ses plus proches conseillers ;**
- **trois responsables de son parti,** Justice sociale, plusieurs cadres et de simples militants.

Lors de l'enquête, nous nous sommes notamment entretenu avec :
- **un magistrat** proche du dossier ;
- **deux anciens des « services »** français ;
- **un officier en activité ;**
- **un ancien conseiller du président angolais,** Dos Santos ;
- **deux chercheurs suisses ;**
- **le spécialiste de la dette angolaise** au quotidien *Le Temps ;*
- **un banquier israélien** qui travaille également sur la dette angolaise ;
- **un diplomate** de l'Etat hébreu ;
- **plusieurs journalistes de Jérusalem et de Tel-Aviv,** tous familiers des affaires russes ou des ultra-orthodoxes ;
- **la kremlinologue Hélène Blanc**, qui a vérifié nos informations sur la Russie.

Sollicités, ils n'ont pas voulu répondre à nos appels :
- **Fabrice Bossart et Arnaud Dubien,** du site Russia Intelligence Online ;
- **l'ex-patron de la DGSE, Jean-Claude Cousseran.** Il nous a assuré que, ne dirigeant pas ce service lors des affaires évoquées dans notre enquête, il n'avait aucun souvenir de ces dossiers.

L'affaire de l'Angolagate

Ce procès est le premier du genre dans l'histoire judiciaire française. Sur fond de lourdes pressions de l'Elysée et du ministère de la Défense, l'Angolagate mêle étroitement trafic d'armes illicite, trafic d'influence et de médailles, blanchiment d'argent, fraudes fiscales et magouilles à la politique aux affaires et aux relations internationales.

Quarante-deux personnalités, accusées d'avoir touché des pots-de-vin, sont convoquées sur le banc des prévenus. Dont : **Jean-Christophe Mitterrand** (ancien responsable Afrique à l'Elysée), **Jacques Attali** (ancien conseiller de François Mitterrand), **Charles Pasqua** (ancien ministre de l'Intérieur), **Jean-Charles Marchiani** (ancien préfet), **Paul-Loup Sulitzer** (écrivain), **Jean-Noël Tassez** (ancien président de la Sofirad), **Paul Anselin** (ancien maire de Ploërmel, cf. *XXI* n° 1 : *« Ploërmel sur Russie »*)

Pierre Falcone

Le procès a débuté le 6 octobre dernier. Il devrait durer, au moins, jusqu'en mars. **Il a d'ores et déjà attisé les tensions entre l'Angola** – l'un des fiefs du groupe Total – et Paris.

Nicolas Sarkozy avait promis au président José Eduardo Dos Santos que ce procès n'aurait pas lieu. C'était lors d'une visite à Luanda en mai 2008. Une imprudence, sans doute.

Les dirigeants angolais, qui ont touché des commissions phénoménales, n'ont fait l'objet d'aucune poursuite.

Depuis l'ouverture des débats, les avocats de la défense ont accablé les juges de procédures pour tenter de faire capoter le procès.

Le ministre de la Défense, Hervé Morin, s'est opposé au procès par une lettre datée du 11 juillet dans laquelle il affirme que le délit de *« commerce illicite d'armes »* n'existe pas. Ce courrier contredit la plainte déposée en 2001 par son prédécesseur socialiste, Alain Richard. Le parquet n'a pas suivi.

Les constats des magistrats

Un trafic d'armes de 790 millions de dollars

Ouverte en 2000, l'enquête établit que Pierre Falcone et son associé Arkadi Gaydamak, le milliardaire aux quatre nationalités (française, israélienne, canadienne, angolaise), ont vendu au régime de Luanda pour 790 millions de dollars d'armes et munitions.

Ces ventes ont été effectuées, affirment-ils, en violation de la législation française et d'un embargo international.

Les livraisons comprennent :
- 6 navires de guerre ;
- 12 hélicoptères ;
- 80 chars de type T-62 de fabrication soviétique ;
- 340 véhicules de combat d'infanterie BMP-2 ;
- 50 véhicules blindés de transport de troupe ;
- 1 270 camions et véhicules tout-terrain ;
- 60 ambulances ;
- des centaines de canons et mitrailleuses ;
- 45 000 fusils automatiques AK-47.

Plus choquant encore, la livraison de 820 000 détonateurs et mines anti-personnel.

Ce presque million de mines anti-personnel a provoqué des milliers de victimes dans la population. Aujourd'hui encore, de nombreux civils en sont la proie.

La guerre entre Luanda et la rébellion angolaise a fait entre 500 000 et un million de morts, dont une large majorité de civils.

Richesse et misère angolaises

Selon une étude de l'ONG Global Witness publiée en 2002

Le développement économique du pays n'a cessé de se dégrader en dépit d'un revenu pétrolier de 3 à 5 milliards de dollars. Les trois quarts de la population sont obligés de survivre avec moins d'un dollar par jour, 42 % des enfants de moins de 5 ans sont sous-alimentés, et un enfant meurt de malnutrition ou de maladie toutes les trois minutes.

Près de 1,4 milliard de dollars de revenus et de prêts bancaires, soit le tiers des recettes de l'Etat, sont introuvables dans les comptes de 2001.

« Il est manifeste que le désordre économique et politique créé par la guerre civile a été exploité de façon délibérée pour enrichir l'élite au pouvoir alors que l'échec du gouvernement à subvenir aux besoins des citoyens a été mis sur le compte du conflit », estime l'ONG.

L'ONG révèle *« l'existence d'un compte en banque d'un milliard de dollars dans les îles Vierges »* avec *« pour signataires deux individus proches de la Présidence angolaise »*.

Le corse, langue des barbouzes ?

Charles Pasqua

Jean-Charles Marchiani

Une confidence d'Arcady Gaydamak

Lors de sa fameuse mission pour sauver les deux pilotes français prisonniers des Serbes de Bosnie, Jean-Charles Marchiani communiquait au téléphone avec Charles Pasqua en corse, croyant ainsi tromper d'éventuelles oreilles indiscrètes.

Ces échanges en corse se seraient interrompus quand l'homme des services spéciaux russes chargé du dossier yougoslave, le général Zorine, a appelé Gaydamak pour lui intimer de dire à Marchiani que si le corse était compris par le FSB, il devait l'être aussi par la DGSE.

Autrement dit, les grandes oreilles de Moscou et de Paris espionnaient nos barbouzes dans leurs pérégrinations serbo-bosniaques.

Après tout, dit Gaydamak : *« Le Corse, ce n'est que du français mélangé à un dialecte italien. »*

A lire

***Des coffres si bien garnis*, de Karl Laske (Denoël, 2004).**
De l'Angolagate à Clearstream, toutes les sales affaires qui empoisonnent la vie politique et les tentatives pour les étouffer. L'enquête d'un journaliste de *Libération*.

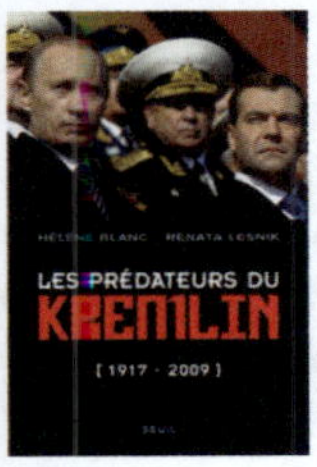

***Les Prédateurs du Kremlin, 1917-2009*, par Hélène Blanc et Renata Lesnik (Seuil, à paraître en mars).**
De la révolution d'Octobre au règne de Poutine, la mainmise des services spéciaux russes sur leur pays n'a fait que croître, le mettant en coupe réglée. Les services secrets ont pris, peu à peu, le pouvoir sur le Parti, comme le montrera l'accession de Youri Andropov à la tête de l'URSS. Aujourd'hui, ils règnent sans partage sur la Russie.

L'HISTOIRE NE DIT PAS LE BIEN OU LE MAL

GÉRARD NOIRIEL

Les historiens ne doivent être *« ni arbitres ni juges »*. Aux lois mémorielles votées par les politiques, Gérard Noiriel oppose la leçon héritée de Marc Bloch : *« Cessez de nous dire si Robespierre était meilleur que Danton. Expliquez-nous simplement ce qu'ils ont fait. »*

Propos recueillis par Thierry Leclère

Ci-contre : Vue aérienne sur un terril, dans un bassin minier (2008). PHOTONONSTOP

Ci-dessous : Mineurs du nord-est de la France au vestiaire (1997). AFP

L'adresse est flatteuse : 96, boulevard Raspail, dans le 6e arrondissement de Paris. Mais le portail et les murs cachent mal la misère de l'Ecole des hautes études en sciences sociales (EHESS), pourtant l'un des plus prestigieux établissements français de recherche. Gérard Noiriel reçoit dans son bureau, étroit comme un conduit de cheminée. Pas besoin de grand discours pour comprendre l'état de disette des sciences humaines au sein de l'université française. Mais l'historien, directeur d'études à l'EHESS, qui règle, avant l'entretien, quelques derniers rendez-vous avec ses thésards, est habitué à cet inconfort. Chez les historiens, l'aura ne se mesure pas – on l'aura compris – à la taille des bureaux…

Pull-over flottant, mèche en bataille et sourire timide, Gérard Noiriel se dit asocial. Pour être fidèle à sa légende ? Sa réputation d'ours des Pyrénées, sauvage et solitaire, colportée par ses ennemis – il en compte quelques charrettes sur la place de Paris – n'est qu'à moitié vraie. Entouré d'un cercle resserré, composé d'amis et de fidèles, le mandarin fonctionne en tribu.

On ne devient pas par hasard l'un des plus grands historiens français de l'histoire ouvrière et de l'immigration. Quand Gérard Noiriel raconte comment il a défriché cette *terra incognita*, l'universitaire ouvre son armoire aux secrets. Et le personnage s'éclaire d'une humanité encore blessée. Le milieu ouvrier de ses parents. Sa jeunesse chaotique. Son compagnonnage au Parti communiste, jusqu'au divorce. Le tourbillon fondateur de Longwy, en pleine crise sidérurgique, à la fin des années 70, quand le jeune professeur d'histoire découvre son sujet de thèse aux côtés des travailleurs immigrés de Lorraine.

Aujourd'hui, il se dit affranchi de la rage qu'il a ressentie, naguère, quand les barrières se dressaient devant son C.V. de fils d'ouvrier. Peut-être. Il ne montre, en tout cas, aucune haine. Juste une défiance bien sentie vis-à-vis des élites qui n'ont pas bagarré comme lui.

Il redoute la confusion des genres, a une haute idée de la science, prône l'autonomie de la recherche et tient pour suspect l'expert qui profite de sa compétence pour imposer ses idées sur le terrain politique.

La guerre des mémoires, attisée depuis une dizaine d'années par les discours politiques et par la floraison de lois mémorielles, ont poussé Gérard Noiriel à sortir de son laboratoire d'idées. A la tête de son Comité de vigilance face aux usages publics de l'histoire (CVUH), il a défini les lignes rouges qu'en historien il ne veut pas franchir : *« Notre rôle n'est pas de régenter la mémoire. Nous ne nous considérons pas comme des experts qui détiendraient la vérité sur le passé. Notre but est simplement de faire en sorte que les connaissances et les questionnements que nous produisons soient mis à la disposition de tous. »*

Il a été aussi l'un des principaux concepteurs de la Cité nationale de l'histoire de l'immigration. Un projet porté, avec d'autres, depuis presque vingt ans. La Cité existe aujourd'hui. Elle a été inaugurée en catimini, en octobre 2007, sans officiels, au palais de la Porte-Dorée, à Paris. Quelques mois plus tôt, Gérard Noiriel avait quitté le navire, avec sept autres universitaires, pour protester contre le ministère de l'Identité nationale, une création qui mettait à bas tout ce en quoi il croit.

Il redoute la confusion des genres, prône l'autonomie de la recherche et tient pour suspect l'expert qui profite de sa compétence pour imposer ses idées sur le terrain politique.

Manifestation de sidérurgistes
à Longwy (1978). AFP

XXI : Vous étiez un militant communiste à la fin des années 70. Votre carrière d'historien spécialiste de l'histoire ouvrière et de l'immigration est intimement liée à vos engagements. Votre goût pour la recherche est né sur le terrain, aux côtés des ouvriers, en pleine crise de la sidérurgie lorraine ?

Gérard Noiriel : Cette période m'a profondément marqué. J'étais professeur d'histoire dans un collège de la banlieue de Longwy. Le bassin minier vivait de plein fouet la crise de la sidérurgie et les usines fermaient les unes après les autres. C'était le chant du cygne de toute une partie de la classe ouvrière, dans cette région de très forte immigration qui était par ailleurs un fief du Parti communiste. Aux infos, à la télévision, je voyais le mépris qu'on renvoyait aux ouvriers sidérurgistes. Des types juste bons à taper sur des marteaux, qu'on disait incapables de se reconvertir.

Jeune agrégé et membre d'une cellule locale du PC, j'animais une émission consacrée à l'histoire sur l'antenne d'une radio libre qui faisait beaucoup parler d'elle, *Lorraine cœur d'acier*. Alors que la radio et la télévision d'Etat vivaient encore sous le monopole, la CGT avait créé cette petite radio pirate pour faire entendre une voix différente. L'émetteur était perché sur le sommet du clocher de l'église. A chaque tentative d'évacuation par les CRS, on sonnait le tocsin et des centaines d'habitants venaient protéger la radio.

Avec l'un des piliers de *Lorraine cœur d'acier*, le journaliste Marcel Trillat, j'ai découvert ce qu'il y a de plus merveilleux dans ce métier de la radio. Une aventure extraordinaire. Au micro, tout le monde s'exprimait : les habitants, les ouvriers, des artistes, des politiques... On diffusait de la poésie, du jazz, des histoires de vie.

Ce conflit social, très rude, a duré plus de six mois dans le bassin de Longwy, avec des moments d'une grande violence, comme l'attaque du commissariat de police ou l'occupation du relais télé.

L'aventure de *Lorraine cœur d'acier* m'a poussé, jeune prof d'histoire, vers la carrière de chercheur, sans que je m'y sois vraiment préparé. Je découvrais tout à coup une finalité civique à mon travail : expliquer les raisons de cette lutte, sans jouer les porte-parole, mais en remontant le fil de cette histoire ouvrière depuis le XIXe. Je donnais ainsi de facto à ces « hommes du fer » une légitimité.

Cette période décisive marque aussi votre rupture avec le Parti communiste, en 1980...

Oui, le facteur déclenchant a été l'écriture d'un livre avec un syndicaliste de la CGT d'origine marocaine, Benaceur Azzaoui. L'ouvrage, *Vivre et lutter à Longwy*, était très critique à l'encontre du Parti communiste ; il reflétait les incompréhensions, de plus en plus grandes, entre la base et le sommet de ces appareils politiques ou syndicaux.

Lorraine cœur d'acier a consacré six heures de direct à ce livre. L'appareil du Parti m'accusait de trahir la classe ouvrière. Finalement, le PC m'a quasi jeté dehors. Disons qu'il ne m'a pas proposé de reprendre ma carte... J'en avais marre, aussi, des discours lénifiants sur le thème *« c'est toujours la faute des autres »*. J'ai souvent vu les gens critiquer les autres, mais rarement se critiquer eux-mêmes. Moi, j'ai plutôt la manie du doute.

« J'en avais marre des discours lénifiants sur le thème "c'est toujours la faute des autres". J'ai souvent vu les gens critiquer les autres, mais rarement se critiquer eux-mêmes. »

Ci-contre : Fronton de l'Ecole normale supérieure de la rue d'Ulm, à Paris (1994). AFP

Ci-dessous : Ouvriers algériens en région parisienne (1973). AFP

Comment cette aventure de *Lorraine cœur d'acier* vous amène-t-elle à devenir l'un des premiers défricheurs de l'histoire de l'immigration en France ?

A Longwy, j'ai rencontré beaucoup de travailleurs immigrés italiens, polonais, portugais, maghrébins. Mais, à l'université, l'histoire de l'immigration était totalement négligée. Les profs vous disaient : *« C'est suicidaire, on ne peut pas faire carrière avec ce thème. »*

J'ai quand même entamé avec passion ma thèse sur *« Les ouvriers sidérurgistes et les mineurs de fer du bassin de Longwy-Villerupt, entre 1919 et 1939 »*. Je n'étais pas là pour « faire carrière ». Je viens d'un milieu ouvrier et cette histoire me parlait, tout simplement.

En quoi cette histoire fait-elle écho à votre propre trajectoire ?

Ma mère est originaire d'une famille d'ouvriers paysans des Vosges. Mon père, fils d'une institutrice et d'un militaire, a exercé différents métiers : ouvrier, marin, infirmier... Il se sentait *« déclassé »* et il a sombré peu à peu dans l'alcool. La situation est devenue si difficile chez nous – mon père était atteint du syndrome de Korsakov, une maladie mortelle qui détruit le cerveau des alcooliques – que j'ai décidé de quitter le domicile familial... avec une bonne dose de culpabilité, puisque j'étais l'aîné d'une fratrie de sept frères et soeurs.

Je n'ai même pas connu le lycée. Dans les années 60, les enfants des milieux populaires allaient au Collège d'enseignement général (CEG), et ils arrêtaient leurs études en fin de classe de troisième. La seule issue pour continuer, c'était de devenir instituteur. J'ai réussi le concours d'entrée et j'ai intégré l'Ecole normale de Mirecourt, dans les Vosges.

1968, le bac. Et puis encore deux années de formation professionnelle, à l'issue desquelles je devais normalement passer le certificat de fin d'Ecole normale pour être labellisé instituteur. Je ne suis pas allé jusqu'au bout... Avec une quinzaine de copains, on avait décidé de ne pas porter la blouse grise de rigueur à l'examen pratique de fin d'études. Finalement, on s'est retrouvés à trois. La sanction est tombée ; on m'a recalé et on m'a envoyé comme *« instituteur remplaçant »* dans un petit village perdu des Vosges. J'avais demandé à être nommé pas trop loin de Nancy pour continuer mes études à la fac, mais ils voulaient me casser. J'ai ressenti cette nomination comme une brimade. J'ai démissionné de l'Education nationale, puisqu'ils ne voulaient pas m'aider.

Plus de revenus, juste une petite bourse... Je me suis retrouvé obligé de travailler pour payer mes études, mais c'est à la fac de Nancy, dans cette période incertaine, que j'ai découvert la vraie vie, la bohème, le goût inconnu de la liberté. Avant, je m'ennuyais dans mes études. Au collège, avec mes problèmes familiaux, j'étais au bord de la rupture scolaire. Quasiment en perdition. A la fac, tout a changé ; j'ai été sans doute l'un de ceux qui ont le plus bossé. Aujourd'hui encore, c'est pareil : j'ai besoin de liberté pour pouvoir me donner une discipline.

Et puis la politique me motivait. C'est à l'université que j'ai commencé à militer dans les syndicats étudiants, à l'Unef et à l'Union des étudiants communistes. Comme on nous disait qu'un bon militant *« devait être fort théoriquement »*, je suivais les cours de l'école du Parti, je lisais Marx et la philosophie.

« Avec une quinzaine de copains, on avait décidé de ne pas porter la blouse grise de rigueur à l'examen pratique de fin d'études. Finalement, on s'est retrouvés à trois. »

J'étais dans une logique de culpabilité vis-à-vis de mes frères et sœurs restés dans le giron familial ; je trouvais dans cet intense apprentissage une compensation symbolique. C'est un peu simpliste, mais j'allais me dévouer pour le prolétariat. Et puis j'avais, depuis longtemps, enracinée en moi, cette espèce de passion pour la vérité, pour la connaissance, pour la science. Je combinais, avec un grand bonheur, études – Capes puis agrégation – et engagement militant.

Ancien élève de l'Ecole normale d'instituteurs de Mirecourt, vous êtes devenu aujourd'hui un mandarin. Vous cultivez pourtant toujours votre différence. Elle vous vaut parfois de solides inimitiés et une réputation de solitaire...

Je me considère toujours comme un autodidacte. C'est ce parcours, cette proximité de trajectoire, qui m'a notamment rapproché de l'œuvre du sociologue Pierre Bourdieu, dont le père avait été ouvrier agricole puis facteur, dans le Béarn. Mais je n'ai pas en moi cette rage qu'on pouvait sentir chez lui. J'ai toujours gardé de la distance avec le milieu universitaire, si éloigné de mon profil de « *transfuge social* », comme disait Bourdieu. Après ma thèse, par exemple, je me suis présenté à différents postes universitaires. Comme je ne connaissais personne, j'ai été blackboulé.

Une dizaine d'années plus tard, quand j'ai été nommé agrégé répétiteur, dans le Saint des Saints, à l'Ecole normale supérieure de la rue d'Ulm, à Paris, je me suis senti marginal dans cet univers. Un détail m'a frappé : bien qu'enseignant à l'ENS, j'étais obligé de refaire une demande, chaque année, pour avoir accès à la bibliothèque. Les normaliens qui avaient eu la chance de faire leurs études ici pouvaient compter, eux, sur un accès libre... même s'il n'avaient pas fichu les pieds dans l'école depuis cinquante ans.

Je n'ai pas de compte à régler, mais je me suis toujours senti à part. Je n'ai jamais pu m'intégrer à ce milieu universitaire. Même ici, à l'Ecole des hautes études en sciences sociales, j'ai beaucoup de mal...

Qu'est-ce qui vous insupporte dans ce milieu ?

Le manque de sincérité, parfois... Les gens qui disent du mal de vous dès que vous avez le dos tourné... C'est ça : ces mondanités, ce côté superficiel. Je préfère être seul, tranquille. C'est ma nature. Je suis, au fond, d'un tempérament très sauvage. Je ne suis pas du tout sociable... Et narcissique, à l'évidence. Extrêmement narcissique. Je ne peux pas lire une critique sur mon travail, par exemple. Ça me rend malade.

Depuis plusieurs années, vous intervenez régulièrement dans le débat public. Comment concevez-vous le rôle de l'historien dans la cité ?

J'ai toujours été convaincu que l'historien pouvait jouer un rôle civique, mais il n'est pas au service d'un parti ou d'une cause. A Longwy, quand j'étais au PC, je ne voulais pas me glisser dans le rôle de porte-parole de la classe ouvrière. Je fais toujours la distinction entre ma fonction d'historien et mes engagements.

En tant que chercheur, je n'ai pas non plus vocation à m'exprimer sur tout ce qui concerne le passé ; je ne prétends pas à cette forme de magis-

« Bien qu'enseignant à l'ENS, j'étais obligé de refaire chaque année une demande pour avoir accès à la bibliothèque. Les normaliens pouvaient compter sur un accès libre... »

Ci-contre : Bamako (Mali) avant l'indépendance (1950). AFP
Ci-dessous : Colon en AOF (1937). AFP
Page de droite : Bingerville, Côte d'Ivoire (1930). AFP

tère. Je m'étonne même de voir le gouvernement commander à un historien, André Kaspi, *« une mission de réflexion sur la modernisation des commémorations publiques »*[1]. Un sociologue, qui aurait travaillé sur la mémoire, aurait peut-être pu, à la rigueur, réfléchir à la question. Mais que le pouvoir confie cette mission à un historien montre le degré de confusion qui existe dans les esprits entre recherche scientifique et champ politique.

A la suite de la polémique lancée par la loi de février 2005 sur les *« aspects positifs »* de la colonisation, vous avez fondé le Comité de vigilance face aux usages publics de l'histoire (CVUH) contre *« les tentatives visant à mettre l'histoire au service de la politique »*. Dans le manifeste du Comité, vous écrivez que *« les polémiques sur la mémoire se multiplient et prennent un tour de plus en plus malsain »*...

Ce débat repose sur un immense quiproquo, une ambiguïté autour la définition même de l'histoire. Il faut donc toujours commencer par bien faire la distinction entre histoire et mémoire. Les discours mémoriels visent en général à célébrer une communauté, à dénoncer des ennemis. A sauver de l'oubli, aussi : c'est ce qu'on appelle le *« devoir de mémoire »*. Le discours mémoriel est donc partie prenante du discours politique ou du discours public. C'est un jugement porté sur le passé.

A l'inverse, l'histoire – *« l'histoire science »*, comme je l'appelle – n'a pas vocation à réhabiliter ou à dénoncer, mais à comprendre et à expliquer le passé. Ce second discours, forcément spécialisé, intéresse peu, en général, les citoyens.

Mémoire et histoire peuvent-elles donc faire bon ménage ou sont-elles définitivement sœurs ennemies ?

J'essaie de ne pas alimenter ces querelles de tranchées. Le sociologue Max Weber disait que l'histoire est une discipline qui peut rester éternellement jeune parce qu'elle renouvelle ses points de vue en fonction des centres de curiosité de l'époque. C'est tout à fait vrai. Même les gens qui travaillent sur l'Antiquité sont influencés par le temps présent.

L'histoire contemporaine se nourrit très souvent d'un travail de mémoire : regardez l'histoire ouvrière, l'histoire coloniale. Celle de l'immigration ou de la Shoah... elles se sont toutes appuyées sur le travail d'associations mémorielles. Et puis les chercheurs eux-mêmes ne sont pas des machines ; les sujets qu'ils choisissent sont très souvent déterminés par leur propre trajectoire personnelle. Tant qu'il n'y a eu que des historiens issus de l'élite bourgeoise, l'université a produit des recherches sur les élites bourgeoises. L'histoire sociale n'est apparue qu'avec l'arrivée d'universitaires issus de milieux populaires ou de l'immigration. Et tant qu'il n'y a eu que des hommes sur les bancs des facultés, l'histoire a été centrée sur les hommes... Un bon historien va être capable de mettre à distance sa propre mémoire. Mais l'objectivité ne signifie pas pour autant une histoire aseptisée, sans point de vue sur le passé.

Tout en défendant ma conception de *« l'histoire science »*, je ne partage donc pas le discours prétentieux de certains universitaires qui se posent en experts, et qui considèrent les dis-

« L'histoire n'a pas vocation à réhabiliter ou à dénoncer, mais à comprendre et à expliquer le passé. Ce discours, forcément spécialisé, intéresse peu, en général, les citoyens. »

cours mémoriels comme quantité négligeable. Le savoir historique peut aider des gens qui sont dans les logiques mémorielles à s'ouvrir.

Loi Taubira sur la traite négrière et l'esclavage (2001), loi en faveur des Français rapatriés (2005), lois sur le génocide arménien (2001 et 2006)... Le collectif d'historiens Liberté pour l'histoire, animé par l'académicien Pierre Nora, est parti en guerre contre ces lois mémorielles : *« L'histoire ne doit pas être l'esclave de l'actualité ni s'écrire sous la dictée des mémoires concurrentes. »* Dans son *« Appel de Blois »*, ce collectif se déclare *« inquiet des risques d'une moralisation rétrospective de l'histoire et d'une censure intellectuelle »*...

De quelle censure intellectuelle parlent-ils ? Ils citent toujours un seul exemple, celui d'Olivier Pétré-Grenouilleau, historien spécialiste de l'histoire de l'esclavage. En 2005, le collectif DOM, une association regroupant des Antillais, des Guyanais et des Réunionnais, avait en effet assigné cet historien en justice pour contestation de crime contre l'humanité.

Vous l'aviez alors soutenu...

Oui, j'ai pris sa défense. Dans une société démocratique, les désaccords ne doivent pas s'arbitrer à coup de procès. Même si je dois dire aujourd'hui qu'Olivier Pétré-Grenouilleau s'était aventuré sur un terrain qui n'est pas celui du savant. Que lui reprochait en effet le collectif DOM ? Non pas son livre *Les Traites négrières*[2], mais ses propos publiés dans *Le Journal du dimanche*, en juin 2005.

A une question sur *« l'antisémitisme véhiculé par l'humoriste Dieudonné »*, Olivier Pétré-Grenouilleau répondait : *« Cela dépasse le cas Dieudonné. C'est aussi le problème de la loi Taubira, qui considère la traite des Noirs par les Européens comme un "crime contre l'humanité", incluant de ce fait une comparaison avec la Shoah. Les traites négrières ne sont pas des génocides. La traite n'avait pas pour but d'exterminer un peuple. L'esclave était un bien qui avait une valeur marchande qu'on voulait faire travailler le plus possible. Le génocide juif et la traite négrière sont des processus différents. Il n'y a pas d'échelle de Richter des souffrances. »*

Le cas de Pétré-Grenouilleau est révélateur. On peut citer beaucoup d'historiens comme lui qui peuvent faire de l'excellente recherche, mais qui vont ensuite tenir toutes sortes de propos dans les médias. Sous prétexte qu'ils sont historiens, ils pensent être immunisés contre toute forme de critique. Ce n'est pas possible.

Face à la levée de boucliers de la communauté des historiens, le collectif antillais, sentant que son action devenait contre-productive, a finalement retiré sa plainte, en février 2006.

Dans le petit livre-manifeste *Liberté pour l'histoire*[3], co-signé avec l'écrivain Françoise Chandernagor, Pierre Nora fustige *« la victimisation généralisée du passé »*. *« Une histoire entièrement réécrite et jugée du point de vue des victimes et des vaincus »*, affirme-t-il, *« est une négation de l'histoire »*. Qu'en pensez-vous ?

A toutes les époques, des groupes d'individus se sont inscrits dans des

« Certains historiens font de l'excellente recherche, mais tiennent toutes sortes de propos dans les médias. Ils pensent être immunisés contre toute forme de critique. »

A gauche : Gravure d'après George Morland (1804). AFP
Au milieu : Ile de Gorée, Sénégal (1998). AFP
A droite : Ghana, l'ancienne côte des esclaves (2001). AFP

logiques mémorielles. Il n'y a absolument rien de nouveau. L'Ecole des Annales[4] nous avait appris, déjà, à prendre de la distance par rapport à ces revendications. La mémoire est un jeu éternel de concurrence. Qui va arbitrer les souffrances des communautés ? Qui va dire que telle blessure est plus forte que telle autre ? On ne peut pas entrer dans cette logique-là.

« Victimisation », dit Pierre Nora. Ce n'est pas la question. Le rôle de l'historien n'est pas de jouer le juge ou l'arbitre. Le chercheur ne se pose pas les mêmes questions que les citoyens. Dans *Apologie pour l'histoire ou Métier d'historien*, Marc Bloch disait d'ailleurs : *« Cessez de nous dire si Robespierre était meilleur que Danton. Expliquez-nous simplement ce qu'ils ont fait. »*

Faire de l'histoire consiste à construire un problème. Pas à reprendre des questions qui existent dans l'espace public : celles-ci peuvent être bonnes d'un point de vue politique, mais pas d'un point de vue scientifique.

Je pense au travail d'Emmanuelle Saada sur la question des métis, ces dizaines de milliers d'enfants nés d'*« Européens »* et *« d'indigènes »* durant la colonisation française. Elle a écrit *Les Enfants de la colonie*[5], que j'ai préfacé. Sa recherche montre comment les tentatives d'assimilation des métis ont culminé, à la fin des années 20, avec des décrets reconnaissant la citoyenneté à ceux qui pouvaient prouver leur *« race française »*. Elle a ainsi démontré que dans le droit français républicain, le critère racial avait été introduit bien avant le régime de Vichy. Certes, elle a travaillé avec des personnes issues de cette histoire-là, mais on ne peut pas lui reprocher d'avoir sombré dans le victimaire. Elle ne dit pas le bien ou le mal, ne désigne pas les gentils et les méchants. C'est une analyse objective.

Dans un rapport sur les questions mémorielles, rendu public en novembre dernier, trente-deux députés de toutes sensibilités considèrent que *« le rôle du Parlement n'est pas d'adopter des lois qualifiant ou portant une appréciation sur des faits historiques, a fortiori lorsque celles-ci s'accompagnent de sanctions pénales »*. Le président de l'Assemblée nationale, Bernard Accoyer, a alors invité le Parlement à ne plus légiférer sur l'histoire. N'est-ce pas une étonnante marche arrière ?

Les députés ont remis un rapport de députés. C'est un avis politique. Les enjeux de mémoire fluctuent en fonction des rapports de force politiques. Aujourd'hui, le rapport Accoyer concrétise les propos du candidat Nicolas Sarkozy contre la *« repentance »*, martelés pendant la campagne présidentielle. Il illustre la crainte du pouvoir en place de voir se multiplier les revendications mémorielles. Mais les députés sont soumis aussi aux exigences de leurs clientèles électorales, et celles-ci investissent de plus en plus dans les enjeux de mémoire[6]. Donc nous ne sommes pas arrivés à la fin de l'histoire.

La loi Gayssot, votée en 1990 pour réprimer l'antisémitisme et les propos négationnistes, fait figure de pionnière parmi les lois mémorielles. Elle qualifie de délit la contestation de

« Les enjeux de mémoire fluctuent selon les rapports de force politiques. Le rapport Accoyer illustre la crainte du pouvoir de voir se multiplier les revendications mémorielles. »

l'existence des crimes contre l'humanité. Vous y êtes-vous opposé, à l'époque ?

Une poignée de révisionnistes, comme Robert Faurisson, contestait la réalité des chambres à gaz et des camps d'extermination durant la Seconde Guerre mondiale ; j'étais énervé par l'importance qui était donnée à ces quelques hurluberlus qu'on considérait comme des historiens. Je ne dirais pas que la loi n'a servi à rien mais je ne suis pas sûr qu'on arrive à combattre le racisme à coup de procès. On voit bien le risque. Que les négationnistes en profitent pour se poser en martyr, et qu'ils recueillent ainsi dix fois plus d'audience.

Voter une loi sur mesure pour combattre cette poignée de révisionnistes vous paraissait donc disproportionné ?

Tout à fait. Sur ces affaires, mieux vaut faire un travail de proximité, au sein de la communauté universitaire, pour mettre au ban ceux qui ne respectent pas la vérité. Il ne faut pas donner de prime à l'extrémisme et alimenter ainsi des affaires qui sont en partie construites par les médias.

Onze ans après la loi Gayssot, le Parlement a légiféré à nouveau sur le terrain de l'histoire : c'est la loi du 21 mai 2001 sur l'esclavage, dite « *loi Taubira* ». Elle reconnaît que « *la traite négrière transatlantique ainsi que la traite dans l'océan Indien d'une part, et l'esclavage d'autre part, perpétrés à partir du XV*e *siècle, aux Amériques et aux Caraïbes, dans l'océan Indien et en Europe contre les populations africaines, amérindiennes, malgaches et indiennes constituent un crime contre l'humanité* ». L'article 2 ajoute que les programmes scolaires et de recherche accorderont à la traite négrière et à l'esclavage « *la place conséquente qu'ils méritent* ». Le législateur, ici, va encore plus loin puisqu'il donne des consignes aux professeurs et aux chercheurs…

Que le pouvoir politique puisse avoir un rôle incitatif, à la fois sur le terrain de la mémoire et de l'histoire, ne me paraît pas scandaleux. D'un point de vue citoyen, je trouve même que c'est une bonne chose. J'ai enseigné l'histoire pendant une dizaine d'années dans le secondaire, je me souviens qu'on consacrait seulement quelques minutes à ces phénomènes majeurs que sont la traite et l'esclavage.

Alors, dire qu'on va accorder aujourd'hui plus de place à ces questions ne ressemble quand même pas à du totalitarisme…

Mais je ne vous comprends pas ! Une loi ne doit pas faire injonction aux professeurs d'enseigner telle ou telle chose. Les programmes scolaires ne sont pas de son ressort. Certains juristes assurent même que cette disposition de la loi Taubira est anticonstitutionnelle.

Le débat entre juristes est compliqué, ils ne sont pas tous d'accord, je le reconnais… Mais cette disposition très générale – « *accorder une place conséquente à l'esclavage et à la traite* » – est incitative. Personnellement, je ne vois aucune remise en question de mon autonomie à travers cet article. Il en irait tout autrement si la loi prévoyait qu'il faille dire du bien (ou du mal) de l'esclavage ou de la colonisation.

« Je ne dirais pas que la loi Gayssot n'a servi à rien mais je ne suis pas sûr qu'on arrive à combattre le racisme à coup de procès. On voit bien le risque. »

Ci-contre : 10 mai 2007, Paris. AFP

Ci-dessous : Commémoration de l'esclavage à Bordeaux (2006). AFP

La colonisation, justement. Une autre loi, celle de février 2005 *« portant reconnaissance de la nation en faveur des Français rapatriés »*, a provoqué un tollé. Là encore, la question de l'enseignement de l'histoire était au cœur de la polémique. Un amendement glissé en dernière minute stipulait : *« Les programmes scolaires reconnaissent en particulier le rôle positif de la présence française outre-mer, notamment en Afrique du Nord. »* Cette disposition a finalement été annulée. Vous étiez parti en guerre contre cette loi à l'époque. L'injonction à enseigner *« la colonisation positive »* était certes caricaturale. Mais la loi Taubira ne s'immisce-t-elle pas aussi dans les programmes scolaires ?

J'ai fait partie, effectivement, avec l'historien Claude Liauzu, des premiers signataires de la *« Pétition contre la loi imposant une histoire officielle du colonialisme »*. Le problème, c'était l'irruption du pouvoir politique, directement, dans les affaires de l'Education nationale. On voulait régenter l'enseignement de l'histoire, alors que nous n'avons pas, dans notre travail d'historien, à prononcer des jugements de valeur.

De la loi Gayssot à la loi Taubira en passant par les deux lois de 2001 et 2006 sur le génocide arménien, vous voyez que Pierre Nora et les partisans de Liberté pour l'histoire mettent toutes les lois mémorielles sur le même plan. Ils les condamnent, par nature. Ce n'est pas mon cas.

Chez les initiateurs de la pétition *« Liberté pour l'histoire »*, il y a aussi l'idée sous-jacente que ces poussées mémorielles fracturent, ébranlent ce qu'ils semblent considérer comme le *« récit national républicain »* ?

C'est exact. Derrière ces grandes théories se cachent des motivations d'ordre politique. Pas au sens politicien du terme, à la remorque de tel ou tel parti. Il s'agit là de convictions politiques, au sens large : les initiateurs de *« Liberté pour l'histoire »* sous-entendent que les poussées mémorielles sont l'expression d'une menace contre la République. On est dans le fantasme d'une nation en péril.

Je n'aime pas l'attitude d'une partie des élites qui utilisent l'histoire pour imposer leur point de vue politique.

La menace, ce serait donc le communautarisme ?

Voilà. Selon cette conception, la France aurait eu, autrefois, une mémoire nationale homogène, intégratrice. Aujourd'hui, elle serait clivée… Mais comment peuvent-ils dire cela ? A quelle époque font-ils référence ? A la fin du XIXe ? Quand on voit la violence entre laïques et catholiques sur la question religieuse… Aux années 50 ? Regardez alors l'influence du Parti communiste et la pensée marxiste qui clivaient la société…

Comme historien, je ne peux pas prendre pour argent comptant ce mythe de l'unité nationale. Il faut relire Maurice Barrès[7] pour voir à quel point les discours sur la défense de l'identité nationale menacée par les étrangers ne sont pas nouveaux. Sur fond d'antisémitisme, il s'en prenait clairement aux étrangers, au nom d'une identité nationale fondée sur des racines très anciennes, comme la religion catholique.

« Les initiateurs de “Liberté pour l'histoire” sous-entendent que les poussées mémorielles sont l'expression d'une menace contre la République. On est dans le fantasme. »

Aujourd'hui les discours prennent des formes plus euphémisées que par le passé, mais ils présentent toujours les étrangers – ou les Français d'origine étrangère – comme une menace pour la cohésion nationale. La France n'est tout de même pas menacée de libanisation. Certains brandissent cette menace du *« communautarisme »* comme si la patrie était en danger. Mais aucun groupe d'immigrants, dans aucun Etat moderne, n'a fait sécession.

La peur de l'immigré qui va dissoudre l'identité nationale est un fantasme récurrent ; quand le président de la République française Sadi Carnot a été assassiné par un anarchiste italien, en 1894, les réactions xénophobes, déjà, n'ont pas manqué.

Vous vous définissez comme un autodidacte. C'est visiblement ce qui vous donne encore aujourd'hui cette soif d'apprendre. Avec un joyeux côté touche à tout. Vous avez travaillé avec des artistes, par exemple. Quels sont vos futurs terrains d'aventure ?

Depuis le début de mes recherches, je me suis investi dans des projets culturels, à dimension civique. De l'aube jusqu'à l'aurore (DAJA), la petite association que je préside, rassemble depuis 2007 des artistes du spectacle vivant et des chercheurs en sciences humaines. Nous avons monté un spectacle autour du clown Chocolat. Tout le monde a oublié cet artiste noir qui a joué pourtant un rôle fondamental dans l'histoire de l'art clownesque. Né en 1864 à Cuba, orphelin, esclave dans son enfance, vendu à un riche propriétaire portugais, il a connu la gloire en France à la fin du XIXe grâce à un célèbre numéro qu'il présentait avec son compère, le clown blanc Footit. C'est une façon d'aborder les discriminations raciales dans le monde artistique de cette époque, mais aussi l'esclavage, la colonisation, l'immigration, plutôt dans le registre de l'émotion.

Le spectateur est invité à s'identifier aux malheurs du clown Chocolat, mais nous ne cherchons pas non plus à alimenter une vision du monde peuplée de victimes et de coupables. Comme disait Sartre, le théâtre militant… c'est du mauvais théâtre et de la mauvaise politique.

J'ai toujours envie de faire des choses concrètes, même si c'est avec une poignée de personnes. J'aime monter des projets dans lesquels des gens très divers travaillent les uns avec les autres… Exactement comme il y a trente ans, finalement, avec *Lorraine cœur d'acier.* XXI

---

1. Publié en novembre dernier, ce rapport prône une diminution des commémorations nationales pour valoriser celles du 11 novembre, du 8 mai et du 14 juillet. Il a déclenché une polémique.
2. *Les Traites négrières*, d'Olivier Pétré-Grenouilleau (Gallimard, 2004).
3. *Liberté pour l'histoire,* de Pierre Nora et Françoise Chandernagor (CNRS éditions, 2008).
4. L'Ecole des annales est un courant historique fondé par Lucien Febvre et Marc Bloch ; elle a dominé toute l'historiographie du XXe siècle, prônant une histoire *« totale »*, ne se limitant plus aux seuls aspects politiques, militaires ou diplomatiques.
5. *Les Enfants de la colonie*, d'Emmanuelle Saada (La Découverte, 2007).
6. La reconnaissance du massacre des Vendéens sous la Révolution, par exemple, ou encore la répression des cathares au XIIIe siècle sont régulièrement mises en avant par des associations, et relayées parfois par des députés dans des propositions de loi.
7. Maurice Barrès est un écrivain et homme politique (1862-1923), figure de proue du nationalisme français.

« Tout le monde a oublié le rôle fondamental du clown Chocolat qui, avec son compère, le clown blanc Footit, a connu la gloire en France à la fin du XIXe siècle. »

Livres

Pierre Laval , Marcel Déat et Adrien Marquet en 1939. AFP

***Les Guerres de mémoires*, sous la direction de Pascal Blanchard et d'Isabelle Veyrat-Masson (La Découverte, 2008).** Historiens, politologues, anthropologues et sociologues s'interrogent sur notre manière de commémorer le passé : souvenir de la Grande Guerre, de Vichy, du génocide des Juifs ou héritage de Mai 68. Une réflexion de fond, avec de multiples entrées, qui permet de prendre du recul sur le débat mémoriel d'aujourd'hui.

***Français d'ailleurs, peuple d'ici* (éditions Autrement).** Cette formidable collection rassemble une vingtaine d'ouvrages qui, tous, brossent un tableau vivant de l'immigration, en mêlant trajectoires individuelles et récits historiques : Le Belleville des Juifs tunisiens, Le Nogent des Italiens, Les colporteurs africains à Marseille... La collection a été créée par Pierre Milza et Emile Temime, un autre pionnier de l'histoire de l'immigration, décédé en novembre dernier.

***Liberté pour l'histoire*, de Pierre Nora et François Chandernagor (CNRS Editions, 2008).** L'histoire est de plus en plus écrite sous la pression de groupes de mémoire intéressés à en faire prévaloir leur lecture particulière, écrivent les deux auteurs de ce manifeste.

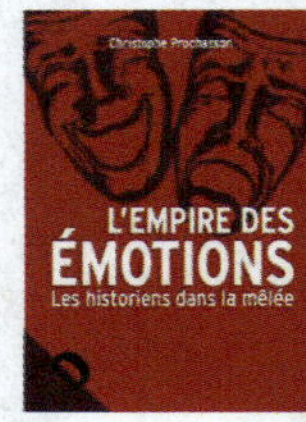

***L'Empire des émotions*, de Christophe Prochasson (Démopolis, 2008).** Quel est le rôle et la place de l'historien au cœur de la guerre des mémoires ? L'auteur, historien lui-même, s'interroge sur la manière de remettre de l'analyse et de la distance dans cette période de « frénésie d'émotions », de « nouvel âge compassionnel ».

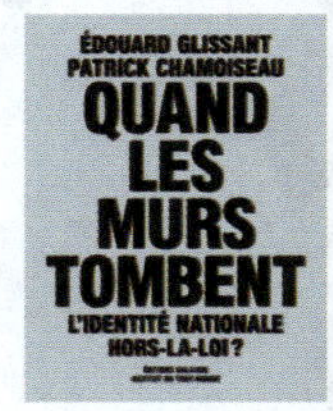

***Quand les murs tombent*, d'Edouard Glissant et Patrick Chamoiseau (Galaade Editions, 2007).** Un texte d'intervention, par les deux grands écrivains antillais chantres de la *« créolisation »* du monde. Ce manifeste a été publié en réaction à la création du ministère de l'Identité nationale et de l'Immigration.

Le débat sur le postcolonialisme apparaît, en France, des années après être arrivé en Angleterre et aux Etats-Unis ; on aura une idée de la richesse de cette question dans le monde anglo-saxon en lisant ***Penser le postcolonial : une introduction critique*, de Neil Lazarus (Editions Amsterdam, 2006).**

Derniers coups de cœur de Gérard Noiriel

***Comment le peuple juif fut inventé*, de Shlomo Sand (Fayard, 2008).** Historien, professeur à l'université de Tel-Aviv, Shlomo Sand ébranle les mythes fondateurs du sionisme en mettant en lumière quelques-unes des découvertes récentes de chercheurs israéliens ou étrangers ; la diaspora, par exemple, ne serait pas née de l'expulsion des Hébreux de Palestine, mais de conversions successives en Afrique du Nord, en Europe du Sud et au Proche-Orient... Une révolution des esprits pour tous les chercheurs israéliens qui, depuis les années 70, s'efforcent de démontrer la proximité génétique des Juifs du monde entier.

***Rendre la réalité inacceptable*, de Luc Boltanski (Démopolis, 2008).** Le sociologue Luc Boltanski, directeur d'études à l'EHESS, revient sur *La Production de l'idéologie dominante*, un texte majeur écrit avec Pierre Bourdieu, il y a trente ans, à propos de la France de Giscard. Une analyse qui fournit aussi des outils pour aujourd'hui.

Des documentaires

Deux documentaires de **Marcel Trillat**, le compagnon d'aventure de Gérard Noiriel à la radio *Lorraine cœur d'acier*, qui fut journaliste et responsable de la rédaction de France 2 : ***Silence dans la vallée* (2007).** Une plongée dans le monde ouvrier, dans les Ardennes, au moment de la fermeture de la grande forge de Nouzonville. ***Femmes précaires* (2005).** Cinq portraits de femmes, salariées à temps partiel et gagnant moins que le Smic, dans leur quotidien professionnel et familial.

***La Traversée* (2006),** réalisé par **Leuvrey Elisabeth.** Huis clos et tranches de vie d'émigrés dans le bateau entre Marseille et Alger. Ou les douleurs de l'exil et de l'émigration vues par plusieurs générations, à cheval entre les deux rives de la Méditerranée.

Revue

Cahiers des anneaux de la mémoire. Cette revue a été créée en 1999 par l'association nantaise Les Anneaux de la mémoire. Les onze numéros déjà parus (le rythme de parution est incertain) constituent un fonds indispensable pour tous ceux qui s'intéressent au passé négrier des ports de France et plus généralement à la question de l'esclavage (le dernier numéro date de 2007). Le site de l'association : www.lesanneaux-delamemoire.com

Initiative

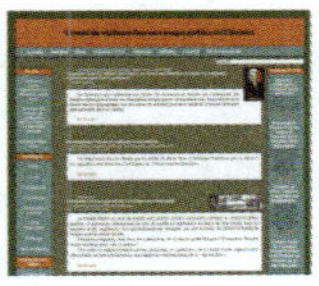

***Le Comité de vigilance face aux usages publics de l'histoire* (CVUH).** Lancé par Gérard Noiriel et une poignée de ses collègues peu de temps avant le vote de la loi de février 2005 sur les *« aspects positifs »* de la colonisation, le Comité de vigilance réunit notamment de nombreux profs d'histoire du secondaire. Sur son site Internet (http://cvuh.free.fr), il publie des analyses critiques autour de l'utilisation de l'histoire dans les discours public.

4 SAISONS DANS LES LANDES

Ancien ingénieur, Pierre a repris en 2000 la ferme de son père, Charles. Avec l'aide de ses deux frères, François, spécialiste en irrigation, et Jérôme, étudiant, il exploite 70 hectares en pays gascon.

Un récit graphique de Jean Harambat

Jean Harambat est jeune, à peine plus de 30 ans. Il affiche une allure d'enfant sage et une discrétion rare. Pourtant, il a déjà vécu plusieurs vies. Rugbyman, après être sorti de l'Essec et avoir passé un DEA de philosophie politique, il s'est fait travailleur en Espagne, ouvrier agricole en Argentine et en Australie, où il a navigué de fermes en fermes entre Perth et la Tasmanie.

Jean le dit lui-même : *« Je me sentais peu à l'aise dans le monde de l'entreprise. »* Il poursuit ses explorations. Signe un contrat d'un an avec Action contre la faim (ACF). Direction : le Liberia, ville de Buchanan. Ses plantations de caoutchouc, son port, ses populations ravagées par un conflit de quinze ans… Malade, il est rapatrié. Se réinstalle en France, chez lui, dans les Landes.

« J'y suis né, j'y ai grandi, j'aime ces terres. » Il s'y pose, se consacre à l'écriture, dessine. Ne se fixe pas. Le côté gascon, sans doute. Pour le quotidien de la région, *Sud Ouest,* pour *Le Monde 2* ou *Géo,*

il illustre de grands reportages en Ethiopie, Biélorussie, Céphalonie ou au Sahara...

Mais toujours il revient au berceau. Jean habite Larivière, un village de six cents habitants à vingt kilomètres de Mont-de-Marsan, un bistrot, une rivière, bien sûr : l'Adour. *« J'aime ce lieu, ces paysages inaltérables, le rythme saisonnier, ces répétitions rassurantes. J'ai toujours ressenti la vie au grand air comme un privilège. »*

C'est cette vie qu'il a voulu raconter pour *XXI*, cette vie d'hommes de terre, d'hommes liés à une terre qu'ils travaillent comme on travaille le bois ou l'acier : *« Les agriculteurs sont des taiseux. Ils se cachent souvent et s'enferment dans un rôle. Ils ont une forme de paranoïa avec la prise de parole, comme s'ils avaient peur des mots. Ils se sentent aussi floués. Dans les années 80, on disait aux paysans de se faire exploitants. Aujourd'hui, on dit à ces mêmes hommes – qui se sont efforcés de se couler dans le moule de l'exploitation – de redevenir des paysans. Le monde agricole est en décalage avec une société de plus en plus urbaine qui fait mine de redécouvrir l'agriculture. »*

Pour *XXI*, Jean Harambat a choisi de raconter la vie d'une exploitation proche de chez lui. Son grand reportage s'est déroulé in situ. Il n'a pas pris l'avion, il n'a pas pris le train, n'a pas eu à demander de visa. Il a simplement frappé à la porte du voisin. Qui lui a ouvert. Et grâce auquel Jean a pu *« apporter cette touche d'humanité que les agriculteurs cachent trop souvent »*.

La mise en image, il l'a faite à son habitude : *« Je dessine avec impatience, tout en recommençant une dizaine de fois certaines vignettes de façon à avoir un peu de grâce. Je cherche le dynamisme des coups de crayon et de pinceau spontanés, leurs tremblements incertains, leurs accidents. J'essaye même de dessiner debout à main levée, de façon à garder la vie, la force du premier jet. »*

A cette vie, Isabelle Merlet, la coloriste, a ajouté la teinte de ces *Quatre Saisons dans les Landes*, toutes en détail et en poésie. XXI

Tu y vas en "seconde intermédiaire", à 2000 tours.
Avril
OK!
T'oublies pas de faire les bordures au fur et à mesure que le semoir approche...
OK!
Papa te remplacera pour casser la croûte à midi...
OK!
Allez, fonce Alphonse !

Krr... Krr... Radio France Bleu Gascogne...
Au printemps, tu verras, je serai de retour
Le printemps c'est joli pour se parler d'amour.
Nous irons voir ensemble les jardins refleurir...
Si Pierre confie la herse à son frère cadet Jérôme, il ne le laisse jamais labourer. C'est technique le labour. Il faut que ce soit bien fait, les angles, les manœuvres. Il faut être très concentré...
et Pierre considère son frère étudiant comme un jeune mâle à l'imagination remplie d'hormones : « Ses rêveries lui feraient bousiller le matériel ! »
et déambulerons dans les rues de Paris
D'ailleurs, on ne laboure pratiquement plus, à part dans les parcelles à légumes.
Autrefois, on labourait parce qu'on ne maîtrisait pas les mauvaises herbes : il fallait déchaumer, labourer, passer la herse et enfin le semoir.

Aujourd'hui, avec les techniques sans labour, on passe beaucoup moins d'heures de tracteur dans les champs. Avec la hausse du carburant, ce n'est pas négligeable.
Moins de fioul, moins de temps moins d'érosion aussi. Et enfin un dernier atout : conserver toute la matière organique en surface, c'est-à-dire les vers et l'activité biologique qui enrichit le sol. A terme, on gagne une meilleure fertilité des sols et une plus grande capacité de stockage de l'eau...
L'inconvénient de ne plus labourer, c'est qu'il faut tout faire au bon moment, sur une "fenêtre météo", quand ce n'est ni trop sec, ni trop humide. La meilleure période, c'est début avril. Tout le monde est mis à contribution. Le temps des semis est une course de vitesse.
Il faut surtout éviter les fortes pluies après les semis. On lève la tête en regardant les nuages qui dérivent, le ciel gris en instance de déchirure.

« Ce sont les conversations préférées des agriculteurs, ironise François, le frère du milieu, entre Pierre et Jérôme ; le matériel et le climat. »
C'est quand même le père, Charles, qui est l'expert pour la lecture du ciel. Pierre, lui, appelle la météo quatre fois par jour.
Bon, ben, à midi, tu remplaces Jérôme. Moi, j'avale un sandwich. Comme ça on prend un peu d'avance avec la herse.
Ça va tenir, oui !
Tout ça passe un peu au-dessus de la tête de Jérôme.
Il passe la herse parce qu'il aime le côté machinal et absorbant du tracteur.
Il revient donner un coup de main pendant les vacances scolaires, sèche des cours sans trop de scrupules s'il le faut.
I HEAR A TRAIN COMIN' IT'S ROLLING ROUND THE BEND...

C'est apaisant de se concentrer sur cette tâche prosaique.
Il y a les aigrettes qui suivent le tracteur comme les mouettes un chalutier. On a l'impression qu'il suffit d'aller au bout du champ...
..., pour que la vie soit simple.

Pierre a repris la ferme en 2000.
Il avait auparavant travaillé comme ingénieur dans une entreprise de Bordeaux.
Comme beacoup de jeunes agriculteurs, il aurait pu faire autre chose, gagner mieux sa vie ailleurs...
Mais son goût pour l'agriculture, ses aspects techniques et environnementaux, l'a poussé à reprendre la ferme.
Il a trois enfants. Sa femme travaille et ses revenus sont nécessaires.

L'exploitation se partage entre les cultures et l'élevage de porcs. Ça s'appelle la "polyculture élevage". Dans le Sud-Ouest, c'est assez courant.
JANV – FÉV – MARS –
AVR – MAI – JUIN
Ce système, ancestral, permet de valoriser les céréales dans l'alimentation des animaux...
... et les effluents de l'élevage pour la fertilisation des sols.
C'est intéressant, surtout en ce moment à cause de l'augmentation du coût des fertilisants, des semences, et des désherbants...
C'est un système durable. Plus économique, plus autonome...
Certains agriculteurs veulent tout maîtriser jusqu'à la vente en direct mais ça n'est pas possible pour tout le monde. La société a changé. Les consommateurs ne sont plus à côté des producteurs. La majorité des gens achète à la grande distribution. C'est ainsi et impossible à contourner véritablement...
Aaah! Ça fait du bien!... Pourquoi j'ai arrêté la cigarette, moi?

Mai
Ouais, François ? Tu veux pas me remplacer une heure au tracteur ? Faut que je passe à l'élevage et après que j'aille chercher les gosses.
Non mais attends ! Qu'est-ce que tu crois que je fous ? J'ai du boulot moi aussi !
Je sais mais c'est juste pour une heure. Après papa prendra le relais. Faut qu'on finisse avant ce soir.
Et puis, j'ai dit à Hélène, la fille qui s'occupe d'irrigation à la Chambre d'agriculture, que tu voulais la rencontrer pour lui poser des questions sur l'eau, que c'était professionnel !
Je suis spécialiste de l'irrigation. Qu'est-ce que tu veux qu'elle m'apprenne ?
Mais ça, elle le sait pas ! Ecoute, elle est rousse, célibataire, sexy...
L'adjectif qui convient c'est : volcanique !

Tu parles ! Je sais bien que tu veux me refiler tous tes coups foireux d'homme marié nostalgique de son célibat agité !
Mais non ! Pas du tout ! Je bosse pour toi, mon vieux ! Tes valseuses sont parties en vacances ou quoi ?
Quel langage ! Allez oui, je vais l'appeler.
Promis, sans faute ?
Sans faute.
Tu devrais même aller chez elle séance tenante !
Je vais plutôt te remplacer au tracteur. Ça te réussit pas.
François, le second de la famille, a travaillé des années dans le développement...
.. Dans une ong, puis dans un bureau d'études, sur des projets liés à l'eau, au Maghreb, en Afrique et en Asie.
« C'est une encyclopédie agronomique ambulante », dit Jérôme.

Il travaille désormais pour la coopérative de la région, c'est-à-dire une société créée en commun par des agriculteurs...
... afin de partager des outils de production, de stockage, d'approvisionnement et de commercialisation. De permettre aussi une diversification.
François est très attaché à ce modèle qu'il aimerait voir réussir dans les pays émergents.
Volcanique !
Volcanique, hein ?

Soixante-dix pour cent de ceux qui ont faim dans le monde sont des paysans...
Ils ne produisent pas assez pour se nourrir eux-mêmes, travaillent sur des microparcelles....
Une politique agricole leur fait défaut pour accompagner leur développement.
Chez nous, au contraire, les coopératives comme celle où je travaille - créée en 1936 -, ont favorisé les avancées techniques et sociales.
Pour les pays émergents, je pense qu'il faut souhaiter ce genre d'organisation qui permet le développement des paysans.
En France, les coopératives aident les producteurs à trouver leur place soit dans des marchés de niche (comme le bio ou des labels régionaux), soit à destination de la grande distribution.
Cette diversité est d'ailleurs nécessaire.

La population mondiale augmente et ses besoins alimentaires aussi...
Il va falloir doubler la production actuelle pour que tout le monde mange correctement.
Pour augmenter la production mondiale (qui a davantage progressé ces cinquante dernières années qu'elle ne l'a fait en dix mille ans), on peut multiplier les surfaces mais cela entraîne de la déforestation ...
Alors, il faut améliorer les rendements. Toutefois, il faut éviter de consommer trop d'eau ou trop d'engrais...
Il faut produire plus et mieux.
C'est un défi pour la recherche, publique ou privée...
Le mieux, à mon sens, pour augmenter la production, c'est quand même l'amélioration de la plante et la génétique.
Généralement, je perds des points avec les filles quand je commence à parler des OGM.

Juillet
Le canon est bien bouché. Tu vas pas arriver à le déboucher avec ce tournevis de merde !
Mais si...
T'as qu'à essayer avec les dents tant que tu y es ! T'es vraiment têtu !
Ça serait peut-être une insulte si t'étais pas le plus têtu de la famille !
Allez ! Prends la clé à molette et démonte la buse du canon. Tu seras plus à l'aise.
Mais non !
Bon... Essayer de te faire changer d'avis serait une perte de temps.
Je vais relancer la pompe, je te préviens, je te laisse une minute : t'auras pas le temps d'aller chercher la clé !

Sur l'exploitation, l'eau est stockée l'hiver grâce à des lacs. On ne prélève pas en rivière.
Toutes les semaines Pierre reçoit par Internet des messages de la Chambre d'agricuture qui mesure les besoins de la plante...
Merde ! Y me faudrait la clé à molette.
L'irrigation c'est un coût et des emmerdements : des pannes à longueur d'été, des arroseurs défaillants, des pompes hors-service...
Mais c'est aussi le meilleur système "d'assurance-récolte", la sécurité de couvrir les charges.
J'y suis arrivé parce que je suis malin.
Je crois surtout que t'es monsieur Têtu !
C'est toi monsieur Têtu. Monsieur Têtu et monsieur Méfiant !
Non, moi, je crois que c'est toi !

Août
Charles a acheté son premier tracteur en 1957.
Charles a été fermier comme son propre père (c'est-à-dire qu'il ne possédait pas les terres qu'il exploitait) pendant des années. En 1957, il fut mobilisé en Algérie jusqu'en 1959.
A son retour, ce fut la révolution agricole des années 1960.
Charles se maria en 1965. Son épouse travaillait alors à la JAC (Jeunesse agricole chrétienne).
Il put acheter son exploitation de 70 hectares en 1970. Polycutulre élevage. Il est officiellement à la retraite depuis 2000.
Maintenant, Charles s'attarde un peu plus longtemps qu'avant à l'heure du café mais il est resté très actif : il travaille sur la ferme en appoint et assiste toujours à des réunions professionnelles.

Charles s'est beaucoup battu dans les milieux professionnels des éleveurs porcins. En l'occurence pour l'obtention de labels.
Il y voit plusieurs avantages : correspondre à la demande de qualité, sécuriser les débouchés, assurer les prix.
Je suis un peu à poil en trésorerie, en ce moment.
Dans les années 1970, on en manquait tous les ans...
La forte inflation des années 1970 avait cependant un bon côté : l'emprunt contracté par Charles pour acheter l'exploitation était facilement remboursé...
Pff... L'argent sort aussi vite qu'il rentre, et avant c'était l'inverse !
Y'a plus qu'à braquer le Crédit agricole.
On va se contenter d'emprunter. Va refaire du café, toi !

* Coopérative d'Utilisation de Matériel Agricole

En regardant bien, on s'aperçoit qu'il manque quelques phalanges à la main droite de Charles.
SUD OUEST
Cela fait partie de la légende familiale...
Un matin d'hiver, la courroie d'une machine est partie d'un coup brusque et les doigts de Charles ont été emportés.
Il les a ramassés de sa main gauche, les a mis dans un sac plastique et est parti avec à l'hôpital. Jérôme, enfant, aimait beaucoup écouter cette histoire.

Ça marche pas.
BRRR BRRR
Octobre
Ça peut pas être juste la courroie du convoyeur, papa ?
Ça pourrait mais c'est pas ça.
Faut dire qu'elle date du sermon des Oliviers, cette batteuse.
Je peux vais ce que je peux faire ce matin… Et si ça va pas, on attend le retour de la Cuma.
Bon, elle marche comme d'habitude mais en pire.

Ça finit toujours par marcher...
Il y a des humeurs de la nature que l'on aime avec les années.
La brume qui se dissipe...
l'automne précoce, le parfum des tiges cassées par la moissonneuse...
Pour la récolte, on ne peut pas rentrer trop tôt le matin dans les champs...
... à cause de la rosée. Par contre, on travaille tard dans la nuit.

L'important, à la récolte, c'est l'organisation :
La récolte elle-même, le transport en remorque vers la ferme et enfin le séchoir.
Il faut sécher la récolte avant de la stocker ou de l'expédier.
L'objectif, c'est que le taux d'humidité du grain descende à 15%. L'idéal pour ça, c'est de ramasser le maïs à moins de 30% d'humidité.
C'est bon. Va vider. On arrête pour ce soir.

Il faut bien sécher le maïs mais pas trop tard pour maintenir la qualité de conservation de la graine.
LAV
Les exigences sanitaires sont aujourd'hui très élevées.
LAV
Le prix des céréales a presque doublé en deux ans mais les premiers consommateurs de céréales sont les agriculteurs.
Dans les années 1960, la première Politique agricole commune garantissait les prix (avec des aides à l'exportation pour les excédents).
En 1992, la deuxième PAC eut pour objectif de vendre au prix mondial tout en donnant des primes à l'hectare pour soutenir les agriculteurs.
Les prix ont baissé de moitié depuis 1992, comme le nombre d'agriculteurs...

Après la flambée de 2007, les prix redescendent un peu mais la volatilité reste forte.
Et puis, l'Europe sucre ses aides et la hausse des prix ne profite pas à tous.
le bon côté des choses est que l'agriculture redevient stratégique
Enfin, ce que Pierre préfère à la récolte...
...c'est quand même la nuit d'octobre.

Alors toi ! Toi et toi !
Novembre
Pierre a un élevage de "porcs charcutiers" et de porcelets.
Quand il y a des porcelets qui débarquent, ses enfants sont excités comme des puces.
T'as vu, y'en a un qui a des taches noires !
Trop mignon !
Très mignon !
Pierre a reçu ce matin une commande d'enlèvement par la coopérative. Il sélectionne les plus beaux animaux...

..., et les conduit au quai d'embarquement où ils seront enlevés en fin de journée.
Alleeeez ...
Allez ! Avance mon gros !
Avec l'élevage, il y a un travail sanitaire préventif. S'il n'y a plus de maladie comme autrefois, il faut tout de même avoir l'œil...
...être très vigilant sur le suivi de la santé des animaux, observer leur poil, voir s'ils mangent bien, s'ils n'ont pas froid...
L'ennuyeux, avec les porcs, c'est que c'est gourmand en capitaux : il faut des silos, des fosses, des bâtiments, une machine à soupe automatisée.
Mais c'est aussi une activité sur toute l'année, régulière...

... intégrée dans le système d'exploitation grâce à la valorisation du maïs et des effluents.
Ils vont où les cochons, papa ?
Ils sont partis en voyage.

Bon, Jérôme, je t'ai fait le plein. Je te suis de près avec le semoir alors il faut faire les bordures assez vite.
Avril
Sur ce champ, tu tournes à 2000 en quatrième "lente". On devrait finir avant ce soir.
OK!
T'as récupéré de ta soirée, au moins ?
Deux heures de sommeil et je suis frais comme une rose !
Toujours les bergeronnettes et les aigrettes à l'œil torve escortent le tracteur pour manger les vers de terre.
A cause de leur crête jaune effilée, François les compare au groupe des années 1980 "Iron Maiden"...

Passer la herse, c'est comme approcher la vie à reculons.
Il faut sans cesse tourner la tête pour vérifier qu'on roule bien au bord du passage précédent.
Je regarde devant. Je regarde derrière.
Un coup d'oeil vers le passé,
Un coup d'oeil vers l'avenir.
Il y a les grands pins et les massifs d'ajoncs, le ciel qui s'éternise...

Et mon esprit se vide dans le paysage.

Des essais

***Histoire des agricultures du monde : du néolithique à la crise contemporaine,* de Marcel Mazoyer et Laurence Roudart (Seuil Points histoire, 2002).**

***Agriculteurs du monde. Du néolithique à nos jours,* de Marcel Mazoyer et Laurence Roudart (Autrement, 2004).** Marcel Mazoyer est une figure de l'agronomie française. François, le deuxième frère dans *Quatre Saisons dans les Landes,* l'a eu comme professeur à l'école d'ingénieurs agronomes INA-PG et en fut fortement impressionné. Une partie de son argumentaire vient de cet enseignement. A la différence d'autres spécialistes de l'économie agricole, Marcel Mazoyer, d'origine rurale, connaît les techniques, les outils, les sols. Dans ces deux livres, il se penche avec Laurence Roudart sur les pratiques les plus anciennes jusqu'à celles d'aujourd'hui. Avec un esprit de synthèse passionnant, il met en lumière les mécanismes contemporains. Il place l'agriculture au cœur de la lutte contre la pauvreté.

***Nourrir la planète,* de Michel Griffon (Odile Jacob, 2006).** Michel Griffon, chercheur au Cirad (Centre de coopération internationale en recherche agronomique pour le développement), se penche ici sur les 3 milliards d'habitants supplémentaires que comptera la planète d'ici à 2050. Il rappelle l'efficacité de la « Révolution verte » des années 60 pour répondre aux besoins d'alors et évoque les changements stratégiques d'aujourd'hui pour concilier les exigences environnementales, le souci d'équité et la nécessaire productivité. Michel Griffon dresse une bonne synthèse sur la question du développement durable agricole.

***Les Sillons de l'engagement,* de François Purseigle (L'Harmattan-Injep, 2004).** Chercheur en sociologie rurale, François Purseigle a rencontré les jeunes militants agricoles français. Il dresse leurs portraits et s'interroge sur leurs parcours, leurs motivations, les freins à l'engagement et les contradictions qu'ils affrontent, le territoire qu'ils défendent. Dans un métier qui évolue, quelle est la relève du syndicalisme agricole ?

Une étude

***Avis et rapport du Conseil économique et social. Faim dans le monde et politiques agricoles et alimentaires : bilan et perspectives,* étude présentée par Jocelyne Hacquemand (2008).** Dans son discours, François, le deuxième frère dans *Quatre Saisons dans les Landes,* donne quelques arguments de ce rapport (reprenant également Griffon et Mazoyer) qui cite l'agriculture familiale comme le meilleur système d'organisation, socialement et économiquement. Le rapport fait part de la *« singularité agricole »,* et rappelle l'importance des politiques publiques et des coopératives.

Un think tank

***Le Momagri* : www.momagri.org**
Le think tank Momagri (Mouvement pour une organisation mondiale de l'agriculture) s'interroge sur une autre façon de réguler les marchés mondiaux, en marge de l'OMC (Organisation mondiale du commerce) et de la PAC (Politique agricole commune). Il intègre des critères comme le risque climatique, l'innovation, le lien entre environnement et équilibre des marchés, le développement durable et l'avenir de la planète, la coexistence d'une agriculture moderne et d'une agriculture traditionnelle, l'effet sur la pauvreté... La volonté d'un diagnostic complet pour mieux décrire les réalités agricoles.

Des films

***Les Terriens*, d'Ariane Doublet (2000).** Un film sur les agriculteurs de Vattetot-sur-Mer, village du pays de Caux, au moment de l'éclipse solaire du 11 août 1999. Ariane Doublet filme le déroulement quotidien du travail agricole, puis les touristes aux lunettes en carton qui font irruption dans le paysage. Ce sont eux qui, pour une fois, sont les plus folkloriques.

***Profils paysans* : *L'Approche* (2001), *Le Quotidien* (2005), *La Vie moderne* (2008), trilogie de Raymond Depardon.** Trois films documentaires sur les difficultés d'une agriculture d'élevage en moyenne montagne. Le réalisateur suit les mêmes personnes pendant plusieurs années, entre l'Ariège, la Lozère, la Haute-Loire et la Haute-Saône. De splendides images au profit d'un propos délibérément nostalgique et mélancolique, qui est aussi une forme d'autobiographie de la part d'un fils de paysan.

Une BD reportage

***Rural !*, d'Etienne Davodeau (Delcourt, 2001).** Davodeau présente, dans ce reportage en bande dessinée, l'organisation de trois agriculteurs convertis au biologique dans le Maine-et-Loire, sur une exploitation de 120 hectares. L'auteur adopte leur point de vue face au passage de l'autoroute A87, qui va couper leur propriété en deux parties. Une bande dessinée solidaire des trois agriculteurs et de leurs choix, qui permet de comprendre l'organisation en GAEC (Groupement agricole d'exploitation en commun).

ILLUSTRATIONS : CHLOÉ POIZAT

QU'AI-JE FAIT ?

De retour dans son village d'enfance, Lussaud, dans le Cantal, Pierre Jourde et sa famille ont été accueillis à coups de poing et de pierres. Un an plus tôt, il avait écrit *Pays perdu* (L'Esprit des péninsules).

C'est la mort d'une jeune fille qui m'a poussé à écrire *Pays perdu*. Je ne voulais rien révéler de ce pays secret. Deux amis paysans ont perdu leur fille, un hiver, il y a plus de dix ans. Je la connaissais depuis sa naissance. J'ai fait partie de ceux qui ont porté la bière au cimetière, tandis que la neige tombait sans discontinuer. Par l'étroite ouverture, je me suis glissé au fond du caveau, on me l'a passée, je l'ai posée à sa place. Le caveau jouxte celui de mon père. Il l'avait précédée de dix ans. Ses parents et moi, depuis, allons voir les deux morts voisins. Souvent, sa mère fleurit mon père. Ainsi, c'est une Eurydice de treize ans qui fut descendue au fond de l'obscurité. Et c'est le pays tout entier, dont il me semblait qu'on l'enfouissait avec elle, que le livre a voulu remonter à la vie.

Le hameau se compose d'une poignée de bâtisses blotties les unes contre les autres, à plus de mille mètres, sur une arête cernée par des gorges et des forêts. L'hiver, la température peut descendre à moins vingt. Une année, le village, bloqué depuis une semaine par les congères, a dû être

> J'avais pris soin de modifier tous les noms de lieux et de personnes, et parfois même de changer les liens de parenté des personnages. Cela n'a pas suffi, bien sûr, et tout le monde s'est reconnu.

ravitaillé par hélicoptère. Vingt habitants, cinq familles, presque toutes apparentées. Quatre troupeaux de vaches laitières, qui vont et viennent toute la journée dans les venelles. Autour, un désert de montagnes, la première boutique à une demi-heure, par une route en lacets. Certains, au hameau, n'ont jamais vu Clermont-Ferrand. Tout le monde se voit, se surveille, se croise plusieurs fois par jour aux mêmes endroits. On n'ignore rien des activités des autres. Isolement et anonymat impossibles. Et notre maison se dresse en plein milieu, là où tout le monde se rencontre. Les vaches passent au ras du mur.

Au début du XVIIe siècle, un aïeul est descendu de ses montagnes pour venir là, épouser une de mes ancêtres, première trace d'une implantation plus ancienne encore. Mon père y a été agriculteur pendant quelques années. Nous possédons la maison et la ferme, concédée en location. La grange et l'étable sont attenantes. Les bâtiments d'habitation forment un seul bloc, divisé en deux parties, celle où nous passons les vacances, celle où vivent les fermiers, les mêmes depuis cinquante ans. Je les ai toujours connus, ils font quasiment partie de la famille. J'ai gardé les vaches, coupé le bois et rentré les foins avec eux. J'ai vu naître leur fils, qui a repris l'exploitation et nous verse à son tour le fermage. Cent fois nous avons bu, mangé, travaillé, beloté ensemble. Tous les habitants sont des familiers, tous sont venus fêter chez nous le réveillon 1999, quatre ans avant la parution du livre qui a déclenché l'affaire.

Par nature, toute parole est indiscrète

Lorsque *Pays perdu* est paru, ni moi ni ma maison d'édition n'étions connus. Je pensais qu'il s'en vendrait quelques exemplaires, et que l'écho n'en parviendrait pas au village, où on lit peu, et certainement pas mes livres. Je l'ai offert aux amis qui avaient perdu leur fille, parce que je le leur devais, et qu'ils étaient très proches de nous. Ils l'ont aimé. Sinon, je ne tenais pas à ce qu'il soit lu par les villageois. Non parce que je pensais avoir médit, mais à cause de cette idée que toute parole est par nature indiscrète, que parler de mort, de sentiments, c'est toujours trop se livrer, et que, là-haut, on garde ses sentiments pour soi, comme son argent, comme ses secrets, comme les coins à champignons. Mais il a fini par arriver au hameau, un an après sa parution. J'avais pris soin de modifier tous les noms de lieux et de personnes, et parfois même de changer les liens de parenté des personnages. Cela n'a pas suffi, bien sûr, et tout le monde s'est reconnu. De bonnes âmes ont détaché, pour ceux qui avaient du mal à suivre, les passages censés scandaleux. L'épicerie du bourg en a acquis un stock. Le livre doit toujours y être en vente aujourd'hui.

La réaction a immédiatement été très violente. Tout le canton s'est agité. On a fait circuler des pétitions. Un paysan d'un hameau voisin a appelé au téléphone des amis, qui ont une maison là-haut, les menaçant de venir avec son fusil pour régler le problème. A l'inverse, certains des personnages les plus précisément décrits, la petite-fille de nos fermiers, un ancien valet de ferme ou une vieille cousine, réputée pour son franc-parler, n'y ont pas vu malice, mais plutôt un portrait assez ressemblant du pays. Afin de tenter d'apaiser la situation, j'ai envoyé une longue lettre d'explication à chaque habitant.

Quant aux faits, ils ont rarement été représentés avec exactitude dans tout ce qui s'est dit et écrit sur cette affaire. Pour autant que l'on puisse rapporter une confusion frénétique de quelques minutes, ils sont les suivants. Nous sommes revenus au village un an après la parution du livre. Nous étions cinq, avec mes deux fils aînés, métis, de onze et quatorze ans, et la mère du plus petit, qui avait un an. En arrivant, nous n'avons pas vu le panneau qui nous souhaitait ironiquement la bienvenue, en m'attribuant une origine adultérine. On nous attendait de pied ferme.

« Ton livre, tu risques d'en entendre parler »

Je suis d'abord, comme d'habitude, passé chez nos fermiers pour causer. Le fils m'a paru tendu. Il m'a dit : *« Ton livre, tu risques d'en entendre parler. »* Je suis ensuite allé ouvrir le garage, tandis que les autres s'installaient dans la maison. Deux voitures sont arrivées, m'ont bloqué contre le mur. Les trois occupants sont sortis en hurlant, m'ont couvert d'injures, se sont encouragés à me *« faire mon affaire »*. Deux femmes, certes massives, et un homme âgé. Je ne connaissais qu'eux. Lui, oncle de notre fermier. Autant de raisons pour ne pas les toucher.

J'ai préféré reculer, tout en les avertissant de ne pas insister. Mais ils cherchaient le sang. Il a fallu les frapper. Deux horions ont arrêté les femmes. Quant à l'homme, il s'est effondré au premier coup, le visage couvert de sang. Il est borgne. Son œil valide était atteint, on a pu craindre un instant qu'il le perde. J'entendais, derrière moi, mon fermier, le compagnon des veillées et des travaux, affolé au spectacle de son oncle ensanglanté : je n'avais rien à faire ici, hurlait-il, on n'avait pas besoin de moi.

Les enfants étaient terrorisés. Nous avons décidé de repartir, et commencé à remettre les bagages dans le coffre. A ce moment, trois autres personnes sont arrivées, un adulte de mon âge, un adolescent, une femme, qui ont tenté de nous en empêcher, vidant les bagages du coffre ouvert. La confusion est devenue totale, mêlée, hurlements. Je faisais mon possible pour tenir les agresseurs à distance, à coups de poing. Ils tournaient, tentaient de m'atteindre, en vain. Leur impuissance les rendait enragés. De grosses pierres ont commencé à voler. Femme et enfants, au milieu de la mêlée, ne savaient plus que faire. Plus tard, l'un des témoins, tétanisé par la violence de la scène, dira qu'il s'agissait clairement de me tuer. Un faux pas, c'était le lynchage.

Nous n'étions plus dans la campagne française, au XXIe siècle, mais renvoyés très loin, dans un orient à la sauvagerie archaïque, où le bouc émissaire, qui fait partie de la communauté tout en lui demeurant, par certains aspects, étranger, est chargé de toutes ses souffrances, et sacrifié collectivement.

Les injures racistes ont jailli à l'encontre de mes fils. Au moment où nous parvenions à démarrer la voiture, sous les impacts des pierres, la panique a poussé le cadet à s'enfuir en courant. Ma femme a tenté de le rattraper. Les vitres ont volé en éclat. Le bébé d'un an était assis sur les genoux de son frère aîné. Les bris de verre l'ont atteint. La salopette qu'il portait était couverte de sang. J'ignorais le degré de gravité de ses blessures. J'ai dégagé la voiture en marche arrière, tandis que cinq ou six personnes s'acharnaient dessus. Je ne pouvais pas avancer dans la direction où femme et enfant avaient disparu, il aurait fallu pour cela écraser les assaillants. Jusqu'alors, l'urgence m'avait anesthésié. Ce n'est qu'à ce moment que j'ai senti la peur. Où étaient-ils ? Qu'allait-il leur arriver ? Il fallait les retrouver, tout en sachant que la vie des deux enfants dans la voiture était en jeu si nous nous retrouvions pris dans les jets de pierres. Heureusement, à l'autre bout du village, ils ont surgi, indemnes.

Eloge d'un lieu aimé entre tous

Deux ans plus tard, en juillet 2006, au palais de justice d'Aurillac, nous étions, devant le juge, épaule contre épaule avec les assaillants. Ils avaient porté plainte les premiers, pour coups et blessures. Seul, de notre côté, le bébé était vraiment atteint. Eux, murés dans leurs mensonges, m'accusaient de l'agression, avec un couteau. Au vu de leurs plaies, j'aurais pu être lourdement condamné, sans les dépositions concordantes des quatre témoins, dont la doyenne du village, qui tous ont décrit la scène dans les mêmes termes que nous.

J'ai du mal à croire que le livre seul ait pu provoquer cette violence. Il suffit de le lire pour constater qu'il s'agit surtout de l'éloge d'un lieu aimé entre tous. La beauté, la noblesse, la générosité y sont plus présentes que la misère ou l'alcool. C'est d'ailleurs ce que la plupart des lecteurs y ont vu. J'aurais pu, il est vrai, atténuer certaines descriptions, mais il s'agissait pour moi de faire sentir la prégnance sensible de ce pays sur un imaginaire d'enfant. La mièvrerie n'est pas de l'amour. Aimer ce pays, c'est l'aimer avec tout ce qu'il est, avec sa douceur, sa dureté, sa violence, son hospitalité, sa grandeur et ses petitesses. Pour sa noire beauté, celle de ses pierres, de ses étables, de ses ombres et de ses secrets.

Les pages sur la bouse de vache ou les tas de fumiers ont été prises comme des dénonciations. Il faut n'avoir pas lu, sinon il apparaît clairement qu'il s'agit, à l'inverse, d'exprimer la joie profonde, enfantine, à côtoyer l'omniprésence d'une substance organique qui est à la fois deuil et vie. Mais le paysan qui travaille les pieds dans la bouse ne l'entend pas ainsi. Il n'y place pas sa noblesse, et préfère se voir représenté d'une manière aseptisée. Ce que l'on peut comprendre. Quant à l'alcoolisme ou aux secrets de famille, le narrateur du livre se trouve, sur ces deux points, en première ligne. Il n'est en rien extérieur à ce qu'il décrit.

L'incompréhension a été totale. On m'a même reproché d'avoir écrit que les routes comportaient trop de virages. Tout ce qui dans mon esprit était louange est devenu injure. On m'a accusé d'avoir comparé les gens à des animaux. Comment expliquer que les images mythologiques sont récurrentes dans le livre, que les paysans y sont certes animalisés parfois, mais comme les dieux et les héros de l'Antiquité ? Quant à l'ironie qui point par endroits, elle est nécessaire pour alléger le poids du deuil et de la souffrance, ou par cette pudeur qui retient l'amour au bord du lyrisme.

Je ne crois pas qu'un romancier ait tous les droits, ni qu'un livre puisse utiliser librement la vie privée des autres, s'il ne s'agit que d'exhibition gratuite. Mais les quelques affaires privées évoquées dans le livre ne ressortent pas du pur voyeurisme. Il s'agit de montrer par quelques exemples la difficulté de préserver une vie intime au sein d'une communauté confinée. Le secret y est impossible, et pourtant

De grosses pierres ont commencé à voler. Femme et enfants, au milieu de la mêlée, ne savaient plus que faire. L'un des témoins dira qu'il s'agissait clairement de me tuer. Un faux pas, c'était le lynchage.

nécessaire, il faut faire *comme si*. Déjà, ma grand-mère jouait une comédie quant à l'origine de mon père. Elle l'avait eu, dans l'adultère, pendant la guerre. Tout le monde le savait depuis longtemps. Mais moi, j'avais vingt-cinq ans lorsqu'il m'a révélé en détail son histoire d'enfant caché, élevé secrètement chez une nourrice, et que sa mère, plus tard, faisait passer pour son chauffeur. Et, après avoir, dans *Pays perdu*, évoqué des histoires de famille que je pensais connues de tous, je me suis aperçu que le même dispositif se reproduisait : ces secrets de polichinelle, partout colportés, demeuraient ignorés de certains membres des familles concernées.

Il y a aussi une violence inhérente à la littérature, quelles que soient ses intentions. Il est difficile de faire l'objet d'un récit, qui s'empare de vous et vous représente de manière très partielle, et cette violence est d'autant plus forte qu'on fréquente peu les livres. Plus généralement, notre société ne supporte plus guère que des représentations aseptisées. Il faut compter aussi avec l'extrême susceptibilité paysanne, avivée par le sentiment de l'abandon, du mépris ou de la condescendance de ceux qui ne les connaissent pas, nourrie par toutes sortes d'invraisemblables fictions, racontars

Après avoir évoqué des histoires de famille que je pensais connues de tous, je me suis aperçu que ces secrets de polichinelle, partout colportés, demeuraient ignorés de certains membres des familles concernées.

ou ragots. Si j'avais écrit un livre, pensait-on, ce ne pouvait être que pour assouvir d'obscures vengeances. Car ces fictions sans cesse renouvelées et enrichies, que l'on se raconte à voix basse, toutes portes closes, se nourrissent d'argent, de vengeance et d'adultère. Ainsi la vie paysanne est-elle une vie imaginaire.

« Il n'est pas comme nous »

Mais le livre n'a sans doute pas été vraiment lu. Certains des agresseurs ont déclaré à l'audience qu'ils avaient essayé de parcourir le début, puis avaient abandonné sans comprendre.

En fait, alors que je pensais, naïvement, être de ce village, et ne m'être résolu à écrire sur lui que pour tenter de préserver cette beauté que le temps progressivement efface, ce qui m'est revenu en pleine face, avec les pierres, c'est que je n'étais qu'un étranger. *« Il n'est pas comme nous »* : la phrase figure dans les dépositions. Pas seulement parce qu'on vit à la ville. On est un patron, un propriétaire qui loue ses terres et ses bâtiments. Alors, quoi qu'on fasse, quelque familiarité qu'on entretienne avec les lieux et les gens, on sera toujours un autre. Tout cela, certes, ne concerne qu'une poignée de gens, et tout le monde au village ne pense pas ainsi. Mais il est troublant d'entendre des voix vous déclarer par nature étranger au lieu du monde où, depuis toujours, on se sent le plus intimement chez soi, où l'on trouve sa place et sa respiration. Il doit en être ainsi : intellectuel chez les paysans, paysan chez les intellectuels, en exil de soi-même.

Un ami originaire du même hameau m'a décrit naguère la scène à laquelle il avait assisté enfant, une femme d'un clan poursuivant à travers les venelles le patriarche du clan adverse en brandissant une hache. La rudesse appartient à la magie de ce lieu. Là-haut, les rancunes franchissent les générations. Et une bagarre, c'est encore peu de choses.

Nous reviendrons, pour voir les amis, mais rien ne sera jamais pareil. L'image d'un enfant ensanglanté restera toujours. Le livre m'a amputé de ce pays. Peut-être ce texte de deuil était-il inconsciemment fait pour que le deuil s'accomplît totalement. XXI

Pierre Jourde

LES AUTEURS DE XXI

La dame de pique de Toulouse, p. 30-43
Rémi Lainé

45 ans, trois enfants, 25 ans de carte de presse, fait ses premiers pas dans le journalisme au chevet des chiens écrasés et se reconvertit dans les documentaires. D'abord aux côtés du réalisateur Daniel Karlin, puis en son nom propre. Goût prononcé pour les questions de justice. Tourne actuellement un film sur le procès des Khmers rouges au Cambodge.

Les enfants de la Mère Denis, p. 44-55
Eric Lemasson

Une formule pour résumer ce qu'il aime faire : *« raconter des histoires »*. Par écrit, et surtout à la télé, où il entre en 1989 comme jeune journaliste (c'était encore Antenne 2). A ensuite papillonné à Arte, France 3, France 5 (et même TF1) et continue à *« raconter des histoires »* en tant que réalisateur de documentaires, et parfois en tant que producteur. Un temps démangé par le virus de l'enquête, il a publié au Seuil une biographie « non autorisée » du préfet Marchiani. Dernière précision, qui explique son intérêt pour les enfants de la Mère Denis : il est lui-même né en Normandie, pendant les Trente Glorieuses.

Une beauté d'enfer, p. 56-73
Sylvie Caster

Journaliste et écrivain, Sylvie Caster a commencé en faisant partie du premier *Charlie Hebdo*, avant d'entrer au *Canard Enchaîné*, où elle a tenu pendant treize ans une chronique hebdomadaire qui lui a valu le prix Mumm. Elle a publié en 1980 son premier roman, *Les Chênes verts* (Bernard Barrault), puis *Nel est mort* (Barrault), *Bel Air* (Grasset), *La Petite Sibérie* (Grasset) et *Dormir* (Pauvert).

Afghanistan : La Vallée, p. 76-97
Balazs Gardi

Photographe freelance hongrois, Balazs aime à se concentrer sur le quotidien des communautés en marge plongées dans des crises humanitaires. Représenté par l'agence VII, il a reçu de nombreuses récompenses, dont le prix Bayeux des correspondants de guerre 2008 et trois premiers prix du World Press Photo. Il était en Afghanistan avec Elizabeth Rubin, dont le récit fut publié par le *New York Times Magazine* et est accessible, en français, sur le site du prix Bayeux.

Jours tranquilles à Patagonia, p. 98-109
Jean-Paul Mari

Né à Alger, grand reporter à RMC, au *Matin de Paris* et, depuis 1985, au *Nouvel Observateur,* où il a couvert de nombreux conflits. Prix Albert Londres (1987), prix Bayeux des correspondants de guerre (1998), prix Louis Hachette (2001), il est l'auteur de six livres et a réalisé un documentaire en 2005, *Irak : quand les soldats meurent* (Arte). Son dernier ouvrage, *Sans blessures apparentes* (Robert Laffont, 2008), est consacré aux blessures psychiques provoquées par la guerre.

Le meilleur des mondes, p. 110-123
Alain Leikowitz

Je suis né en 1967 alors que l'intersyndical célébrait la fête du Travail. Après de longues études inutiles de sociétologie à l'EHESS et cinq années d'errance précédées d'un passage éclair à la Banque de France, enfin, je me trouve et me retrouve. En Asie du Sud-Est. De retour en 1995, la maison ronde de l'avenue du Président-Kennedy m'ouvre ses portes. Et c'est à France Culture, parfois France Inter, que j'écoule depuis, mes reportages et mes documentaires sonores. C'est au cours de vacances incompréhensibles en Chine que je me lance dans l'apprentissage des bases de la langue de Mao. C'est là que j'ai réalisé mes cinq premiers films.

L'hôtel fantôme de la place Rouge, p. 124-135
Anne Abitbol

Réalisatrice passée de la fiction au documentaire, Anne Abitbol pose un regard cinématographique sur le monde qui l'entoure. Après deux courts-métrages, *On raconte tous la même histoire* et *Survie*, elle complète son parcours comme assistante de nombreux réalisateurs. En 2004, c'est en Israël qu'elle réalise son premier documentaire : *Metzer entre les murs,* grand prix au festival de Clermont-Ferrand. Elle part ensuite vivre à Moscou et plonge dans les archives soviétiques d'où émergera *Rossia*, son deuxième film.

Arkadi Gaydamak, le seigneur de la guerre français, p.136-149
Jean-Pierre Perrin

Journaliste à *Libération* depuis une quinzaine d'années, Jean-Pierre Perrin s'occupe essentiellement des dossiers Proche et Moyen-Orient. Cette fois, ce n'est pas pour suivre les affrontements israélo-palestiniens qu'il s'est rendu à Jérusalem, mais pour rencontrer Arkadi Gaydamak. Un personnage qui aurait eu toute sa place dans un des romans noirs qu'il a publiés – le dernier, *Le Paradis des perdantes*, qui vient de paraître en Livre de Poche, a pour cadre les émirats du Golfe. Il a aussi écrit plusieurs récits de voyage, dont *Les Rolling Stones sont à Bagdad* (Flammarion) sur les derniers mois du régime de Saddam Hussein, et *Jours de poussière* (La Table Ronde) sur l'Afghanistan en guerre, qui a reçu le grand prix 2003 des lectrices de *Elle*. Il a également publié *Ploërmel sur Russie,* dans le numéro 1 de XXI.

Entretien avec Gérard Noiriel, p. 150-163
Thierry Leclère

Grand reporter à *Télérama,* Thierry sillonne le monde depuis une vingtaine d'années et revient régulièrement sur ses terres de prédilection, comme l'Algérie, Haïti ou le Cambodge. Il est auteur et réalisateur de plusieurs documentaires pour Arte et Canal+, dont *Algérie(s)*. En 2007, il a ouvert un espace de débats et d'actualité des essais sur télérama.fr. Il a écrit avec Benjamin Stora un livre d'entretien : *La Guerre des mémoires* (L'Aube).

4 saisons dans les Landes, p. 164-197
Jean Harambat

Je suis né en 1976 dans les Landes, où je vis actuellement. Après des études de philosophie et de commerce, puis diverses activités à l'étranger – notamment comme logisticien pour Action contre la Faim au Libéria –, je me consacre à l'écriture et au dessin depuis 2004. Tour à tour reporter ou dessinateur, je collabore avec *Le Monde 2*, *Géo*, le quotidien *Sud Ouest*. En septembre 2008, j'ai publié chez Futuropolis ma première BD : *Les Invisibles*.

Qu'ai-je fait ?, p. 198-203
Pierre Jourde

Né en banlieue parisienne, dans une famille originaire du Cantal composée de tenanciers de bistrot, de marchands de peaux de lapin, de bouchers, d'institutrices et de chauffeurs de maître. Il professe à l'université Grenoble III et pratique le jeu de stratégie, la boxe française, le ski, le tennis, la cuisine, le football, l'essai, le roman et la critique littéraire. En dépit d'un taux élevé de refus de manuscrits entre 1980 et 1999, il a publié une trentaine d'ouvrages, dont *La Littérature sans estomac* (L'Esprit des péninsules, prix de la critique de l'Académie française).

ILLUSTRATIONS

Olivier Kugler
Couverture et p. 26-27

Né à Stuttgart, en Allemagne, Olivier a passé son enfance dans un village de la Forêt-Noire. Influencé par la bande dessinée française, belge et par Otto Dix, il s'est terriblement ennuyé alors qu'il travaillait dans le design et a basculé dans l'illustration après être passé par la School of Visual Arts de New York. Depuis, Olivier travaille comme illustrateur. L'année dernière, il a réalisé, pour le *Guardian*, un carnet de route qui l'a mené de l'Ecosse à Cuba.

Muzo
Détonnant, p. 18-19

Né en 1960, Muzo a commencé comme dessinateur underground et peintre à la mode dans les années 80. Dessinateur de presse (*L'imbécile*, *Le Magazine littéraire*, *Le Monde*...), il est l'auteur d'une trentaine de livres pour enfants et de quelques autres pour adultes, en solo (*Les Hommes et les Femmes*, chez Buchet-Chastel), ainsi qu'en duo avec Hervé Prudon ou le psychiatre Christophe André. Il vit avec sa famille en banlieue parisienne.

Pierre Mornet
La dame de pique de Toulouse, p. 30-43

Né en 1972 à Paris, où il vit et travaille. Après des études d'arts graphiques à l'ESAG-Penninghen et une première exposition en 1994, il se lance dans l'illustration. Il réalise de nombreuses couvertures de livres et travaille régulièrement pour la presse, la communication et la publicité. Depuis 2004, il multiplie les collaborations aux États-Unis, au Canada, en Italie... Il a publié quatre albums pour la jeunesse et continue d'exposer régulièrement ses illustrations dans les galeries parisiennes.

Julien Pacaud
Les enfants de la Mère Denis, p. 44-55

Illustrateur, 35 ans, Paris. Après des études de cinéma et quelques incursions dans la musique expérimentale, Julien se transforme en illustrateur dilettante et autodidacte à partir de 2003. Il rejoint le collectif Studiobüro. En 2006, il intègre la jeune agence d'illustrateurs Talkie Walkie et collabore depuis avec de nombreux magazines français et étrangers (*The New York Times*, *L'Equipe Magazine*, *New York Magazine*).

Isabelle Boinot
Une beauté d'enfer, p. 56-73

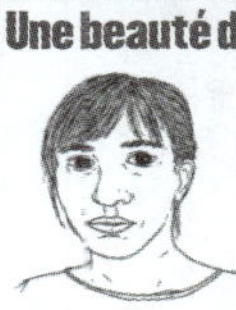

Isabelle Boinot est née en 1976. Après des études aux beaux-arts d'Angoulême, elle se lance dès 1997 dans l'autoédition, publiant un nombre hallucinant de livres, boîtes à images et autres curiosités graphiques diffusées sous le manteau ou presque par un réseau de libraires et de galeristes passionnés par son travail. Membre fondatrice de *Frédéric Magazine*, elle participe aux différents projets portés par ce collectif. Elle dessine régulièrement pour les *Inrockuptibles*.

Alice Leora Briggs
Jours tranquilles à Patagonia, p. 98-109

Née en 1953, Alice est actuellement en résidence artistique près de Juarez (Mexique), où elle termine un travail intitulé *Dreamland*, en collaboration avec Charles Bowden. *Dreamland* est l'histoire réelle de la première « maison de la mort » découverte à Juarez. Les illustrations d'Alice sont exposées au musée de Young (San Francisco), au musée de l'art de l'université d'Iowa, au musée de Tucson, à New York et à Tokyo.

Pascal Blanchet
Le meilleur des mondes, p. 110-123

Illustrateur et auteur de romans graphiques québécois, Pascal Blanchet réalise des images pour des journaux, des magazines et des maisons d'édition américaines comme canadiennes. Il travaille entre autres avec le *New Yorker*, Penguin Books, Tor Books et le *National Post*. Ses romans graphiques sont publiés en français au éditions de la Pastèque et, en anglais, chez Drawn & Quarterly.

Jean-François Martin
L'hôtel fantôme de la place Rouge p. 124-135

Né à Paris en 1967, diplômé de l'Ecole nationale supérieure d'arts appliqués et des métiers d'art, Jean-François Martin est d'abord graphiste chez Bayard. En 1993, il se lance dans l'illustration jeunesse. Depuis, il publie dans l'édition et dans la presse, française et étrangère (*Libération*, *Télérama*, *Le Monde*, *The New York Times*, *The Washington Post*, *Time Magazine*). Son travail est régulièrement exposé à Paris.

Aleksi Cavaillez
Arkadi Gaydamak, le seigneur de la guerre français, p. 136-149

Né en 1981, devenu sourd très jeune, il a vite appris à communiquer avec ses pinceaux. Etudie à l'Ecole Estienne, puis aux Arts Décos, avec un passage au sein de l'UIAH Helsinki. C'est dans les voyages qu'il trouve son moyen d'expression. Il a publié un roadbook sur les pays Baltes, *Via Baltica* (Noir sur Blanc), cofondé un mouvement artistique alternatif, Art Posthume, exposé chez Artcore, Agnès B, à la Galerie Patricia Dorfmann... *« L'œuvre doit être le témoignage brutal d'un vécu, non la somme des réflexions portées sur ce vécu. »*

Chloé Poizat
Qu'ai-je fait ?, p. 198-203

Recette de la Chloé Poizat (pour une personne ; env. 20 min) : hachez finement le ciboulot et mélangez délicatement à la purée de poils et de plumes ; égouttez le confit d'yeux, recouvrez-le du précédent appareil ; faites bouillir et réduire la bile avec une pointe d'amertume, ou à défaut de Malinconia, jusqu'à l'obtention d'une crème onctueuse ; versez sur le confit puis égalisez bien la surface ; rectifiez l'assaisonnement à convenance. (www.chloepoizat.com).

Olivier Balez
Ainsi la vie, p. 206-207

Né en 1972 à Besançon, Olivier Balez poursuit des études d'arts appliqués à l'Ecole Estienne, à Paris. Il se consacre depuis à l'illustration (presse, édition et publicité, grâce à ses deux agents : Prima Linea et French Touch Agency) ainsi qu'à la bande dessinée. Il pose pour la première fois les pieds en Afrique en 2003. Il vit aujourd'hui a Santiago du Chili et travaille sur une nouvelle bande dessinée écrite par Arnaud Le Gouëfflec.

« los lolos que se besan
en los bancos del
Forestal, Forestal,
se burlan del mirar tangencial
de las buenas gentes »
El parque
Forestal
Le parc Forestal est devenu emblématique de ces rendez-vous amoureux grâce à la reprise de la chanson de Brassens les bancs publics par Eduardo Peralta. Il a modifié les paroles pour respecter la mélodie et pour coller à la réalité chilienne.
Le gardien du parc
« Normalement c'est interdit,... ce qu'ils font ces deux-là. Mais on va pas les embêter ou leur faire peur. »
« Avant, on ne faisait pas ça... C'est depuis une dizaine d'années à peine »
BLANCA et ALBERTO
« Aujourd'hui c'est plus libre... On commence même à voir des couples homosexuels »

Santiago du Chili
“es lo que hay… pololear en un parque.”
Dans l'argot chilien
Pololear signifie sortir avec une fille, un garçon.
XIMENA et JOSE
Certains couples ont 30 ans… “les études sont payantes s'excusent-ils.
alors c'est pratique de vivre chez les parents…”
“Quand on a besoin d'intimité, on va au parc.”
JAIME et CARLA
“… ou au motel : on peut y louer une chambre à l'heure !”

L'ATELIER DE XXI

Pourquoi des pages d'actualité dans un trimestriel dédié au reportage ? Comment se fait la sélection des sujets ? **Dominique Lorentz** répond à vos questions.

Comment devient-on journaliste à XXI ?
Je travaille sur l'histoire de la prolifération nucléaire – j'ai publié trois livres en dix ans. J'ai également écrit un documentaire sur les relations franco-iraniennes, pour Arte. J'exploite ce qu'on appelle les « documents ouverts ». J'ai passé beaucoup de temps en bibliothèque, ces dernières années. Maintenant, je suis plutôt sur le Net. XXI est ma première expérience de presse.

Ecrire pour XXI, c'est le même travail ?
Pour moi, c'est une continuité logique, au moins dans la méthode. Je travaille de la même manière, en commençant par faire des recherches, pour essayer de comprendre et maîtriser les sujets avant d'écrire. Tout ce qui change, c'est le temps passé à ces recherches. Pour un livre, je compte en années, pour un article, je compte en jours.

Pourquoi cet ensemble de rubriques courtes dans un journal consacré au reportage au long cours ?
Les pages actualité permettent de se pencher sur le trimestre écoulé, avec un recul que n'a pas la presse quotidienne ou hebdomadaire. C'est un rendez-vous donné à nos lecteurs, qui retrouvent dans chaque numéro les mêmes rubriques, avec le même regard distancié sur le monde. Quant à la taille des articles, attention à l'illusion d'optique ! Ce qui paraît comme une brève dans XXI serait un article dans un hebdomadaire.

Comment s'est effectué le choix des rubriques ?
Les rubriques, leur calibrage et leur angle ont été définis lors de la conception de XXI. On y trouve des sujets émergents, qui vont avoir une suite (Dans l'œuf), des présentations contradictoires (Contrechamp), des histoires avec un point d'ancrage dans le passé (Flash-back), des portraits (Ils font avancer le monde), un entretien (De l'intérieur)... Les neuf rubriques permettent d'aborder l'actualité sur des registres très variés.

Comment s'opère la sélection des sujets ?
Je passe un temps fou sur le Net, je lis beaucoup de journaux, je regarde la télévision, j'écoute la radio... J'ai mes antennes branchées en permanence. Je retiens les sujets qui me semblent être des marqueurs de la période. Je les mets de côté, ensuite je pioche dans cette réserve pour alimenter les rubriques. Tous les sujets ne doivent pas être inédits, mais leur traitement doit apporter quelque chose : un éclairage nouveau, du sens... tout ce que permet la distance. Ces pages sont à l'image de XXI, elles doivent donner à comprendre, pas à croire ou à penser à la place des lecteurs.

(Propos recueillis par Michaël Neuman)

Jean-Luc Gentran, directeur du Zimmer, la brasserie historique de la place du Châtelet à Paris, et Marie-Rose Guarnieri, fondatrice de la Librairie des Abesses, ont décidé de mettre tous les numéros de XXI à disposition des clients, en lecture libre.

leblogde21.com

Le blog propose des reportages de jeunes journalistes ainsi que des articles et entretiens qui prolongent la lecture des articles de XXI.

XXI EN LIBRAIRIE

Ouagadougou, le 4 septembre 2008 à 15h58 GMT. PHOTO FABRICE GUYOT

XXI est vendu dans plus de 1200 points de vente, librairies générales, Relay des gares et des aéroports, grands magasins culturels (FNAC, Cultura, Forum, Virgin, espaces Leclerc), Maison de la presse au rayon livre.

Nous avons tissé des liens privilégiés avec une trentaine de librairies qui nous soutiennent particulièrement :

Les Abbesses - Paris 18e ▧ Antipodes - Enghien ▧ L'Arbre à Lettres - Paris 5e et 12e ▧ L'Armitière - Rouen ▧ L'Atelier 9 - Paris 9e ▧ L'Autre Rive - Nancy ▧ Calligrammes - La Rochelle ▧ Coiffard - Nantes ▧ L'Ecume des Pages - Paris 6e ▧ Folies d'encre - Montreuil ▧ Géronimo - Metz ▧ Kléber - Strasbourg ▧ La Fontaine - Privas ▧ La Machine à Lire - Bordeaux ▧ Le Furet - Lille ▧ Le Merle Moqueur - Paris 20e ▧ Le Square - Grenoble ▧ Libellis - Narbonne ▧ Longtemps - Paris 10e ▧ Millepages - Vincennes ▧ Païdos - Marseille ▧ Passages - Lyon ▧ Page 189 - Paris 11e ▧ Les Sandales d'Empédocle - Besançon ▧ Tonnet - Pau ▧ Virgin Barbès - Paris 18e

Nous sommes à la disposition de tous les libraires qui veulent renforcer la présence de XXI dans leur magasin ou organiser des rencontres avec les auteurs et l'équipe de rédaction.

XXI

3, rue Rollin, 75005 Paris
01 42 17 47 80 ; fax 01 43 31 77 97
info@rollinpublications.fr
www.leblogde21.fr

Directeur de la publication
Laurent Beccaria
Rédacteur en chef
Patrick de Saint-Exupéry
Directeurs artistiques
Quintin Leeds, Sara Deux
Directrice de la communication
et des partenariats
Laurence Corona
Pages actualité
Dominique Lorentz
Mise en page
Placid
Secrétariat de rédaction
Mirabelle Carré, Safia Bouda
leblogde21.com
Michaël Neuman
Relations libraires
Pierre Bottura
Assistante communication
Sidonie Mangin
Comptabilité
Christelle Lemonnier
Droits étrangers
et secrétariat général
Jean-Baptiste Bourrat

Abonnements : XXI,
service des abonnements, 3, rue Rollin
75005 Paris. 01 42 17 47 80
abonnement@rollinpublications.fr
Formulaire téléchargeable
sur www.leblogde21.fr

Edité par Rollin publications,
SAS au capital de 55 728 €.
Siège social : 3, rue Rollin, 75005 Paris
Président : Laurent Beccaria.
Actionnaires : BSA (Beccaria Sivry et associées), Patrick de Saint-Exupéry, Madrigall (groupe Gallimard), Patrick Bréaud, Charles-Henri Flammarion, Laurent Hebenstreit, Dominique Villeroy de Galhau.

Avec le soutien de l'AFP et de France Info

Photogravure : Sycomore, Gilles Gros
Impression : RotoFrance impression,
rue de la Maison-Rouge, 77185 Lognes.
Commission paritaire : 0210 I 89299
ISSN 1960-8853
ISBN 978-2-35638-007-4
Dépôt légal : Janvier 2009.

XXI PROCHAIN NUMERO

LE 9 AVRIL 2009

Réservez votre numéro
chez votre libraire

DOSSIER DANS LE BLEU DE L'ISLAM

1,3 milliard d'hommes et de femmes

REPORTAGE EN BD

L'Afrique de papa